岩波文庫

33-640-1

プラグマティズム

W・ジェイムズ著
桝田啓三郎訳

岩波書店

W. James

PRAGMATISM

1907

目　次

プラグマティズム

ある古い考え方をあらわす新しい名前

ジョン・ステュアート・ミルにささぐ

私が初めてプラグマティックな心の寛《ひろ》さを学んだ人、また、なお世にいますならば、われらの指導者として仰ぎたく思う人であるから

序

以下の講義は一九〇六年十一月および十二月ボストンのロウエル学会において、また一九〇七年一月ニューヨークのコロンビア大学において講述《こうじゅつ》されたものである。講述どおりに印刷に附されており、増補も脚註《きやくちゆう》も加えてない。いわゆるプラグマティックな運動――この呼び名を私は好まないが、どうも時期を逸《いつ》して今さら変更もできないようである――はむしろいきなり大空から落ちてきたもののような観を呈《てい》している。このような傾向はつねにいくらも哲学のうちに存在してきたものであって、それらが今一時にともどもに自己を意識し、共同の使命を自覚するにいたったのである。まことにこの運動は多くの国において、また多くの相異《あいことな》る見地《けんち》から起ったがために、歩調の合わない言説が多くあらわれるという結果になったのである。私は主要な線だけを描くことを心がけて細かな論議を避けながら、私自身の眼に映ずるままにその映像《えいぞう》を統一しようと試《こころ》みた。おもうに、もし世の批評家にして、われわれがわれわれの使命を十分に明らかにするまで待つことをいとわなかったならば、多くのいたずらな論争は避けえられたことであろう。

もし私の講義によって一般的な題目《だいもく》に関心をもつにいたった読者があるならば、彼はきっと更に進んでこの種の書物を読んでみたいと思われるであろう。そこで私はそういう人のためにここにいくつかの参考書をあげておきたい。

アメリカにおいては、ジョン・デューイの『論理学の研究』(J. Dewey: Studies in Logical Theory)が基本的なものである。なおデューイのものでは、『哲学評論』(Philosophical Review)

第十五号一一三頁および四六五頁、『精神』(Mind) 第十五号二九三頁、ならびに『哲学雑誌』(Journal of Philosophy) 第四号一九七頁にある彼の論説を読まれたい。

しかしはじめて読む人にもっともすぐれた手ほどきとなるものは、おそらくF・C・S・シラーの『ヒューマニズム研究』(F. C. S. Schiller: Studies in Humanism)、とりわけその第一、第五、第六、第七、第十八および第十九章の諸論文であろう。同書にはシラーが以前に発表した諸論文ならびに全般的にこの問題に関する論争上の文献が脚註としてあますところなく引証されている。

さらにJ・ミローの『合理的なもの』(J. Milhaud: Le Rationnel)(一八九八)、および『形《けい》而上学評論《じじょうがくひょうろん》』(Revue de Métaphysique) 第七、八、九巻におけるル・ロワ (Le Roy) のすぐれた論説をも見られたい。また『キリスト教哲学年誌』(Annales de Philosophie Chrétienne) 第四集第二巻および第三巻所載のブロンデルとド・サイイの諸論作をも参照せられたい。パピニはプラグマティズムに関する一書を近くフランス語で出版することを予告している。

少くとも一つの誤解を避けるためにことわっておきたいが、私の理解しているようなプラグマティズムと最近私が「根本的経験論」として述べた教説との間には、なんら論理的な関連はない。根本的経験論はそれ自身独立したものである。ひとはそれを全く拒否《きょひ》してもなおプラグマティストたることができるのである。

一九〇七年四月　ハーヴァード大学にて

第一講　哲学におけるこんにちのディレンマ

チェスタトン氏*は『異端者《いたんしゃ》』と称するあのすばらしい論文集の序文に次のような言葉を記している。「およそ一個の人間に関してもっとも実際的で重大なことは、なんといってもその人の抱いている宇宙観である、という考えをもっているものが世間にはいく人かいるが、私もその一人である。われわれの考えるところでは、下宿屋《げしゅくや》の女将《おかみ》が下宿人の品定《しなさだ》めをする場合、下宿人の収入を知ることは重要なことではあるが、それにもまして重要なのは彼の哲学を知ることである。まさに敵と矛《ほこ》を交《まじ》えようとする将軍にとって、敵の勢力を知ることは重要ではあるが、しかし敵の哲学を知ることの方がよりいっそう重大なことであるとわれわれは考える。おもうに問題は、宇宙に関する理論がものごとに影響を与えるか否《いな》かということではなくて、つづまるところそれ以外にものごとに影響を及ぼすようなものが果して存在するかどうかということなのである。」

この点については私はチェスタトン氏と意見を同じくする。私は紳士《しんし》ならびに淑女《しゅくじょ》諸君が皆めいめいなんらかの哲学をもっておられることを知っているし、また諸君についてもっとも興味深くかつ重要なことは、諸君の哲学が諸君のそれぞれの世界におけるパースペクティヴを規定してゆくその仕方《しかた》であることも知っている。諸君も私について同じことを知っておられる。それにもかかわらず、じつは私はいま私がとりかかろうとしている企図《きと》の大胆《だいたん》さになんとなく気おくれを覚えるのである。おもうに、われわれめいめいにおいてそれほど重要な哲学は単に技術的な問題ではない。それは人生というものの真実の深い意味についてわれわれが多かれ少かれ暗黙のうちに会得《えとく》する感じなのである。読書からえられるものはわずかにその一部分でしかない。哲学はわれわれ個人個人が宇宙の緊張圧力《きんちょうあつりょく》の全体を見かつ感ずるまさしくその仕方なのである。諸君の多くが教室的な意味における宇宙研究者であると想定する権利を私はもたない、けれども、この講《こう》壇《だん》に立って私は、少からず専門的にとり扱われざるをえない哲学にたいして諸君の興味を引きつけたいと願っている。私は私自身が心底から信じている現代の一傾向にたいして諸君の全幅《ぜんぷく》の共鳴をえたいと願っている、しかるに私は学生ならぬ諸君に向って教授のごとくに語らざるをえないのである。およそ大学教授の信ずる宇宙などは、たとえいかなる宇宙であっても、いずれはくだくだしい論議に都合《つごう》のよい宇宙であるに違いない。一言《ひとこと》や二言で定義される宇宙などは、大学教授的知性のお気に召さぬものである。そんな安っぽいものに信がおけるものか、とおっしゃるのである。私はかつて友人や同僚たち*がこの同じ講堂で哲学を通俗化しようと試みたのを聴講したことがあるが、彼らの議論はやがて乾燥無味《かんそうむみ》なものになり、あまつさえ専門的なものになってしまって、わずか一部の者の励《はげ》みになるだけの結果に終った。してみると、私の企図はずいぶん大胆なわけである。プラグマティズムの創唱者*みずからが最近プラグマティズムなる演題をかかげて、ロウエル学会で連続講演を行なった。それは暗黒の世界にひらめく輝かしい光明であった。しかし彼の語ったところを全部理解しえたものはあるまいと私は思う。しかも私はこの講壇に立って、それと全く同じような冒険を試みようとしているのである。

私があえてこの冒険を試みるのは、私の行なおうとしている講演が人気を集めた——つまり多数の聴衆を集めたからである。ありていに申せば、なにか深遠な事柄が述べられているのを聞いていると、その事柄が聴く方のわれわれにもわからずまた論者の方でもわかっていないような場合でも、一種の好奇的《こうきてき》な魅惑《みわく》が感じられるものである。われわれは不思議なスリルを覚える、現前に広漠《こうばく》たるものを感ずる。どこか喫煙室《きつえんしつ》ででも、自由意志について、あるいは神の全知について、あるいは善と悪について論争がはじまったとしてみるがよい、その場にい合わす者がことごとくいかに耳をそばだてることであろう。哲学の結論の如何はわれわれすべてにじつに重大な関係をもつものであり、哲学のはなはだ奇妙な論法でさえが、われわれの繊細《せんさい》な心と鋭敏《えいびん》な心を快《こころよ》くくすぐってくれるのである。

私自身衷心《ちゅうしん》から哲学を信頼しており、かつわれわれ哲学者の上に一種の新しい黎明《れいめい》が明け初めようとしつつあるのを信ずるがゆえに、私は哲学界の現状について善《よ》かれ悪《あ》しかれ諸君に若干《じゃっかん》の報告を伝えようと試みないではいられないのを感ずる。

哲学は人間のいとなみのうちもっとも崇高《すうこう》なものであると同時にまたもっとも瑣末《さまつ》なものである。それはごくささやかな片隅《かたすみ》で働くが、またもっとも広大な眺望を展開する。よくいわれるとおり哲学は「一片のパンをも焼きはしない」、しかし哲学はわれわれの心を鼓舞《こぶ》することができる。哲学の仕振《しぶ》りは一般人には往々《おうおう》厭《いと》うべきものに思われることがしばしばある。哲学は疑ったり反駁《はんばく》したり、詭弁《きべん》を弄《ろう》したり弁証《べんしょう》したりするその仕振《しぶ》りは一般人には往々《おうおう》厭《いと》うべきものではあるが、しかし哲学が世界のパースペクティヴの上に投ずる遙かかなたを照し出す光線なしては、われわれは誰ひとり生きてゆくことができないのである。少くともこの照明と、これに伴《ともな》う闇や神秘との対照的《たいしょうてき》な効果は、哲学の説くところのものにたいして、専門的な興味を遙かに越えた興味を与えるものである。

哲学の歴史はその大部分が人間の気質の衝突《しょうとつ》ともいうべきものの歴史である。このような取り扱い方をすると、わが同僚のうちには不見識《ふけんしき》だと思う者があるかもしれないが、私はこの衝突を重要なものと見なし、これによって哲学者たち相互の著《いちじる》しい差異を説明しようと思うのである。専門的哲学者というものは、どのような気質をもったものであっても、哲学するに当っては、自己の気質という事実をつとめておし隠そうとする。気質が論拠《ろんきょ》になるなどということは伝統的に承認されていない、そこで専門哲学者はその結論の拠《よ》って来《き》たる理由としてただ没人格的《ぼつじんかくてき》な論拠のみを主張する。けれどもじつは彼の気質の方が、これよりもより厳密《げんみつ》に客観的な前提《ぜんてい》のいずれよりもいっそう強く哲学者の傾向を定めるのである。気質はそれぞれ哲学者に直接の証《あか》しを与えて、あるいは感傷的《かんしょうてき》に傾く宇宙観をいだかせ、あるいはむしろ冷酷《れいこく》な宇宙観にはしらせたりする、それはちょうどこの事実なりあの原理なりが行なうところと同じである。哲学者は自己の気質に安んじて身を委していい。哲学者は自己の気質に適する宇宙を求めるがゆえに、それにかなった宇宙解釈《かいしゃく》であればどんな説でもそれを信頼する。彼は自分と反対の気質をもつ人々は世界の性格と調和しないものと感じ、彼らは、たとえ弁証の能力において遙かに彼を凌駕《りょうが》していようとも、哲学の仕事にかけては無資格なもの、「それにあずからぬ」人であると心ひそかに考える。

しかしながら公《おおや》けの論壇《ろんだん》においては、ただ自己の気質を根拠とするだけでは判断力の卓越《たくえつ》さや権威を要求することはできない。ここにおいてわれわれの哲学的議論には一種の不誠実が生じてくる、すなわちわれわれのすべての前提のうちもっとも有力なものに決して触《ふ》れないという不誠実である。この講演においてそのような慣例を破りそのもっとも有力な前提《ぜんてい》に論及するならば、必ずや事態を明瞭ならしむるに役立つであろうと信ずる、それゆえに私はあえてそれをしようと思う。

いうまでもないことであるが、ここに私が問題にしているのは、きわめて著《いちじる》しい特徴をもった人々、哲学の上に彼らの特性と外貌《がいぼう》を印《いん》し、哲学史において異彩《いさい》を放っている真に特異な性格の人々である。プラトン、ロック、ヘーゲル、スペンサーらはかかる特異な気質をもつ思想家である。われわれの多くはもちろんなんら特にはっきりした知的な気質をもってはいない、われわれは、相反するさまざまな成分が混合し、その各々がまことに程よくそなわったものである。われわれ自身にしても果《はた》して抽象的《ちゆうしようてき》な事柄をとくに好むものであるかどうかはほとんどわからない。われわれのなかには、抽象的な問題になるとじきに話題が尽《つ》きてしまって、結局は流行の思想に従うか、あるいは誰であろうと構《かま》うことなく手近《てぢか》なもっとも印象的な哲学者の意見をそのまま信奉してしまうものもある。しかしただ一つこれまで哲学にとって本質的なことと考えられてきたことは、いやしくも人間は事物を観察すべきであるということ、すなわち自分独特の方法でまっすぐに見るべきであって、自己と反対のものの見方《みかた》ではいかなるものにも満足しえないということである。このような強い気質的な観察力が今後はもはや人間の信念の歴史において重要さをもちえなくなるなどと想像すべき理由はいささかも存しないのである。

さて私が以上の説をなすに当って心に抱《いだ》いている気質の特殊な差異は、哲学ばかりでなく、文学、美術、政治および行儀作法《ぎようぎさほう》においても重要な役割を演じてきたものである。行儀作法では形式主義者もあれば自由でこだわらない人もある。政治では官憲主義者と無政府主義者がいる。文学には純粋主義者もしくはアカデミストとリアリストがいる。美術には古典派とローマン派とがある。これらの対立は諸君の熟知《じゆくち》せられるところである。ところが哲学においても「合理論者」と「経験論者」という一対《いつつい》の名辞《めいじ》でいいあらわされる全く同じ対立がある。「経験論者」とはありのままの雑多な事実を愛好する人を意味し、「合理論者」とは抽象的な永遠の原理に偏執《へんしゆう》する人を意味する。何びとも事実と原理との両者をもつことなくしてはひとときも生存しうるものでない。してみると、かかる対立はむしろ重点のおき方の違いである。けれどもそれはかく重点を異ったところにおく人々の間にもっとも烈《はげ》しい性質の反目《はんもく》を育成する。そこで「経験論者」気質と「合理論者」気質という言葉を使って人々の宇宙解釈の仕方における或る種の対立をいいあらわすことにすれば、ことのほか便利であろうと思う。この二語はこの対立を簡単にかつおおまかにあらわしてくれる。

この二語はその述語《じゅつご》をつけられる人々が普通そうである以上に簡単かつおおまかに過ぎる。なぜかというに、人間の性質というものはあらゆる種類の順列と組合せのできるものだからである。そこで今私が合理論者といい経験論者というとき心に抱いているものをなおいっそう十分に限定するために、これらの名称の各〻にそれを形容する若干の第二次的な特性を附け加えて行っても、諸君は私のこの遣《や》り方《かた》をば或る程度まで任意なものであると承知していただきたい。私は自然が、決して一様にではないが、甚だしばしば呈示する組合せのタイプを択《えら》び出してみよう。これを択ぶ理由は、それがプラグマティズムを特徴づけようという私の今後の目的に役立つという便宜《べんぎ》があるからにほかならない。歴史的に見ると、「主知主義」と「感覚論」という名辞は「合理論」と「経験論」との同義語として用いられている。ところで、自然は主知主義にたいしもっともしばしば理想主義的、楽観論的な傾向を組合せるように思われる。これに反して経験論者は概《がい》して唯物論的《ゆいぶつろんてき》であり、彼らの楽観論は明らかに条件つきのもので決然たる態度を欠いている嫌《きら》いがある。合理論はつねに一元論的《いちげんろんてき》である。それは全体と普遍《ふへん》から出発し、事物の統一を重んずる。経験論は部分から出発し、全体をもって一つの集合となす——したがって多元論的と呼ばれるのをいとわない。合理論はふつう経験論よりもいっそう宗教的であると自認している。しかしこの要求についてはいうべきことが多い、だから私はこの点を挙げるだけにとどめる。個々の合理論者がいわゆる感情の人であり、個々の経験論者が冷静な頭脳を得意がるような場合には、右の要求は当っている。かかる場合には合理論者はまたつねに自由意志と呼ばれるものに賛成するであろうし、経験論者は――ごく一般に用いられている言葉を用いると――宿命論者《しゅくめいろんじゃ》であるであろう。最後に合理論者は自己の主張において独断的《どくだんてき》な気質を示すであろうし、これに反して経験論者はむしろ懐疑《かいぎ》的《てき》で、反論を受け入れるにやぶさかでないといえるかもしれない。

以上に述べた諸特性を二段に書き表わしてみよう。この二段にそれぞれ「軟《やわらか》い心」および「硬《かた》い心」という名称を冠《かん》するならば、私のいう二つのタイプの心的扮装《ふんそう》がどんなものであるかを実際に認めてもらえるだろうと思う。

軟い心の人	硬い心の人
合理論的（「原理」に拠《よ》るもの）	経験論的（「事実」に拠るもの）
主知主義的	感覚論的
観念論的	唯物論的
楽観論的	悲観論的
宗教的	非宗教的
自由意志論的	宿命論的
一元論的	多元論的
独断的	懐疑的

ここに書きつらねた二つの相対照する混合物がそれぞれ内面的なつながりを有しかつ首尾《しゅび》一貫《いっかん》しているかどうかという問題は暫らく繰《く》り延《の》べることにしていただきたい。――まもなく私はこの点について十分に論じなければならなくなるであろうから。差当《さしあた》っては、右に書き列《つら》ねたような性格をもった軟い心の人と硬い心の人はどちらも実際に存在しているというだけでわれわれの目的は達しられる。諸君はみなそれぞれのタイプの顕著《けんちょ》な例をおそらく幾人か知っていられることであろう、そして一方のタイプの人が他方のタイプの人をどんな風に考えているかも承知していられるであろう。彼らは互いに軽蔑《けいべつ》し合っているのである。彼らの敵対はあらゆる時代において、彼らの気質が個人として強烈である場合にはいつでも、その時代の哲学的雰囲気《ふんいき》の一部を形作ってきた。それはまたこんにちでも哲学的雰囲気の一部を形作っている。硬い心の者は軟い心の者を感傷家《かんしょうか》、お人好《ひとよ》しだと考える。軟い心の者は硬い心の者を粗野《そや》で、無神経で野蛮《やばん》であると思う。彼らが互いに相反撥《あいはんぱつ》するさまはさながらボストンの観光団がクリップル・クリーク*の住民のような人々といっしょになった時に生ずる光景そのままである。どちらのタイプも他方を自分より劣《おと》っているものと信じている。しかし後者の場合の侮蔑《ぶべつ》には慰《なぐさ》み半分な気持が混《まじ》っているが、哲学の場合には一抹《いちまつ》の恐怖心《きょうふしん》を伴っている。

さて既に述べたように、われわれ哲学者には、生粋無雑《きっすいむざつ》な足の弱いボストン人もいないし、また典型的《てんけいてき》なロッキー山地方の荒くれ男もいない。われわれの多くはどちらの側に属するものであれ善いものはいくらでも欲しいと思う。事実はもちろん善いものである――だからわれわれは事実をどっさりもらいたいのである。原理は善いものである――だから原理を豊富に与えてほしいのである。世界は一面から見れば疑いもなく一つである、しかし他面から見ると同じく疑いもなく多である。世界は一にして多である——一種の多元論的一元論を採《と》らざるをえないではないか。あらゆるものはもちろん必然的に決定されている、けれどもわれわれの意志はもちろん自由である。すなわち一種の自由意志的決定論こそ真の哲学なのである。部分部分の悪は否定できない、しかし全体が悪ではありえない。そこで実際上の悲観論は形而上学上の楽観論と結びつくことができる。その他についても同様で——ふつうの哲学上の素人《しろうと》は決して徹底した見解《けんかい》をもたないしまた自己の思想体系を整然とととのえようなどとはしない、ただ漠然《ばくぜん》といかにも尤《もっと》もらしく思われる思想のここかしこに安住して、次々と起こってくる心の誘惑に従っているまでである。

しかしわれわれのなかには単なる哲学の素人以上の人がいる。それはアマチュア競技者の名に恥じない人々で、自分の信条のなかにあまりにも撞着《どうちゃく》と動揺が多いためにもどかしくてならないのである。われわれは相《あい》対立する両側から互いに相容《あいい》れないものをとり入れてそれらをごっちゃにしてもっているかぎり、立派な知的良心を保持することはできないのである。

ここにおいて私は私の述べようとする最初の確かに重要な点に到達した。はっきりした経験論者的傾向を帯びた人がこんにちほど数多く出現した時代はかつてなかった。こんにちの子供たちはほとんど生れながらにして科学的であるといえるかもしれない。しかしながら、事実を尊重するからといって、われわれのうちにある一切の宗教心が打ち消されたわけではない。事実を尊ぶ心それ自身がほとんど宗教的なのである。その生れながらの科学的気質はきわめて敬虔《けいけん》なものである。いまこのタイプの人間をとって、彼がまた哲学のアマチュアでもあって普通一般人のやるように色とりどりの思想をごったまぜにして持っていることに満足しないとしてみよう、そうすれば彼は、紀元一九〇六年というこの聖代にあって、いかなる立場にあることを見出すであろうか。彼は事実を求める、彼は科学を求める、しかし彼はまた宗教をも求める。しかも彼は一個の哲学アマチュアであって独創的《どくそうてき》な哲学者ではないから、そこで当然すでに哲学界に名をなしている専門家や教授たちに指導を求めることになる。ここに列席しておられる諸君の多くは、否《いな》おそらく諸君の大多数は、まさにこの種のアマチュアであろう。

それでは諸君は現に提供されているいかなる種類の哲学をもって諸君の要求に応ずるものと考えられるであろうか。経験哲学なるものがあるが、これは諸君の意を満《み》たしうるほど宗教的でない。また宗教哲学があるが、これは諸君の目的にそうほど経験的でない。事実がもっとも重要視されている方面に注目されるならば、そこには硬い心の全綱領《ぜんこうりょう》が採用され、「科学と宗教との衝突」が猛烈に行なわれているのを諸君は発見されるであろう。お得意《とくい》の唯物論的一元論をふりかざし、エーテル神を説き、世にいう神を「ガス体の脊椎《せきつい》動物なり」と嘲笑《ちょうしょう》するヘッケルのごときあのロッキー山の荒くれ男か、もしくは、世界の歴史を物質と運動との配合の仕直しに過ぎぬとなし、宗教をば玄関から慇懃《いんぎん》に送り出して、なるほど宗教が存続するのはかまわないが、お寺のなかに顔を出してはならないとするスペンサーの徒か、そのいずれかを見られるであろう。

過去百五十年間にわたる科学の進歩はけっきょく物質界を拡張し、人間の地位を引き下げることであったように思われる。それがために自然主義的感情もしくは実証主義的感情とも呼ばるべきものが成長した。人間は自然にたいする立法者ではない、人間は一個の吸収体である。自然こそ厳《げん》として動かぬものであり、人間はこれに順応すべきものである。人間は、たとえ人間らしからぬ真理であろうと、それを記録し、それに服しさえすればよいのである。自発性とか勇気とかいう架空《かくう》なものは過去のものである、目に見えるものは唯物論的《ゆいぶつろんてき》に説明できるもの、意気を沮喪《そそう》させるようなものばかりである。理想でさえ生理状態の不活潑な副産物に過ぎないと見られる。高遠なものは低劣なものによって説明せられ、同じまったく下等な種類のものに属する別の物でしかない――「でしかない」ものの一つの場合としていつも取り扱われるのである。これがつまり唯物論的宇宙なのであって、硬《かた》い心の人はこれのみが自分の性《しょう》に合う世界としてそこにくつろぎを感ずるのである。

こんどは反対に、宗教的方面に転じて慰安を求め、軟《やわらか》い心の哲学の意見をたずねてみられるならば、なにを諸君は発見せられるであろうか。

こんにちこの世代における宗教哲学には、われわれ英語を話す国民の間では、二つの主要なタイプがある。その一つはより急進的、攻勢的であり、他はむしろ戦いつつ徐々《じょじょ》に退却するという風がある。宗教哲学の急進派というのはイギリス・ヘーゲル学派のいわゆる超越論的観念論のことであって、グリーン、ケアード兄弟*、ボーズンキットおよびロイスのような人々の哲学である。この哲学はわが国のプロテスタント牧師団の比較的篤学《とくがく》な人々に多大の影響を与えた。この哲学は汎神論的《はんしんろんてき》であって、疑いもなくプロテスタンティズムにおける伝統的な有神論の鋭鋒《えいほう》を既にあまねく鈍《にぶ》らせている。

しかしながらこの有神論は、なお生き残っている。それは一代一代と譲歩を重ねてはきたが、いまでもなおカトリック教会の神学校で教えられている独断的スコラ的有神論の直系卑属《ひぞく》なのである。それは久しくわれわれの間でスコットランド学派の哲学と呼びならわされた。戦いつつ徐々に退却する風《ふう》のある哲学と私のいったのはこれである。一方ではヘーゲル派ならびに「絶対」を説く他の哲学者たちの侵略と、他方では科学的進化論者ならびに不可知論者《ふかちろんしゃ》たちの攻撃、この両者に挟撃《きょうげき》されて、ジェームズ・マーティノー、バウン教授、ラッド教授、その他この種の哲学を唱《とな》える人々はむしろひしひしと身の締《し》めつけられる思いをしているに違いない。この哲学は、公平無私であるから、気質において急進的でない。それは折衷的《せっちゅうてき》であり妥協的《だきょうてき》であって、なによりも和解策《さく》を求める。そこでダーウィン説の諸事実も認めれば脳髄《のうずい》生理学の諸事実も認めるが、しかしこれらの事実を少しも活用もしないし、それに熱情を傾けることもしない。それには論敵にうち克《か》とうとする攻勢的な調子が欠けている。その結果として、それは威信を欠いている。ところが絶対主義の方は、その態度がより急進的であるために、これに基づく一種の威信を具《そな》えている。

もし諸君が軟い心の学派におもむかれるならば、諸君はこれら二つの体系のどちらか一方を択《えら》ばないわけにはいかない。そうしてもし諸君が私の想像するように事実の愛好者であるならば、その側の系列上にならぶ一切のものの上に一条の合理論、主知主義の足跡が引かれているのを諸君は見出されるであろう。なるほど諸君は支配的な経験論に伴《ともな》う唯物論に陥《おちい》ることを免《まぬが》れはするが、しかしその代償《だいしょう》として諸君は人生の具体的な部分との接触を失うことになる。絶対主義的な傾向のいっそう強い哲学者たちはきわめて高度な抽象《ちゅうしょう》の世界に思いを潜《ひそ》めるがゆえに、決して下界に下りて来ようとさえしない。彼らがわれわれに提供する絶対的精神、思惟《しい》することによってわれわれの宇宙を造り出すところの精神は、無数の異った世界を造り出せるであろうが、そのどれをとってみても、たとえ彼らがいかに反対を唱《とな》えようとも、けっきょくこの宇宙とまったく同じものであろう。諸君は絶対的精神の観念からは現実的特殊的なものを何一つ演繹《えんえき》することはできない。絶対的精神はこの下界で真とされるものならいかなる事態にも適合するのである。そして有神論的な神もほとんどこれと同様に無内容な原理である。この神の現実的な性格を少しでもうかがい知ろうとすれば、諸君は神の創造した世界に赴《おもむ》かねばならない。この神こそ、この種の世界を最後的に創ったような種類の神であるからである。有神論的著者たちの神は、絶対者と同じく、純粋に抽象的な高みに住んでいる。絶対主義には或る颯爽《さっそう》とした活気がただよっているが、ふつうの有神論はむしろ無気力である、しかしどちらも現実から遠く離れ、その空漠《くうはく》たるところは同じである。諸君の求められるものは、単に諸君の知的な抽象力を働かせることのみを要求するような哲学なのではなく、有限なる人間生活のこの現実的な世界と或る積極的な関係を結ぼうとするような哲学なのである。

諸君はふたつのものを結合せしめるようなひとつの体系を要求している。すなわち一方においては事実にたいする科学的忠実さと事実を進んで尊重しようとする熱意、簡単にいえば、適応と順応の精神であり、もう一つは、宗教的タイプであるとローマン的タイプであるとを問わず、人間的価値にたいする古来の信頼およびこの信頼から生ずる人間の自発性である。そしてこれがつまり諸君のディレンマなのである。すなわち諸君は諸君の求めるものの二つの部分が分離してしまって如何《いかん》ともしがたいのを見出す。かくして非人間主義と非宗教主義を伴う経験論があるかと思えば、他方には合理論的哲学があり、これは確かに宗教的であると自称しうるであろうが、しかし具体的な事実や歓《よろこ》びや悲しみとのあらゆる明確な接触を排斥するのである。

私は諸君のうち果《はた》して幾人がこの最後の非難によって私の意味するところを十分に了解《りょうかい》せられるほど哲学に親しんでいられるかを知らないから、事実の真面目《まじめ》な信者たちがとかく嫌悪《けんお》を感じがちなあらゆる合理論的体系におけるかかる非現実性について、私はしばらく述べることにしよう。

私は一年か二年前のこと、ひとりの学生から受け取った論文の初めの二ページを保存しておけばよかったと思う。それは私の論点をきわめて明晰《めいせき》に説明したものであっただけに、いまそれを諸君に読んで聞かせることのできないのが残念である。この青年は、西部の某大学の卒業生であったが、その論文の冒頭で、哲学教室に入る時には、もちろん街頭で見捨ててきたのとはまったく異《こと》なる世界と交渉を開かねばならぬものとかねがね思っていた、と述べていた。これら二つの世界は互いにほとんど没交渉であると思われ、したがって同時にこの両方の世界に思いを致すことは恐らくできないであろうともいっていた。街頭を含む具体的な個人的な経験の世界は想像も及ばぬほど雑多であり錯雑《さくざつ》し溷濁《こんだく》し、苦痛と困惑に満ちた世界である。哲学教授の案内してくれる世界は単純で清らかで高貴である。現実生活の矛盾《むじゅん》はそこには見られない。この世界の建築はクラシックである。理性の原理がその輪廓《りんかく》を描き、論理的必然性がその部分部分をがっちりと結び合わせている。純潔と威厳とはこの世界のもっともよく表現するところである。それは丘の上に光り輝いている大理石の神殿にも似ている。

じつのところ、それはこの現実の世界についての説明であるどころか、現実世界の上に建てられた透明な附加物、いわばクラシックな聖堂であって、合理論者の空想が、単なる事実の提示する堪えがたいまでに混乱したゴシック的性格から逃《のが》れて慰安を求める避難所なのである。それはわれわれの具体的な世界の説明ではない、それは具体的な世界とはまったく違ったもの、その代用物、ひとつの救治手段、ひとつの逃げ道なのである。

ここに気質の語を用いることが許されるならば、その気質は具体的な生活の気質とはまったく相容《あいい》れないものである。洗煉ということがわが主知主義的哲学を特徴づけるものである。主知主義的な哲学は、洗煉された思索の対象を希求《きぐ》する心のやみがたいあの烈《はげ》しい渇望《かつぼう》をいみじくも満《み》たしてくれる。けれども私は諸君にほんとうに真剣にうかがいたいと思う。この巨大な具体的な事実の世界を見渡し、その恐ろしく昏迷《こんめい》せるさま、そこに現出するさまざまな思い設《もう》けぬ出来事や残虐《ざんぎゃく》な事件、それらの示す野性《やせい》の卜に広く眼を注《そそ》がれたあとでもなおかつ、この「洗煉された」という語が諸君の唇にのぼる不可避的な唯一の形容詞であるかどうか、と。

ものごとに洗煉ということが存在するものであることはもとより確かである。しかしながら、洗煉ということのほか何ものをも吐《は》き出しえないような哲学ならば、経験論者的気質の人を満足せしめることは決してないであろう。そういう哲学はむしろ人為《じんい》の記念碑と見えるであろう。そこで科学者たちは、あたかも隠密な妖怪《ようかい》めいたものにたいするごとく、形而上学にたいしてむしろ背を向けて去ろうとし、また実際的な人々は哲学の塵《ちり》を足から掃《はら》い落して野の叫びに従おうとするのである。

合理論的な心の人は、純粋ではあるがしかし非現実的な体系を作ってこれに満足するのであるが、この満足感には確かになにか少し不気味《ぶきみ》なものがある。ライプニッツは合理論的な心の人であったが、多くの合理論者とは比較にならぬほど事実にたいする絶大な興味をもっていた。けれどもし諸君が皮相《ひそう》な見解の権化《ごんげ》ともいうべきものを求められるならば、あの魅力豊かに書かれている彼の『弁神論』を読まれさえすればよい。この書において彼は神の人間にたいするやり方の正しいことを弁明し、われわれの住むこの世界はありとあらゆる世界のなかでもっともよき世界であることを証明しようと試《こころ》みているのである。私のいおうとするところの見本を次に引用しよう。

ライプニッツの楽観主義的哲学の障害《しょうがい》となるものはほかにもなお数々あるのであるが、その一つとして彼は永久に神に呪《のろ》われた者の数に思い及んでいる。われわれ人類にあっては、救われる者よりも地獄におとされる者の数の方が無限に大きいという神学者たちの見解を前提《ぜんてい》として仮定《かてい》し、それから次のように論を進めている。それにしても、と彼はいう、*

「もしわれわれが神の国のほんとうの広大さにひとたび思いいたるならば、この世の悪は善に比《くら》べてほとんど無に等しいと思われるであろう。コエリウス・セクンドス・クリオ*は『天国の広大さについて』という小著をものしたが、それが少し前に再版になった。しかし彼は天国の広さを測《はか》り誤っている。昔の人々が神の御業《みわざ》について有する観念は小規模なものであった。……彼らにはわれわれの地球にのみ人間が住んでいるものと考えられ、地球の反対側に人が住んでいると考えることとさえ彼らは躊躇《ちゅうちょ》したのである。この世界以外の部分は彼らにとっては、若干《じゃっかん》の輝ける天体と二、三の球状体から成るものであった。しかしこんにちにおいては宇宙にたいし限界を認めるにしても拒《こば》むにしても、われわれは宇宙内に無数の天体の存することを認めざるをえない。しかもこれらの天体はわれわれの地球と同じ大きさであるか或いはそれよりも大きいものであって、この地球と同等の権利をもって理性的な居住者を有すべきものである。といってこの理性的な居住者がすべて人間でなければならないわけではない。われわれの地球は太陽の六大衛星《えいせい》の一つであるに過ぎない。すべて恒星《こうせい》は太陽であり、そして地球はこれら数ある太陽のなかの一つの太陽の一衛星に過ぎないのであるから、可視的《かしてき》なもののなかでこの地球の占める場所がいかに小さいものであるかが知られる。ところでこれらすべての太陽には幸福な被造物《ひぞうぶつ》のほか住まっていないかもしれない。また神に呪《のろ》われた人間の数がたいへん多いと信じなければならぬ理由は何もない。おもうに、善を証明するために悪を引き合いにだすとすれば、ごく少数の実例と見本があればたりる。その上、どこにでも星々があるものと想像すべき理由は存しないのであるから、星星のある領域の彼方には一大空間が存在しないとも限るまい。そしてこれら星々の全領域を囲繞《いじょう》するこの無限の空間は……幸福と栄光とに充《み》ち満《み》ちているかもしれないのである。……そうだとすれば、われわれの地球とその居住者はどういうことになると考えられるであろうか。この地球はもろもろの恒星間の距離に比べると単なる一点に過ぎないものであるから、物理学的点よりも比較にならぬほど小さいものになるであろう。このようにわれわれの知っている宇宙のこの部分は、われわれに知られてはいないけれどもしかもわれわれがその存在を許容せざるをえない部分と比較すれば、ほとんど虚無《きょむ》に等しいものとなってしまう。そしてわれわれの知っているすべての悪は、このほとんど無に等しいもののなかに存在しているのである。したがってもろもろの悪は、宇宙の包含するもろもろの善に比べるとほとんどなきに等しいといえる。」

ライプニッツはなお他のところで続けていっている。*

「世には、罪人の改心を目的とするのでもなく、他の人々への模範を与えようとするのでもなく、また損害の賠償《ばいしょう》を求めるのでもない一種の正義がある。この正義は純粋な適合に基づくものであって、それは不義行為の贖罪《しょくざい》によって一種の満足を与えられるものである。ソキヌス教徒*やホッブスはかかる応報的正義に反対を唱《とな》えたが、それはほんとうは復讐的《ふくしゅうてき》正義であって、神みずからが数多い危急の場合のために保留し給うたものである。……この正義はつねに事物の適合ということに基づいていて、単に害悪を受けた側の者を満足させるばかりでなく、あたかも美しい音楽や立派な建築物が優《すぐ》れた素質の人をよろこばせるように、傍《かたわら》で眺める賢明な人々をもみな満足せしめるものである。かくして神に呪《のろ》われた者の苦悩はいつまでも続き、しかもいかに苦悩を重ねるとも何びとももはや罪から離脱する術はなく、また祝福された者の受ける報酬《ほうしゅう》は、たとえその報酬が何びとをも善の道へより確実に向わせることはないにしても、どこまでも続けられてゆくのである。呪われた者はその罪を続けてゆくことによって絶えず新たな刑罰を招き、祝福された者はたゆまず善の道に歩みを進めてゆくことによってつねに新鮮なる歓喜《かんき》を加える。この二つの事実は適合の原理に基づいている、……おもうに神は、既に述べたように、万物を完全に相調和せしめているのである。」

ライプニッツの現実把握《はあく》の薄弱なことはあまりにも明白であって、私が註釈を加えるまでもない。呪《のろ》われた魂の経験の現実的な姿が彼の心にはかつて思い浮んだことがなかったに違いない。また神が永遠の適合に向ってその歓心を買うためのソップとして投げ与える「地獄に堕《お》ちた霊魂」という種属の「見本」の数が少なければ少ないほど、祝福された者の栄光の根拠《こんきょ》はそれだけ公正を欠くということも彼には思い浮ばなかったのである。彼がわれわれに与えるものは冷かな文筆の遊戯であって、その陽気な実体《なかみ》は、地獄の火焔といえどもこれを温《あたた》めることはできない。

合理論者の哲学思索の浅はかさを示すために、頭に仮髪《かつら》を被《かぶ》った浅はかな時代に私が遡《さかのぼ》らざるをえなかったのだなどと思ってはいけない。こんにちの合理論の楽観論も、事実を愛する心には、同じように浅はかに響くのである。現実の世界は広く開かれたものである、しかるに合理論は体系を作ってしまう、しかも体系は閉じられたものでなければならないのである。実際的生活をいとなむ人々にとっては、完全ということは遙か遠くに離れてあるものであり、これから一歩一歩と近づいてゆかねばならぬものである。ところがこう考えることは、合理論から見れば、有限なものの相対的なものの幻想に過ぎない、事物の絶対的な根拠は永遠に全《まった》き完成なのである。

こんにち広くおこなわれている宗教哲学の浅薄皮相《せんぱくひそう》な楽観論にたいする反抗の一好例は、あの勇敢な無政府主義的著者モリソン・I・スウィフトの一書であると思う。スウィフト氏の無政府主義は私のよりも更に一歩進んだものであるが、こんにち流行の観念論的楽観論にたいする氏の不満にたいして、じつは私は多大の共鳴を感ずるものであり、諸君のなかにも心から共鳴を寄せられる方もあるだろうと思う。彼は『人間の降服』なる小冊子《しょうさつし》の冒頭に、わが文明開化せる社会制度の見本として、新聞から若干《じゃっかん》の三面記事（自殺、餓死《がし》など）を取り上げている。例えば、

「妻と六人の子供に食を与えることができず、家賃不払いのためにアッパー・イースト・サイドの貧民長屋の住居から立ち退《の》きを命じられ、雪の降るなかを職にありつこうと空《むな》しい希望をいだいて市の端《はし》から端まで歩き廻ったあげく、ついに行きくれて、一書記ジョン・コーコランは今日、石炭酸をあおいで、生涯を閉じた。コーコランは病気のため三週前に失職し、ぶらぶらしている間にその乏しい貯蓄もなくなった。昨日彼は市の雪掻《ゆきか》き人夫の一隊に加わって仕事にありついたが、病《や》みあがりのため体力がなく、わずか一時間ばかり除雪シャベルを握ってみただけで、その仕事を放棄することを余儀《よぎ》なくされた。そこでまた職探しの憂鬱《ゆううつ》な苦労がはじまった。昨夜コーコランが全くがっかりして家に帰ってみると、妻子は食うべきものもなく、しかも戸口には財産差し押えの貼札《はりふだ》が貼《は》られていた。翌日彼は毒を仰いだのであった。

「このような記録はいくらでも私の眼の前にころがっている〔とスウィフト氏は続けていう〕、百科辞典の全ページをこの種の実例で埋《うず》めるぐらいわけのないことであろう。その二、三を私は

ひとつの宇宙解釈として引用しているのである。『われわれは神がこの世界にましますことを知っている』と一記者は最近のイギリスの評論誌でいっている。〔この時間的秩序のなかに悪が現存しているということこそ永遠なる秩序の完成の条件なのである、とロイス教授は書いている（『世界と個人』第二巻三八五頁）〕『絶対者は、あらゆる不調和といっさいの差別を包擁《ほうよう》していればいるだけ、ますます豊《ゆた》かなのである』とF・H・ブラッドレー（『現象と実在』二〇四頁）はいっている。つまり、上に挙げたような死を余儀なくされた人々があるためにこの世界はますます豊かなものになるのだというのである。そしてそれが哲学である、というのである。しかしロイス教授やブラッドレー教授やその他たらふく食っている呑気《のんき》な思想家連中はこぞって実在と絶対者の正体を究《きわ》めようとし、悪と苦とについてうまく言い抜けようとしているのであるが、これこそ、宇宙とはどういうものであるかについて発達した意識をもつ者として宇宙のどこででもわれわれの知っている人間だけの状態なのである。これらの人々の経験するところのもの、それが実在なのである。それはわれわれに宇宙の絶対相《そう》を示しているという。それが、経験を把握し、その何であるかをわれわれに語ってくれるこれらもっとも知能ある人々の個人的な経験なのである。ところでこれらの人々が経験について考えることは、この経験を直接に身をもって感ずるがままに感ずるのとくらべたならば、果《はた》してどういうことになろうか。哲学者たちはものの影を論じているが、生きて感ずる人々は真実を知っているのである。いまや人類の心は――哲学者たちや有産階級の人々の心はまだそうでないけれども――大多数の黙々《もくもく》として考える人々、黙々として感ずる人々の心はこの見解をとるようになってきた。これらの人々はこれまで僧侶《そうりょ》たちにまかせておいた宇宙についての判断をみずからなしかつ彼らを判断することを学ぶまでにいたったのである……。

「自分の子供を殺して自分も自殺したあのクリーヴランドの職工〔引用された第二の例〕は近代的世界における、またこの宇宙における根源的《こんげんてき》な大事件の一つである。この事件は、内容が驚くほどからっぽで覚束《おぼつか》ない存在を続けている神とか愛とか実在とかいうものについてどんなに論議を重ねてみたところで、ごまかし去ることもできなければ、またみくびりおおせるものでもない。それは過去幾百万年にわたる機会を経《へ》、またキリスト降誕後《こうたんご》二十世紀におよぶこんにちにおいてなお、この世の生活における単純な、還元《かんげん》できない要素の一つなのである。それは精神的世界において、あたかも原子《げんし》や分子の物質的世界におけると同じく、原始的であり不滅である。そしてこの事件がわれわれに教えるところは、このような事件をばあらゆる意識的な経験の至上の要因と考えないような哲学はすべて欺瞞《ぎまん》でしかないということである。これらの事実はいなおうなしに宗教の無効力を実証する。もはやひとは宗教に二十万年や二千年もの時をかして自己を試《ため》さしめ、いたずらに人間の時間を浪費せしめるようなことはないであろう。宗教の時代はすでに過ぎたのだ、その試《こころ》みの時は終ったのだ、宗教みずからの記録がみずからを葬《ほうむ》りつつあるのだ。信ずるに足《た》りないさまざまな学説体系の吟味に費《ついや》していられるような永生や永遠を人類はもってはいないのである。(一)

(一) Morrison I. Swift: *Human Submission*, Part Second, Philadelphia, Liberty Press, 1905, pp. 4—10.

合理論者の提供する献立表《こんだてひょう》にたいして経験論者的な心が加える反駁《はんばく》はかようなものである。

「おぼしめしは有りがとうございますが、まっぴらごめんです」という頭っからの拒否である。スウィフト氏はいう、「宗教は夢遊病者《むゆうびょうしゃ》のようなもので、彼にとっては現実の事物は空無にひとしい。」しかもこれが、たとえおそらくスウィフト氏ほど感情的ではないにしても、こんにちまじめに哲学を研究しようと志し、自己の本性のありあまるほどの要求を満《み》たすに必要な資本を哲学教授たちにあおぎにゆくアマチュアの誰でもがくだす裁決なのである。経験論者は彼に唯物論を与え、合理論者たちは彼に宗教的なものを授ける、ところがこの宗教にとっては「現実の事物は空無にひとしい。」そこで彼はわれわれ哲学者たちの裁判官となる。軟《やわらか》い心であれ硬《かた》い心であれ、いずれにしてもわれわれに欠けているものがあることを彼は発見する。われわれは彼の裁決をかろしめて扱ってはならない、なぜならば、つまり彼こそ典型的に完全な心の持ち主なのであり、彼の心から出る要求の総和こそ最大なるものであり、その心のくだす批判と不満こそついには哲学にとって致命的《ちめいてき》なものとなるからである。

　私がみずからまず解決に手がけようとするのはまさにこの点なのである。私は両種の要求を満足させることのできる一つの哲学として、プラグマティズムという奇妙な名前のものを提唱する。それは合理論と同じようにどこまでも宗教的たることをやめないが、それと同時に、経験論のように事実との最も豊かな接触を保持することができる。私はこの哲学について私自身が抱いていると同じような好意を諸君の多くにも抱いていただいてこの講壇《こうだん》を去りうることを望んでいる。しかしながら、すでに時間も終りに近づいているから、いまはプラグマティズムを具体的に紹介することをやめて、次の時間の鳴るのを待ってとりかかることにしたい。いまはむしろもとへもどって、これまでに述べてきたことを少しく敷衍《ふえん》しておきたい。

もしここに列席されている諸君のうちに専門の哲学者がおられるとすれば、もちろん諸君のなかにそういう方がいられると思うが、諸君はきっと上述のような私の議論を許しがたいまでに、いなほとんど信ずべからざるほどにらんぼうなものと感じられたであろう。軟《やわらか》い心と硬《かた》い心、なんという蕪雑《ぶざつ》な選言であろう。いったい、哲学というものはすべて鋭敏な知性と繊細《せんさい》さと周到《しゅうとう》さとで固められたもので、どんな種類の結び合せや移り変りでもすべてその範囲内で行われるものであるのに、その論争を相反する二つの気質の間のつかみ合いとして表現するなどということは、なんという殺伐《さつばつ》な戯画《ぎが》であろう、そして至高なるものを引き下しておよそこの上なく低級な表現におとすものではないか。なんというおとなげない皮相《ひそう》な見方であろうか。さらにまた、合理論者の思想体系の抽象性を一種の罪悪とみなし、それが事実の世界の延長であるよりもむしろ聖殿や避難所たることを志しているからといってそれを罵倒《ばとう》するとは、なんというたわいなさであろう。理論というものはすべて救いの手だてであり避難所でこそあるのではないか。しかも哲学が宗教的であるべきものとすれば、どうして哲学が現実の荒々しい世相からの避難所以外のものでありえようか。動物的な感能からわれわれを超越せしめ、知性が洞察《どうさつ》するところの全実在に対応する理想的諸原理の偉大なる組織こそ、われらの心の第二のより崇高なる故郷たることをわれわれに教えてくれるということ、これにもましてよき何ごとを哲学はなしえようか。原理とか一般的見解とかはつまりは抽象的な筋書《すじがき》にほかならないのではないか。ケルンの大伽藍《だいがらん》にしても、建築家が紙上にえがいた設計図《せっけいず》なくして建てられたであろうか。洗煉《せんれん》ということはそれ自身忌《い》むべきことであろうか。具体的な生《なま》のままのものが唯一の真実なものなのであろうか。

率直《そっちょく》にいって、私はこのような告発に十分の理由のあることを認める。私の与えた叙述は全く恐ろしく簡単に過ぎ、粗雑《そざつ》であった。しかしながら、すべての抽象と同じく、それはまたそれなりで役に立つことが明らかになるであろう。もし哲学者たちが宇宙の生命を抽象的に取り扱ってよいとすれば、彼らは哲学そのものの生命が抽象的に取り扱われることに不平をとなえてはならないはずである。事実私の与えた叙述は、粗雑で大ざっぱであるにしても、文字どおり真実である。気質は、その好悪にしたがって人々にそれぞれの哲学をえらばしめる、そしてこれはつねに変りないであろう。思想体系の細かい部分はきれぎれに推究してもかまわない、そして学徒がひとつの体系を勉強するときには、樹を見て森を忘れることがありがちなものである。けれども研究が完成すると、心はつねに大きく締めくくる作用を営《いとな》むもので、そこでその体系はたちまち一箇の生きもののように、われわれの前にあらわれてくる、われわれの友か敵かが死んだときまるでその人の亡霊みたいにわれわれの記憶を去来するあのふしぎな単純な特徴のある個性をそなえて。

「この書に触《ふ》れるものは人に触れるのである」と書くことのできたのは、ひとりウォールト・ホイットマンばかりではない。すべて偉大なる哲学者の著書はその数だけの人間の存在にひとしい。それらの書物のどれもがもっている本質的な体臭《たいしゅう》、独特のものではあるが筆舌《ひつぜつ》につくしがたいこの体臭をわれわれが嗅《か》ぎ分けるということ、これこそわれわれ自身の完成した哲学的教養のもっともみごとな果実なのである。体系は神の大宇宙の縮図でもあるらしく装《よそお》っている。しかし実際は——なんとそらおそろしいことであろう——同じ被造物《ひぞうぶつ》たるなにがしという人間の体臭がいかにひどく風がわりであるかを暴露《ばくろ》しているにすぎない。ひとたびこのような言葉に還元されてしまうと（そしてすべての哲学は、学問によって批判的になっている人々には、このような言葉に還元されてしまうのである)、諸体系とのわれわれの交《まじ》わりはあべこべに形式ばらないもの、好きか嫌いかという本能的な人間的反応にすぎなくなる。われわれは、誰かが立候補して同情を求められるばあいと同じように、断乎《だんこ》としてあるいは拒絶し、あるいは承認するようになる。われわれの評決はほめるかけなすかの簡単な形容詞であらわされる。われわれは宇宙の全性格を、哲学の提供してくれる香りなどに構うことなく、われわれの感ずるままに見てとるのであって、一語でこと足りるのである。

「神は生きた自然のなかで住むように人間を造られたのに、」なんと情ないことだろう——あんな星雲みたいな作りごと、あんなぎごちない、あんな堅苦しいもの、あんなひねくれた細工物《さいくもの》、あんな黴《かび》臭い教室の産物、あんな病人の夢想、こんなもののなかに住むなどとは！　そんなものは一切お払い箱にするがいい！　がまんもならない！　まっぴらだ！

哲学者の体系を詳細に研究すると、その結果として実際われわれは彼についての印象を受けるが、われわれが好悪の反応を示すものはじつはこうして受ける印象に対してなのである。哲学における練達《れんたつ》の程度をはかる尺度は、要点をかいつまんでゆく感応のはたらきの正確さであり、練達の士がそういう複雑な問題を巧みに言いあらわすあの直覚的な形容語である。しかしそういう形容語を見つけるにはたいした熟練はいらない。ふつうの人で自分自身の哲学を的確《てきかく》に表現した人は少い。けれどもほとんど誰もが、宇宙のもつ或る全体としての性格について、また自分の知っている特別な諸体系がそれとしっくり合致していないことについて、自分なりの感じをもっている。そういう体系は彼の世界にはぴったり合ってくれないのである。或るものは小ざっぱりし過ぎていようし、また別のものはあまりにペダンティクであるだろうし、第三のものは雑多な見解をこみで廉売《れんばい》しているだけであろうし、第四のものはあまりに病的であろうし、第五のものはあまりにこしらえごとに過ぎるであろうし、その他お好み次第のいろんなものであるだろう。いずれにせよ、ふつうの人にもわれわれにも、そういう哲学がゆがんで、調子はずれで、「的《まと》」はずれであって、宇宙の名において臆面《おくめん》もなく語る権利をもっていないことは即座にわかる。プラトン、ロック、スピノザ、ミル、ケアード、ヘーゲル——もっと身近な人々の名前をあげることは遠慮する——これらの名前は、わが聴講者諸君の多くには、それだけの数の奇妙なそれぞれのやりそこない方を憶《おも》い出させるに過ぎないと私は確信する。もしそういう宇宙の解釈がほんとうに真理であるとしたら、それこそ明らかな不条理《ふじょうり》であろう。

われわれ哲学者たるものは、諸君が抱かれるそういう感じを考慮しなければならない。繰《く》り返していっておくが、すべてわれわれの哲学を最後的に裁《さば》くべきものはそういう感じなのである。最後の勝利を占めるものの見方は、普通人の心にもっとも完全な印象を与える力をもった見方であろう。

もう一言——すなわち哲学は必然的に抽象的な略図にすぎないとする見解について述べておこう。略図にもいろいろある、その設計者の頭のなかで立体として考案された肉のついた建築の略図もあれば、また定規《じょうぎ》とコンパスを用いて紙の上に平面的に案出された建築の略図もある。これらの略図は、たとえ石と膠泥《こうでい》で組み立ててみたところで、やっぱり瘠《や》せこけて皮ばかりのものである、しかも略図そのものが既にそういう結果を暗示しているのである。じつをいうと、略図というものはもともと貧弱なものである。けれどもそれは必ずしも貧弱なものを暗示するとは限らない。経験論者をして一般の合理論的哲学にたいして拒否《きょひ》の態度をとらせる所以《ゆえん》は、合理論によって暗示されるものの本質的な貧弱さにある。ハーバート・スペンサーの体系がこの場合たいへん適切な例になる。合理論者たちはスペンサーの方式が恐ろしく不十分な方式の羅列《られつ》のように感ずる。彼の乾燥無味《かんそうむみ》な教師風の気質、彼の絞絃琴《こうげんきん》にも似た単調さ、安価なまに合わせの論法を好んで用いる彼のくせ、力学上の基礎知識をすら彼が欠いていること、また一般に彼の根本観念がすべて漠然《ばくぜん》としていること、まるで割れたツガの板でまに合わせに急造したようなぶざまな彼の全体系――それにもかかわらず、イギリス国民の半数は彼をウェストミンスター寺院に葬《ほうむ》ることを望んでいるのである。

なぜか。なぜスペンサーは合理論者の眼にうつるその弱点にもかかわらずそれほどまでの多大な尊敬を喚《よ》び起こすのであろうか。かくも多くの教養ある人々が、おそらく諸君も私も、その弱点を感じているにかかわらず、なおウェストミンスター寺院に彼を詣《もう》でようと願うのはなぜであろうか。

その理由は簡単である、すなわち、われわれはスペンサーの心が哲学的に正しい位置にあると感ずるからである。彼の諸原理は骨と皮とだけであるかもしれない、しかしとにかく彼の書物はこの特殊な世界の骨組の特殊な型にしたがって、その原理を象《かたど》ろうとつとめている。事実の噪音《そうおん》が彼のどの章にもひびき渡っている。事実の引用はとどまるところを知らない。彼は事実を強調し、事実の世界に面《おもて》を向ける。そしてそれだけで十分なのである。経験論者の心にとっては、これこそ事物の正しいあり方なのである。

プラグマティズムの哲学については、私は次の講義から述べるつもりであるが、この哲学も同じように事実との親密な関係を保《たも》つものである、しかもスペンサーの哲学とは異《ことな》って、既成の宗教組織を締《し》め出すことをもって始めもしなければ終りもしない。——この哲学は宗教組織をも事実にたいすると同じように親身《しんみ》に遇するものである。

私はこの哲学こそ諸君の要求せられる調停的な思考法であることを了解《りょうかい》されるよう諸君を導きたいと思う。

第二講　プラグマティズムの意味

数年前キャンプの一行に加わって山中にあった時のこと、私がただひとりで散歩をして帰ってみると、皆の者が或る形而上学的《けいじじょうがくてき》な論争をはげしく戦わせているのであった。論争の主題は一匹のリスであった――一匹の生きているリスが木の幹《みき》の一方の側にくっついていると仮定《かてい》し、その木の反対の側にはひとりの人間が立っているものと想像する。リスを目撃したその人間が木のまわりをすばやく駈け廻ってリスを見ようとするが、彼がどんなに速く廻っても、それと同じ速さでリスは反対の方向に移るので、リスと人間との間にはいつでも木が介在《かいざい》していて、そのためにリスの影も形も見られない。かくしてここに、その人間はリスのまわりを廻っているのかどうかという形而上学的な問題が起こってくる。その人が木のまわりを廻る、これはもちろん確かなことである、そしてリスは木にとまっている、しかし彼はリスのまわりを廻るかどうか？　山野にあって閑暇のはてしなさにまかせて、議論は飽《あ》きるまで闘わされていたのであった。みんなどちらかについて、互いに譲らない、しかも両派の人数が同じなのであった。だから私が姿を見せると、どちらの派でも味方をふやそうと私に訴えた。私は、矛盾に行き当った時にはいつでも区別を立てねばならぬ、というスコラ哲学の格言を思い出して、早速それを探し、次のようなものを見出した。「どちらが正しいかは」と私はいった、「リスの『まわりを廻る』ということを諸君が実際にどういう意味でいっているかによって定まることだ。もしそれがリスの北から東へ、それから南へ、それから西へ、それからまたリスの北へと移行するという意味であるなら、その人は明らかにリスのまわりを廻っている、なぜというに、この人はこれらの位置を順々に占めて行くのであるからだ。けれども、もしこれとは反対に、最初はリスの正面におり、それからリスの右に、それからリスの背後に、それからリスの左に、そうして最後にまたリスの正面にいるという意味であるならば、その人はとうていリスのまわりを廻ることができないことは、これまた同様に明らかなことである、なぜかといえば、人が動くと同じだけリスも動くのであるから、リスはいつまでたってもその腹を人の方に向け、その背はむこう向きにしたままだからである。こう区別を立てて考えてみたまえ、そうすればもはや議論の余地《よち》は全くなくなってしまう。諸君が『まわりを廻る』という動詞を実際的にどう考えるかに従って、諸君はどちらも正しいといえるし、またどちらも誤っているといえよう。」

興奮した論争者のなかには、私の話をごまかしの言い抜けであるといい、そんな屁理窟《へりくつ》や物識《ものし》りぶったつまらぬ微細《びさい》な区別立てなどを求めているのではなく、「まわり」という純粋な英語の平明なありのままの意味を考えているのであるなどという者も一人二人あるにはあったが、大多数の者はこの区別立てによって論争が鎮《しず》まったと考えたようであった。

私がこの取るに足らぬ逸話《いつわ》を語るのは、この物語が、私が今からお話しようと思うもの、すなわちプラグマティックな方法なるもののいとも簡単な一適例であるからである。プラグマティックな方法は元来、これなくしてはいつはてるとも知れないであろう形而上学上の論争を解決する一つの方法なのである。世界は一であるか多であるか？——宿命的《しゅくめいてき》なものであるか自由なものであるか？——物質的か精神的か？——これらはどちらも世界に当《あ》て嵌《はま》るかもしれぬしまた当て嵌らぬかもしれぬ観念であって、かかる観念に関する論争は果てることがない。プラグマティックな方法とは、このような場合に当って、各観念それぞれのもたらす実際的な結果を辿《たど》りつめてみることによって各観念を解釈しようと試《こころ》みるものである。今もし一つの観念が他の観念よりも真であるとしたならば、実際上われわれにとってどれだけの違いが起きるであろうか？　もしなんら実際上の違いが辿られえないとすれば、その時には二者どちらを採《と》っても実際的には同一であることになって、すべての論争は徒労《とろう》に終ることになる。そこでいやしくも論争が真剣なものである以上は、どちらか一方が正しいとする限り必ず生ずるに相違ない或る実際的な差異をわれわれは当然示しうるのでなければならない。

この観念の歴史を一瞥《いちべつ》すれば、プラグマティズムとはどういう意味であるかが更によくわかるであろうと思う。この語はギリシア語のプラグマから来ていて、行動を意味し、英語の「実際《プラクティス》」および「実際的《プラクティカル》」という語と派生を同じくする。この語がはじめて哲学に導き入れられたのは、一八七八年チャールズ・パース氏によってであった。この年の『通俗科学月報』一月号掲載《けいさい》の「いかにしてわれわれの観念を明晰《めいせき》にすべきか」と題する一論文において、パース氏は、われわれの信念こそほんとうにわれわれの行動を支配するものであることを指摘した後で、次のように述べている。およそ一つの思想の意義を明らかにするには、その思想がいかなる行為を生み出すに適しているかを決定しさえすればよい。その行為こそわれわれにとってはその思想の唯一の意義である。すべてわれわれの思想の差異なるものは、たとえどれほど微妙なものであっても、根《こん》柢《てい》においては、実際上の違いとなってあらわれないほど微妙なものは一つもないということは確かな事実である。そこで或る対象に関するわれわれの思想を完全に明晰ならしめるためには、その対象がおよそどれくらいの実際的な結果をもたらすか――その対象からわれわれはいかなる感動を期待できるか——いかなる反動をわれわれは覚悟しなければならぬか、ということをよく考えてみさえすればよい。そこで、これらの結果がすぐに生ずるものであろうとずっと後に起るものであろうと、いずれにしてもこれらの結果についてわれわれのもつ概念こそ、われわれにとっては、少くもこの概念が積極的な意義を有するとする限り、その対象についてのわれわれの概念の全体なのである。

（一）一八七九年一月の『哲学評論』*Revue Philosophique*（第七巻）に訳載されている。

以上がパースの原理であり、プラグマティズムの原理である。この原理は二十年の間、全く何びとの注意も惹《ひ》かずにあったのであるが、私がカリフォルニア大学におけるホウィソン教授主宰の哲学大会席上での講演で、再びこの原理をもち出し、とくにこれを宗教に適用したのであった。この時（一八九八年）には既に、時代はこれを迎え入れるまでに熟していたようであった。「プラグマティズム」の語はひろまった。そして現在では哲学雑誌を繙《ひもと》けばかなり多くこの語の使用されているのが見受けられる。われわれは到るところに「プラグマティックな運動」について語られているのを見出すのである、或る時には尊敬をもって、或る時には軽蔑《けいべつ》の念をもって。しかし明瞭に理解して語られている場合は稀《まれ》である。もちろんこの語は、これまで集合的な名称をもたず、今にしてようやく「永続的なものになる」にいたった一群の傾向にたいして、便宜的《べんぎてき》に用いられているのである。

パースの原理の重要性を呑み込むためには、それを具体的な場合に適用することに慣《な》れなければならない。私は二、三年前に、あの有名なライプチヒの化学者オストヴァルトが科学の哲学に関する彼の講義において、プラグマティズムという名前こそ用いていないけれども、プラグマティズムの原理を既に全く明瞭に使用しているのを発見した。

「すべて実在するものはわれわれの実行の上に影響を及ぼすもので」と彼は私に書いてよこしている、「その影響こそ実在するもののわれわれにとって有する意味なのです。私は学生にむかっていつも次のような質問を呈《てい》することにしています。もし二者のうちこれか或いはあれかが真であるとしたら、世界はいかなる点で異《こと》なってくるであろうか。もしなんら異りの生ずるのが見られないとすれば、その場合どちらか一方を択《えら》ぶということは意味のないことである。」

つまり、相対する見解も実際的には同じことであり、実際的以外の意味というものはわれわれにとっては存しないというのである。オストヴァルトは公《おおや》けにした講義のなかで彼のいおうとするところのものの例を挙《あ》げている。化学者たちは「互変異性」と呼ばれる或る物体の内部構造に関して久しく激論を交《まじ》えている。この物体の性質は、一個の不安定な水素原子が該《がい》物体の内部で振動すると考えても、またその物体が二個の物体の不安定な混合体であると考えても、ともに等しく矛盾なく成立するように思われた。論争は激烈を極《きわ》めたが、ついにいずれとも決しなかった。オストヴァルトはいう、「もし論争者たちが、どちらか一方の見解が正しいとしてみて、それがために実験的事実の上にどういう特殊な違いが生ずるであろうかをまず自問してかかったならば、かかる論争は決して起こらなかったに違いない。なぜならば、かく自問してみると、そこになんら事実の相違は生じえないように思われるからである。そこでこの口論は、あたかも大昔、酵母《こうぼ》によって生《なま》パンをふくらませることの理を論じて、一方の者はこの現象の真の原因は「妖精《ブラウニー》」だと唱《とな》え、他の者は「妖魔《エルフ》」であると言い張ったのと同じように、架空《かくう》の論であったことになる。」

（一）一九〇五年発行『オーストリア機械工学建築学協会雑誌』*Zeitsch. des Oesterreichischen Ingenieur u. Architecten-Vereines* 第四号および第六号所載の「理論と実際」Theorie und Praxis. W・S・フランクリン教授の論説を見ると、オストヴァルトの説よりも更にひときわ徹底的なプラグマティズムが見られる。彼はいう、「物理学をもって『物質、分子およびエーテルの科学』であるとする物理学観は、そういえば学生にはよくわかるかも知れないけれども、最も病的な考え方であると私は思う。学生には全くわからなくとも、物理学は物体を捉《とら》えてこれを推進させる方法の科学であると考えるのが、最も健康な見方であると思う。」(*Science*, January 2, 1903.)

哲学上のさまざまな論争も、これを具体的な結果を辿《たど》るというこのいとも簡単なテストにかけてみるや否や、いかに多くのものが立ちどころに意味のないものになり終るか、それはじつに驚くべきものである。他のどこかに差異を作らないような差異なるものは、じつはどこにも存しないのである——抽象的真理における差異にしても、具体的な事実の差異となって、またこの具体的事実に因《よ》って起こる行為すなわち誰かがどんな風にかどこかで或るときなすに至った行為の差異となって、表《あら》われないようなものなら、じつはもともと差異ではないのである。哲学の職能は、一にこの世界解釈が真であるかあの世界解釈が真であるかに従って、われわれの生活の一定の時に、諸君および私の上にどういう明確な違いが生れてくるかを見出すことにあるべきものである。

このプラグマティックな方法には全くなにも目新しいものはない。ソクラテスはこの方法の達人であった。アリストテレスは方法的にこれを用いた。ロック、バークリーおよびヒュームはこの方法によって真理にたいし重要な寄与《きよ》をなした。シャドワス・ホジソンは、実在とは「として知られ」ているものであるに過ぎないことを絶えず主張しつづけている。しかしながらこれらプラグマティズムの先駆《せんく》者《しゃ》たちはこの方法を断片的に用いたに過ぎない。つまり彼らは前奏者たるに過ぎなかった。こんにちにいたるまでそれは一般化されることなく、普遍的な使命を有することの自覚も勝利の運命をになうべき自負ももたなかったのである。私はかかる運命の来ることを信じている、そしてこの私の信念を諸君の心にも植えつけて講演を終りたいものだと思う。

　プラグマティズムは哲学における態度としてはきわめて親しみやすい態度を、すなわち経験論者的な態度をあらわすものであるが、しかしその態度は、私の見るところでは、かつて経験論者の採ったものよりよりいっそう徹底的であり、同時にまたより非難の少い形式のものである。プラグマティストは専門哲学者たちが後生大事に身につけているさまざまな宿癖《しゅくへき》にたいし決然と背を向けて二度とふりかえることをしない。彼は抽象的概念や不十分なものを斥《しりぞ》け、言葉の上だけの解釈、まちがった先天的推論、固定した原理、閉じられた体系、いかにももっともらしい絶対者や根源などには一顧《いっこ》をも与えない。彼は具体的なもの十全なものに、事実、行動および力に向う。つまり経験論者的な気質が優勢であって、合理論者的気質はさっぱり放棄されているのである。すなわち、教義や人為《じんい》や真理の究極性《きゅうきょくせい》をかこつけるものなどに反対するとともに、自然の自由豁達《かったつ》さとさまざまな可能性を好むのである。

　それと同時にプラグマティズムはなんらか特殊な結果を表《あら》わすものでもない。それはただ一つの方法であるに過ぎない。しかしながらこの方法があまねく凱歌を奏するに至ったあかつきには、前講において私が哲学の「気質」と呼んだものに重大な変化が起こるであろう。極端な合理論的タイプの教師たちは、さながら官僚タイプの者が共和国にいたたまらなくなり、法王至上権論者的タイプの僧侶がプロテスタント国においていたたまらなくなるのと同じように、いたたまらなくなるに違いない。科学と形而上学とは更にいっそう接近し、事実において全く相提携《あいていけい》して働くに至るであろう。

形而上学はこれまできわめて原始的な種類の研究に従うのが普通であった。不法な魔術を会得《えとく》しようとする努力がいかに根強くつづけられたか、また魔術においてはつねに言葉というものがどんなに大きい役割を演じてきたか、それは諸君の知られるとおりである。妖精《ようせい》であろうと、魔神であろうと、悪魔であろうと、その他どんな魔力であろうと、もし諸君がその名を知っているか、それを呪縛《じゅばく》する呪文《じゅもん》の方式を知っているかするならば、諸君はその魔力を自在に駆使《くし》しうるのである。ソロモンはあらゆる妖精《ようせい》の名を知っていた、それでその名を唱《とな》えて自分の思うままに彼らを使役《しえき》したのであった。それと同じように、この宇宙も普通人の眼にはつねに一種の謎言葉として映じ、これを解く鍵は、何か照明力のあるあるいは動力を与えるような言葉もしくは名前のうちに求められねばならないと考えられてきた。その言葉とはすなわち宇宙の原理のことであって、この言葉を所有することはとにかく宇宙そのものを所有することなのである。「神」、「物質」、「理性」、「絶対者」、「エネルギー」、これらは皆そういう謎を解こうとする名前なのである。これらの名前をえさえすれば、それで安んじて可《か》なりである。形而上学的研究の目的は達せられたのである。

しかしながら、もし諸君がプラグマティックな方法に従おうとするならば、そういう言葉をえることで研究が終りを告げるものと考えることはできない。諸君はこれら一つ一つの言葉の実際的な掛値《かけね》のない価値を明示して、それを諸君の経験の流れのなかに入れて実際に活用してみなければならない。そうすればかかる言葉は解決であるよりもむしろこれからの仕事のためのプログラムであり、もっと詳《くわ》しくいえば、現存の実在がそういう風に変化されてゆくかもしれないその方向の暗示であるように思われる。

してみるともろもろの学説なるものは、そこにわれわれが安息することのできる謎の解答なのではなくて、謎を解くための道具であるということになる。われわれは学説の上に安住することなく、前進する。そうして時には学説の助けをかりて自然を作りかえることもある。プラグマティズムはあらゆる学説の角《かく》ばったところを取り除き、それをしなやかなものに矯《た》め直して、それぞれの学説を互いに円滑《えんかつ》に働かせようとする。本質的に新しいものではないのであるから、それは古来のあまたの哲学的傾向とよく調和する。例えば、つねに特殊に訴える点で名目論《めいもくろん》に一致し、実際的見地を強調する点においては功利主義に、ただ言葉の上だけの解決や無益な穿鑿《せんさく》や形而上学的な抽象を軽蔑《けいべつ》する点においては実証主義と一致する。

これらの学説はすべてもちろん反主知主義的傾向のものである。合理論が一家の主張をなし一つの方法たろうとする限り、これにたいしてプラグマティズムは十分に武装をしておるし、またいつでも戦う用意がある。けれども少くともその初めにおいてはなんら特殊な結果を目指《めざ》して戦うものではない。プラグマティズムはそれの方法のほかにはなんら定説をもっていないし、また主義をももってはいない。かの若いイタリアのプラグマティスト、パピニがいみじくもいったように、プラグマティズムは、ホテルの廊下のように、もろもろの学説の中央に位《くらい》しているものである。無数の室がこの廊下に面して開いている。一室には無神論の書物を書いている人がいるかもしれない、隣の室では跪《ひざまず》いて信仰と力を祈り求めている人がいるかもしれない、第三の室では化学者が一物体の性質を研究しているかもしれぬ。第四番目の室では、理想主義的な形而上学の体系が考案されており、第五室では形而上学の不可能なことが証明されつつある。しかし彼らはみんなこの廊下を自分のものと考えているし、また誰でもめいめいの部屋の出入りに通ることのできる通路を欲する以上は、どうしてもこの廊下を通らざるをえないのである。

そこでこれまで述べたところから考えてみると、プラグマティックな方法なるものは、なんら特殊な結果なのではなく、定位の態度であるに過ぎない。すなわち、最初のもの、原理、「範疇」、仮想的必然性から顔をそむけて、最後のもの、結実、帰結、事実に向おうとする態度なのである。

プラグマティックな方法については、これくらいにしておこう。諸君は私がこれまでこの方法を諸君に説明するよりもむしろそれを讃美してきたに過ぎないといわれるかもしれない、しかしやがて私はこの方法が二、三の卑近《ひきん》な問題に応用してみていかなる効能を示すかを明らかにし、かくて十分にこれを説明するつもりである。それはとにかく、プラグマティズムなる言葉は今ではもっと広い意味に、すなわち一種の真理論という意味にも、用いられるに至っている。この理論の叙述については、まず準備をととのえた上で、一回の講義を全部それに当てるつもりであるから、今はごく簡略に述べるにとどめる。しかし簡略であるとかえってわかりにくいものである。だから私はここ十五分の間今までに倍する傾聴をお願いする。不明瞭な点が多く残るかもしれないが、それらの点はなお幾回かの講義によってだんだんと明らかにしてゆくつもりである。

こんにち哲学の諸部門のうちで最も研究の効果を収めているものの一つは、帰納的《きのうてき》論理学と呼ばれるもの、すなわちこんにちの諸科学を発達せしめた諸条件の研究である。この問題について書いている学者たちは、自然の法則や事実の要素が数学者や物理学者や化学者たちによって公式化される場合何を意味するかということについて、完全な意見の一致を示しはじめた。数学や論理学や自然界における斉一性《せいいつせい》の関係、すなわち法則がはじめて発見されたとき、そのあまりの明瞭さ、美しさ、単純さに魅了《みりよう》されて、ために人々は全能なる神の永遠の思想を誤りなく判読しえたものと信じた。神の心もまた三段論法の形をとって鳴動し、反響するのであった。神もまた円《えん》錐《すい》曲線や平方と根や比例をもって思考し、ユークリッドと同じ幾何学の原理を用いるのであった。ケプラーの法則も遊星のこれに従うように神の造り給うたものであった。落下する物体の速度を時間に比例して増加するように定めたのも、光線が屈折すると正弦《せいげん》の法則に従うようにしたのも神であった。神は動物や植物の綱、目、種、属を設け、これらの間に距離を定めた。神はあらゆる事物の原型を考え、その変異形をも工夫しておいたのである。だからこれら神の驚嘆すべき設定物のどれか一つでも発見すると、われわれは神の御心のうちにあるまことの意図そのものを知ることになると考えられたのであった。

しかし科学が更に進歩を遂《と》げるにつれて、われわれの有する法則の大部分は、否《いな》おそらくは全部が、単に近似的《きんじてき》なものであるに過ぎないという考えが有力になってきた。のみならず、法則そのものも数えきれないほど多数となり、また科学のすべての部門においていくたの相対立する諸説がとなえられているので、研究者は、どの学説も絶対に実在を写したものではなく、ただ或る見地《けんち》からみれば有用でありうるというに過ぎないと考えるようになってきた。これら諸説の大きい効用は古い事実を要約し、新しい事実に嚮導《きょうどう》することにある。これらの諸説はしょせん人造語でしかない、誰かが名づけたように、われわれが自然についておこなった研究の報告を書き込んでゆく一種の概念の速記に過ぎない。しかも言語というものは、周知のように、いろいろな言い表わし方やさまざまな方言をも許すものなのである。

このようにして人間の恣意《しい》が科学的論理学から神的な必然性を駆逐《くちく》してしまった。ジークヴァルト、マッハ、オストヴァルト、ピアソン、ミロー、ポアンカレ、デュエーム、リュイッサンとこれらの名前を列挙すれば、諸君のうち哲学を勉強しておられる方は、私のいおうとするところの傾向を容易に察せられるであろうし、かつこれにつけ加えるべき若干の名前をも思い浮べられることであろう。

今やシラーおよびデューイの両氏は、かかる科学的論理学の潮流の最前線に立ち現われて、いかなる場合でも真理は何を意味するかについて、プラグマティックな説明を与えている。いかなる場合でも、とこれらの教師たちはいう、われわれの観念や信念における「真理」は、科学においていわれる真理と全く同一のものである。つまり真理とは、彼らによれば、観念（それ自身われわれの経験の部分に過ぎないものであるが）が真なるものとなるのは、この観念によってわれわれの経験の他の部分との満足な関係が保たれうるからであり、経験の他の諸部分を統括することができるし、また無限に相次いで生ずる特殊な現象を一々しらべなくとも概念的近路を通って経験部分の間を巧みに動きまわれるからである、というにほかならないのである。いわば、何かわれわれがそれに乗って歩くことのできるといったような観念、うまく物と物との間をつなぎ、なんの不安もなく動いて行き、ことがらを簡略にし労力を省《はぶ》きながら、われわれの経験の一つの部分から他の部分へと順調にわれわれを運んで行ってくれるような観念、これがまさしくこれだけの意味によって真であり、それだけの範囲において真であり、道具という意味で真なのである。

以上のごときがシカゴにおいて講ぜられて大喝采《だいかっさい》を博《はく》した「道具的」真理観*であり、オックスフォードで発表されてはなはだ異彩《いさい》を放った真理観*、すなわち、われわれの観念が真理であるというのは、その観念が「働く」力をもっているということであるとする見方《みかた》なのである。

デューイ氏、シラー氏およびその仲間の人たちがすべての真理についてこのような一般的概念を把握《はあく》するに至ったのは、ただ彼らが地質学者や生物学者や言語学者の例に倣《なら》ったまでのことである。これら他の諸科学が科学として確立されるに成功した所以《ゆえん》は、つねに、例えば天候による蝕剝《しょくはく》とか、親のタイプと違った変異とか、新しい語や発音の導入による方言の変化などのような、その動いているさまが目の前に観察できる何か簡単な現象をまず捉えて、それからそれをあらゆる時代に当てはめながらそれを一般化し、そうしてもろもろの時代に通ずるその結果を加え合わせて大きな結論を引き出す、ということにあった。

シラーとデューイがとくに選び出して一般化を試みようとした、観察のできる過程というのは、卑近《ひきん》なもので、誰でもが新しい意見を抱くようになるときに辿《たど》るところの過程《かてい》である。この過程はつねに同じである。人はそれぞれ既にさまざまな旧い意見のストックをもち合わせている。ところがこれらの旧い意見を動揺させるような新しい経験に出会う。誰かがそれらの旧い意見を否定することもあろう。また内省的《ないせいてき》な気持になった折に、それらの旧いもろもろの意見が互いに矛盾していることを発見することもあろう。旧い意見とはとうてい相容《あいい》れないような事実を耳にすることもあろう。また旧い意見ではどうしても満足できないような欲望が心に起こることもあろう。それがために、彼の心がそれまで経験したことのない内的な苦悶が生ずる、そしてこの苦悶をのがれるためにこれまで抱いていた一群の意見を修正しようとする。しかしこの修正はできるだけしないですませようとする、なぜかというに、この信念の問題となると、われわれはすべて極端な保守主義者であるからである。そこで彼はまずこの意見を変え、それから次にあの意見をという風《ふう》に進んで行く(というのは、旧い意見は変化しまいとして手を変え品を変えて抵抗するからである)、がそのうちいつか旧い意見のストックに加えてもそれをかき乱すことが一番少いような或る新しい観念、すなわち旧い意見のストックと新しい経験とをとりもって、両者を互いにこの上なくしっくりとつきまぜ、少しも不都合を感じさせないような観念が浮び出てくる。

するとこの新しい観念が真なるものとして採用される。この観念は旧い真理に最小限の修正を施しただけで、つまり辛《から》うじて新しさが認められるところまで拡張しはするが、この新しさをもできるだけ在来の慣《な》れ親しんでいる方法で考えるという風にして、旧のまま保存している。われわれの抱いている先入見をことごとく破壊するような極端な説明を与えることは、新しさというものを真に説明するものとは決して認められないであろう。われわれは並はずれて極端でないものを見つけるまでは熱心に探し廻らねばならない。一個人の信仰の上におこるもっとも激しい革命でさえも、旧い秩序を大部分そのままに残すものである。時間と空間、原因と結果、自然と歴史、および自分自身の経歴などはそっくりそのまま残るものである。新しい真理とはつねに心の変遷過程の媒介者《ばいかいしゃ》、調停者である。それは最小の動揺と最大の連続性とを与えるようにして旧い意見を新しい事実に娶《めあ》わせる。ひとつの理論が真であるかどうかということは、その理論がかかる「最大と最小の問題」をどの程度に解決しえているかに比例して計《はか》られることである。しかしこの問題を解決しうるといっても、むろんそれは近似《きんじ》の程度の問題である。われわれは、この理論の方があの理論よりも全体から見ていっそう満足にこの問題を解決している、などというけれども、それはわれわれ自身にとっていっそう満足にということを意味するのみであって、各人は各様にそれぞれ自分の満足のできる点を強調するであろう。だから、限度はあるにしても、この問題に関してはあらゆるものが思い思いに形成されてゆくのである。

私が今とくに諸君の注意をお願いする点は、旧い真理の演じた役割である。この点を考慮しないことが、プラグマティズムにたいして浴びせられた多くの不当な批評の源泉なのである。旧い真理の影響は絶対的に人を支配している。旧い真理に忠実であることが第一原理なのである――否、たいていの場合、これが唯一の原理となっている。これは、われわれの抱いている先入見《せんにゅうけん》をどうしても修正しなければならなくなるくらい新奇な現象に出会った場合を考えれば、直《ただ》ちにうなずけるであろう。たいていの人は、この新しい現象を全然無視してしまうか、あるいは新しい現象を目撃したという人を罵《ののし》るかするのが普通なのである。

諸君はきっとそのような真理成長の過程の実例を見たいと望まれるであろう、その例はあまり多すぎてかえって困るくらいである。新しい真理のできるもっとも簡単な場合は、いうまでもなく、新しい種類の事実、もしくは種類は旧いものと同じであるがただ目新しいだけの事実をわれわれの経験にただ数的に加えてゆく場合――旧い信念の変化を少しも含まない附加である。日は一日一日と過ぎてゆくが、日々の内容は単に附加されるだけである。附加される新しい内容それ自身が真であるのではない、それは単に来てそして在るだけのことである。真理とはその新しい内容についてわれわれが語るところのものである。そして新しい内容が来たとわれわれがいう時、真理の要求はかかる簡単な寄《よ》せ算的《ざんてき》公式によって満《み》たされるのである。

しかし時には、日々の内容を修正せざるをえない場合が起こってくる。今もし私が金切声《かなきりごえ》をはりあげて、この演壇《えんだん》で狂人みたいな振舞いをしたら、諸君の多くは私の哲学がもっているかもしれぬ価値について諸君の抱いておられる観念を修正されることになるであろう。いつぞやラジウムが日々の内容の一部となった頃のこと、ラジウムはしばらくの間は、全自然の秩序、すなわちエネルギー保存と称せられるものと同一視されてきたあの秩序についてわれわれの有する観念と矛盾するように思われた。ラジウムがそれ自身の内部からはてしなく熱を放散するのをただ見ていると、エネルギー保存の法則に背《そむ》くように思われたのである。果してそうであろうか。もしラジウムの放射が、あらかじめ原子内に含まれてある、それと気づかれない、「潜在的」エネルギーの逸出にほかならないとすれば、エネルギー保存の原理は犯《おか》されることはないであろう。放射の結果として「ヘリウム」が発見されたために、そう信じられるに至ったのである。かくしてラムゼーの見解は一般に真であると見られるに至ったが、それは彼の見解が、われわれの旧いエネルギー観を拡張するものではあるが、その本質については、最小限度の変更しか惹《ひ》き起こしていないからである。

これ以上実例を列挙する必要はあるまい。新しい意見は、それが新しい経験をばストックされている信念に同化せしめようとする個人の要求を満足させる程度に正比例して、「真」と考えられるのである。新しい意見は旧い真理に頼るとともに新しい事実を捕えねばならない。これをなしうるか否かということは(今しがたいったように)各人の評価の問題である。だから旧い真理が新しい真理の附加によって成長してゆくといっても、それは主観的理由によるものである。われわれは現にかかる心的作用を営《いとな》みつつあるのであり、またかかる主観的理由に従っているのである。われわれのかかる二重の要求を満足せしめるというその機能をもっともうまく発揮する新しい観念がもっとも真なるものなのである。新しい観念はその働き方によって、みずから真なるものとなり、みずから真なるものの列に加えられてゆく。すなわち古い真理体に移植されるのであって、その成長はちょうど木が新生組織の新しい繁殖の活動によって成長するのと同じことである。

さてデューイおよびシラーはこの観察を一般化し、それをもっとも旧い時代の真理に適用しようとする。それらの真理もかつて形成されたものであり、人間的な理由からして真理と呼ばれたものであった。それらの真理も、なおいっそう旧い時代の真理と、その当時においては新奇であった観察との調停の役を果したのである。純粋に客観的な真理、それを確立するにあたって経験の先立つ部分と新しい部分とをめあわすことに人間的な満足感を覚えさせるという機能がなんらの役割をも演じなかったというような真理などは、どこにもありえない。なぜものごとが真であるかの理由は、なぜわれわれがものごとを真と呼ぶかの理由なのである、なぜかというに、「真である」とはこの仲人《なこうど》役を果たすことを意味するにすぎないからである。

人間の智慧の足跡はこのようにしてあらゆるものの上に残っている。独立な真理、われわれがただ発見するというだけの真理、もはや人間の要求に応じない真理、一言でいえば、矯正《きょうせい》のできない真理――そういう真理はほんとうにありあまるほど存在している――あるいは、存在しているものと、合理論的な心の思想家たちによって想像されている。しかしそういう真理はつまり生きている木の死んでいる心《しん》という意味しかもってはいない。それが存在しているということは、真理にもまたそれなりの古生物学《こせいぶつがく》があり、またそれなりの「時効《じこう》」があって、永い年月にわたって旧《ふる》びるまで使役《しえき》していると、真理もついにはこわばってきて、人々の心で化石化《かせきか》しまったくの古物になりきってしまうものであることを意味するにすぎない。しかしどれほどふるい真理でも実はきわめて柔軟性《じゅうなんせい》に富んでいるものである、ということは、こんにちでは、論理学的ならびに数学的諸観念の変化によって、いな、物理学さえも襲《おそ》おうとしているかに見える変化によって、まざまざと示されている。古代の諸方式は、はるかに広範な諸原理、現在のような形や方式をとるにいたろうなどとはわれわれの祖先が夢想だにしなかった諸原理の特殊な表現として解釈し直されている。

シラー氏はこのような真理観全体にいまでも人本主義《ヒューマニズム》という名前を与えているが、この学説にとっても、「プラグマティズム」という名前の方が公平に見てすぐれているように思われる。だから私はこの講義ではこの真理観をプラグマティズムの名のもとに取り扱うことにしようと思う。

そこでプラグマティズムの範囲はこういうことになろう――第一、方法、第二、真理といわれるものの発生的理論。そしてこの二つのものが私のこれからの論題とならなければならない。

私が真理論について述べてきたことは、簡略であったために、諸君の多くにはきっとぼんやりしていてもの足《た》りなく思われたことであろう。これから私はその埋《う》め合せをしよう。「常識」についての講義では、古くなって化石化した真理と私がいったのはどういう意味であるかについて明らかにしよう。次の講義では、われわれの思想というものは、それが仲人役をうまく果たす程度に比例して真理となる、という観念を敷衍《ふえん》しよう。第三の講義では、真理の発展における主観的な要因を客観的な要因から識別することがいかに困難であるかということを示そう。諸君は私のこれらの講義の意味を完全に会得《えとく》されないかもしれない、またよし会得されるにしても、私の意見に完全に同意されることはないかもしれない。けれども諸君は少くとも私が真面目であることを認め、私の努力に賛意を表していただけることと思う。

そこで諸君は、シラー氏やデューイ氏の理論が軽蔑と嘲笑《ちょうしょう》の嵐を浴びたと聞けばおそらく驚かれることであろう。合理論はこぞってこの二人に反抗して立った。とりわけシラー氏は、有力な筋で、まるでぶんなぐられてよい生意気な生徒みたいに扱われた。このようなことを取りたてていうのは、それが事実上、私がプラグマティズムの気質と対立するものとした合理論的気質をたまたま間接的に明らかにしてくれるからにほかならない。プラグマティズムは事実から離れては居心地《いごこち》が悪い。合理論は抽象的なものと向いあっているときしか心地よくいられない。このようにプラグマティストが真理を複数形で論じたり、真理の効用とか満足感とかを口にしたり、真理の「はたらき」のおさめる成功について語ったりなどすると、典型的な合理論者の心は、一種のがさつな、かたわな、第二流の、まに合わせの真理論を思い浮べるのである。そういう真理はほんとうの真理でない。そういう標準は主観的なものにすぎない。これに反して客観的真理というものは非功利的な、尊大な、きめの細かい、遠大な、威厳のある、高貴なものでなければならない。それは等しく絶対的な実在とわれわれの思想との絶対的な一致でなければならない。それはわれわれが無条件的にそう考えるべきものでなければならない。われわれが実際にものを考える場合のような条件づきの考え方はまさに筋違《すじちが》いのもので、心理学の問題である。こういう真理の問題に関するかぎり、心理学はひっこんでいるがよい、論理学こそ立ち上るべきだと。

これら二つのタイプの心の鋭い対照を見ていただきたい。プラグマティストは事実と具体性に執着《しゅうちゃく》し、真理を特殊な場合場合におけるそのはたらきに着目して観察し、そして一般化してゆく。真理は、彼にとって、経験内におけるあらゆる種類のはっきりした作用価値をあらわす一個の普通名詞となる。合理論者にとっては真理はつねにひとつの純粋な抽象概念であって、その単なる名目にわれわれは聴従《ちょうじゅう》せねばならないとされる。プラグマティストはなぜわれわれがそれに従わねばならぬかの理由を詳しく説明しようと企てるのに、合理論者は彼みずからの抽象概念がそこから取り出された具体物を認めることができないのである。合理論者はわれわれを責めて、真理を否定するものであると難ずる。ところがじつはわれわれは、なぜ人々が真理に従うのか、またつねに従わねばならぬのか、ということの理由を正確に調べ出そうと試みてきたに過ぎないのである。典型的な極端な抽象論者というものは具体性というともうまるで震《ふる》えあがってしまう。ほかの事情が同じだとすると、彼はむしろ血の気の失せた、幽霊のようなものを進んで選びとる。もし二つの種類の宇宙が差し出されたら、彼はいつでも現実の豊かな茂みよりも痩《や》せこけた輪廓《りんかく》の方を択ぶであろう。輪廓はそれほどより純粋であり、より明晰《めいせき》であり、より高貴なのである。

私は講義が進むにつれて、この講義のとなえるプラグマティズムの具体性と事実への近接性ということがプラグマティズムの最も首肯《しゅこう》できる特徴であることを諸君にわかってもらえるようにいたしたいと思う。この点でプラグマティズムは、既に観察されたものによっていまだ観察されないものを解釈するという姉妹諸科学の例にならうにすぎない。それは旧きと新しきとを調和的にひき合わせる。それはわれわれの心と現実との間の「対応」(これがどういう意味であるかは後でたずねてみなければならぬ)の静的な関係というまったく空虚な観念を斥《しりぞ》けて、われわれ自身の特殊な思想とそれがその役割を演じその効用を示すところの別の広大な経験界との間の豊かなそして能動的な交通(これは誰でも一々その筋道《すじみち》を辿《たど》って理解することができる)という観念に改めるのである。

しかしこの点については今のところこれで十分であろうか。私のいうところが正当であるということの証明は後まわしにしなければならない。いま私は前回に主張したところ、すなわちプラグマティズムは経験論者的な考え方と、人間存在のより宗教的な要求とをうまく調和させるものであろうとするということについて、も少し説明するために一言申しそえたいと思う。

諸君は私が前に述べたことを記憶しておられるであろうが、当世は事実をあまり重視しない観念論の立場に立つ哲学が幅をきかせているので、事実を愛好する気質の強い人たちは、とかくよそよそしくあしらわれ勝ちである。観念論哲学はあまりにも主知主義的にすぎる。古風な有神論は神をば量《はか》り知れない、あるいは理窟ではわからない、たくさんな「属性」からできていて、どこか高いところにおわします君主のように考えているが、これはいかにもまずかった。しかしこの有神論も、万物のうちに神の巧みな設計を見ようとする論法によって強力に支《ささ》えられていた間は、まだしも具体的な現実との接触をいくらか保っていたのである。けれども、ダーウィン説がひとたび「科学的」な頭脳から神の設計などというものをとり除いてからは、有神論はその足場を失ってしまった。そこで、なにか天の上でなく事物のなかではたらき給うといった種類の内在的なもしくは汎神論的《はんしんろんてき》な神の方が、もし神というものがあるとするかぎり、われわれ現代人の想像力には歓迎される種類のものとなってくる。だから哲学的宗教にあこがれる人たちは、おしなべて、古風な二元論的有神論がいまなお若干の有力な擁護者を有するにもかかわらず、こんにちではむしろ観念論的汎神論に望みをかけてこの方向に向かいつつある。

しかしながら、第一講において述べたように、汎神論という銘《めい》を打って提供されても、宗教をあこがれるそれらの人たちが事実の愛好者すなわち経験論的な心の持ち主であるかぎり、彼らにはそれを同化しがたいのである。それは俗塵《ぞくじん》を払って純粋な論理の上に打ち建てられた絶対主義の銘を打った品物なのである。それは具体性とはなんの関係をももっていない。神の身代りである絶対精神こそ、いかなる事実であれ、あらゆる事実の特殊性の合理的な予想条件であると断じて、われわれの世界における特殊な事実が現実的にどうあろうとそんなことにはとんと無頓着《むとんちゃく》なのである。事実がどうあろうと、絶対者が事実を生み出すのである。イソップ物語にある病《や》める獅子《しし》のように、すべての足跡が獅子のすむ洞穴に通じているが、出てきた足跡はひとつもない。諸君は絶対者の助けによって特殊性の世界に再び降りてくることはできないし、また絶対者の本性について諸君の観念から、諸君の生活を左右するような特殊な必然的帰結をなにひとつ引き出すこともできはしない。いかにも絶対者は、神とともにあれば万事よし、とか、神の永遠なる考え方にとっては何事も申し分ない、とかいう確信を諸君に与えてくれはしよう。しかしそれと同時に、絶対者は諸君を見はなし、諸君がみずから現世的な工夫をこらして諸君みずからの現世の救いを求めるほかなくしてしまうのである。

この思想の尊厳を否定しようとか、それが最も尊敬すべき種類の人々に宗教的な慰《なぐさ》めを与える力のあることを否定しようとかいう気は私には更にない。しかし人間としての観点からみると、この思想が縁遠さと抽象性の欠点をもっていないなどと誰しもそらとぼけるわけにはゆかない。それは私があえて合理論者的気質と呼んだものの典型的な一産物なのである。それは経験論の諸要求を蔑視《べっし》する。それは現実世界の豊かさの代りに蒼《あお》ざめた輪廓で間に合わせる。それはこざっぱりしている、高貴である、といっても良い意味においてではない。すなわち、高貴であるということが賤《いや》しい役目に不向きなことであるという意味でのことである。汗と塵《ちり》とのこの現実の世界にあっては、ものの見方が「高貴」であるということは、すでにそれが真理にもとっているというひとつの推定理由、ひとつの哲学上の無能力の証左《しょうさ》であると見なして然《しか》るべきだと私は思う。悪魔は、いい伝えられているように、紳士であるかもしれない、しかし天と地との神は、なんであるにせよ、断じて紳士ではありえない。われわれ人間のこの苦界《くがい》の汚濁《おだく》にあっては、天上において神の威厳が要求されるにもまして、神の卑《いや》しいつとめが必要なのである。

さてプラグマティズムは、事実に執着《しゅうちゃく》するといっても、ふつうの経験論がそのために苦しむような唯物論的偏見《へんけん》をもってはいない。かつまたプラグマティズムは、抽象物の助けによって諸君が個々の事物の間を自由に動きまわることができ、そしてその抽象物が現実的に諸君になんらかの実《みの》りを結ばせるものであるかぎり、抽象物を作り上げることになんら異議をさしはさむものでもない。プラグマティズムは、われわれの精神とわれわれの経験とが相たずさえて作り出す結論以外の結論にはまったく無関心であるが、頭っから神学を否定するような偏見をもってはいない。もし神学上の諸観念が具体的生命にとって価値を有することが事実において明らかであるならば、それらの観念は、そのかぎりにおいて善である、そしてかかる意味で、プラグマティズムにとって真であるであろう。なぜなら、その観念がそれ以上にどれだけ真であるかということは、ひとしく承認されねばならない他のもろもろの真理との関係にもっぱら依存するであろうから。

つい今しがた私が先験的観念論でいう絶対者について述べたことが、ちょうど好い例である。まず私はそれを尊厳なものと呼び、ある種の人々に宗教的な慰めを与えるものだといった、そして次に私はその縁遠さと無効果を非難した。しかしそういう慰めを与えるかぎり、それは確かに効果のないものではない。それはそれだけの価値をもっており、ひとつの具体的な機能を果しているのである。だからまことのプラグマティストとして、私自身も絶対者は「そのかぎりにおいて」真であるといわなければならない、そして今私はなんの躊躇《ちゅうちょ》もなくそう断言する。

それにしても、そのかぎりにおいて真とはこの場合どういう意味なのであろうか。これに答えるには、プラグマティックな方法を適用しさえすればよい。絶対者の信者たちは、彼らの信仰が彼らに慰めを与えるというとき、どういうことをいっているのであろうか。彼らのいうところでは、絶対者にあっては有限なる悪はすでに「制圧されている」のであるから、われわれは、いつでも欲するときに、現世をばあたかもそれが可能的に永遠の世界であるかのように取りあつかってかまわないし、また絶対者から出てきた結果を信頼できると確信してよいし、また罪を犯すことなしに、われわれの恐怖心をはらい除《の》け、われわれの有限な責任の苦悩をはらい落としてよいのである。つづめていえば、われわれには、ときどき精神の休暇をとる権利がある、つまり、世界の成り行きはわれわれの手よりも優《すぐ》れた手に握られていてわれわれの関知するところでないと感じられるのであるから、その移りゆくままにまかせておく権利がある、というのである。

この宇宙は個々の成員が時には心のはりをゆるめてよいような組織体であり、そこではものにこだわらない気分がまた人間にふさわしく、そして精神の休暇というものが日程《にってい》に入っている――このことが、もし私の思い違いでなければ、「として知られて」いる絶対者の少くとも一部分である。これが絶対者が真であると考えることによってわれわれの特殊な経験に生じてくるわれわれにとっての大きな違いである。これが絶対者をプラグマティックに解釈する場合の現金価値なのである。専門家でないふつうの哲学愛読者は、よし絶対的な観念論に好意をよせるにしても、絶対者の概念をこれ以上にはとぎすませようとはあえてしない。彼らは上に述べた範囲内で絶対者を役立てることができ、そしてそのかぎりにおいてそれはきわめて貴重である。それだから、諸君が猜疑《さいぎ》の心をもって絶対者について語るのを聞くと、彼らは心を痛める、そしてそうした諸君の批評を無視してしまう。それは、諸君の批評が彼らのついて行けないような絶対者の概念の諸相を論じているからなのである。

もし絶対者がこういう意味のものでありそしてそれ以上のものを意味しないとすれば、その真理を誰が否定しえよう。それを否定するのは、人は決して心をくつろげてはならない、休暇などは決して日程にいれてはならない、と主張するにひとしいであろう。

諸君のうちには、観念というものはそれを信ずることがわれわれの生活にとって有益であるかぎりにおいて「真」である、と私のいうのを聞いて、いかにも奇妙に思われる方があるに違いないことを私はよく承知している。観念はそれが有益であるかぎりにおいて善であるといったら、諸君はよろこんでこれを認められるであろう。もしわれわれが観念の助けをかりてなすことが善であるとすれば、そのかぎりにおいてその観念自身も善であることを諸君は認められるであろう。なぜならば、われわれはその観念を所有しているだけそれだけ結構なのであるから。しかしそれにしても、それだけの理由で観念をまた「真」でもあるというのは、「真理」という語の解しがたい誤用ではないか、と諸君はいわれるかもしれない。

この困難に十分に答えることは、ここまでの私の説明では不可能である。いま諸君の触《ふ》れられた点こそ、シラー氏、デューイ氏ならびに私自身の真理論の中心点そのものなのであるが、私はこの点の詳しい議論を第六講にゆずらねばならない。いまはただ、真理は善の一種であって、ふつう考えられているように、善とはまったく別な範疇《はんちゅう》でもなければまた善と同位のものでもない、ということだけをいっておこう。真なるものとは、信仰という面から見て、しかもまたそれと指し示しえられるようなはっきりした理由から、善であることが証拠だてられるものならば何であれそのものに附与される名前である。確かに諸君も承認されるに違いないが、もし真なる観念のなかに人生にとって善なるものがないとしたら、あるいは、もし真なる観念の知識が明らかに不利なものであり偽なる観念だけが有用なものであるとしたら、そしたら、真理は神聖で尊いものであり真理の追求は義務であるとする通念は、決して育ちもしなかったし、またひとつのドグマとなることもなかったであろう。そういう世界があるとしたら、そこではむしろ真理を避けることがわれわれの義務となるであろう。しかしこの現実の世界においては、或る食物がわれわれの味覚に風味がよいばかりでなく、われわれの歯や胃や身体の組織にも善《よ》きものであるのと同じように、或る観念はそれを考えることが快《こころよ》いとか、われわれの好む他の諸観念を支持してくれるから快いとかいうばかりでなく、また人生の実際的な苦闘において助けになるものである。もしわれわれがそう生きるに越したことのないようなよき生活というものがあるとすれば、そしてもしそれを信じるとそういう生活を送るのに役立ってくれるというような観念があるとしたならば、その観念を信じるということは、その信仰がたまたま他のいっそう大きい、われわれの死活を決するような利害と衝突するような場合を除いては、まことにわれわれにとってよりよいであろう。

「それを信じる方がわれわれにとってよりよいもの」という。これはさながら真理の定義であるように思える。それは「われわれの信ずべきもの」というのとほとんど同じである。そしてこの定義ならば、諸君は誰もなんら奇妙なものとは考えられないであろう。いったいわれわれは、信じた方がわれわれにとってよりよいものを信ずべきではないのか？　それなら、われわれにとってよりよきものという考えと、われわれにとって真なるものという考えとを、われわれは永久に引き離しておくことができるか？

プラグマティズムはこれにたいして否と答える、そして私はプラグマティズムと完全に同じ意見である。おそらく諸君も、このような抽象的な論じ方がされるかぎり、同意せられるであろう、と同時にしかし諸君は、ひとつの疑念を抱かれるであろう、すなわち、もしわれわれがわれわれ自身の個人的な生活のためになるものをことごとく実際に信じたとしたら、われわれはこの世の出来事についてはあらゆる種類の空想をほしいままにし、あの世についてはあらゆる種類の感傷的な迷信にふけるようなことになりはしないかと。この諸君の疑念には疑いもなく十分な根拠《こんきょ》がある。諸君が抽象的なものから具体的なものに移ろうとするときには、事態をこんがらかすようなことが確かに何か起こってくるのである。

私はつい先ほど、信じた方がわれわれにとってよりよいものは、その信仰がたまたまわれわれの死活を決するような他の利害と衝突するような場合を除いては、真であるといった。ところで現実の生活において、われわれのもっている何か特殊な信仰がもっとも衝突《しょうとつ》しやすいわれわれの死活を決するような利害とは何であろうか。ほかでもない、それははじめに抱いていた信仰と両立しないとわかる他の信仰によって与えられる利益なのである。いいかえると、われわれの真理のどれでもの最大な敵は、われわれが現にもっている真理以外の真理であろう。真理というものはもともと自己保存および自己に矛盾するものは何ものをも絶滅しようとする欲望、このすさまじい本能をもったものである。私にもたらしてくれる善のゆえに私の抱く絶対者にたいする信仰は、それ以外のすべての私の信仰からの猛攻撃をうけねばならない。いまかりに絶対者への信仰は私に精神の休暇を与えてくれるから真であるとしてみよう。それにもかかわらず、私の考えるところでは――いま私はいわば本心をさらけ出して、ただ私一個人の資格でいうのであるが――絶対者への信仰は、絶対者のためだからといって見すてるにしのびないさまざまな利益をもった私の別の真理と衝突する。それはもしかすると私の大嫌いな一種の論理を連想させるかもしれない、するとそれが肯《うべな》いがたい形而上学上のいろいろな逆理に私をまき込もうとするのに気がつく、等々。ところが私はこのような知的な矛盾を背負《せお》いこむまでもなく既に人生の苦労を十分もっているのであるから、私ならそんな絶対者などはあっさり放棄してしまう。私はただ精神の休暇だけをすなおに採用するか、でなければ、専門哲学者らしく、何か別の原理でそれを正当化しようと試みる。

もし私が絶対者についての私の観念を、ただそれが休暇を与えるというだけの価値に限ることができるとすれば、それが私の他の真理と衝突するようなことはないであろう。けれどもわれわれはわれわれの有するもろもろの仮定《かてい》を容易にそのように限定しうるものではない。そういう仮定はありあまるほどの特徴をそなえており、そして衝突を来たすのはこれらの特徴なのである。してみると、私が絶対者を信じないということはそういうありあまるほどの他のいろいろな特徴を信じないということなのである。なぜかというに、精神の休暇をとることの正当さを私は十分に信じているのだからである。

以上によって諸君は、私がプラグマティズムをひとつの仲介者、調停者と呼び、かつパピニの言葉をかりて、プラグマティズムはもろもろの学説を「硬化《こうか》させない」ものであるといった意味を了解《りょうかい》せられたであろう。事実プラグマティズムはいかなる偏見も、他を妨げるようなドグマも、準拠《じゅんきょ》と見なされるような厳《きび》しい条規ももってはいない。プラグマティズムはまったく親切である。それはどんな仮説でも受け入れ、どんなわかりきったことでも考慮に入れるであろう。それだからプラグマティズムは宗教の領域においては、反神学的な偏執《へんしゅう》を有する実証主義的経験論と、幽遠なもの、高貴なもの、単純なもの、抽象的な概念にもっぱら興味をよせる宗教的合理論とのどちらよりもはるかに有利な地歩をしめることになる。

要するにプラグマティズムは神の探求の範囲を拡大する。合理論は論理と天空に執着する。経験論は外的な感覚に執着する。プラグマティズムはどんなものでも取り上げ、論理にも従えばまた感覚にも従い、最も卑近《ひきん》な最も個人的な経験までも考慮しようとする。神秘な経験でも、それが実際的な効果をもっている場合には、これを考慮するであろう。プラグマティズムは私的な事実のけがれの真《ま》っただなかに——もしそれが神を見出せそうに思える場所であるなら——そこに住みたもう神を捉えようとする。

プラグマティズムが真理の公算を定める唯一の根拠は、われわれを導く上に最もよく働くもの、生活のどの部分にも一番よく適合して、経験の諸要求をどれ一つ残さずにその全体と結びつくものということである。もし神学上の諸観念がこれを果たすとすれば、もしとくに神の観念がそれを果たすことが事実として証明されるとすれば、どうしてプラグマティズムは神の存在を否定しえよう。プラグマティックにあれほど成功をおさめた観念を「真でない」として取り扱うことは、プラグマティズムにとって意味のないことであろう。具体的な実在とのこのまったき一致ということのほかに、プラグマティズムにとって、いかなる種類の真理がありえよう?

最後の講義で私は再びプラグマティズムと宗教との関係を論ずるであろう。しかし諸君はすでにプラグマティズムがいかに民主的であるかを見られたはずである。プラグマティズムはあたかも母なる自然のそれのように、その態度において多面的にして柔軟《じゅうなん》であり、その資源において豊かにして無尽蔵《むじんぞう》であり、そのくだす結論において友好的なのである。

第三講　若干の形而上学的問題のプラグマティズム的考察

私はいまプラグマティズムの方法を特殊な問題に適用した実例を二つ三つ挙げてこの方法をいっそう諸君になじみ深いものにしたいと思う。私はまずはじめにごく無味乾燥《むみかんそう》なもの、すなわち実体の問題を取り上げることにしよう。実体と属性との区別は古来誰もが用いているもので、文法上の主語と述語との区別として人間の言語の構造そのもののなかにいわば秘蔵されているものである。いまここに一片の白墨《はくぼく》がある。その様相《ようそう》、属性、性質、偶有性《ぐうゆうせい》、あるいは諸規定――その名辞はどれでもよろしいが――は白さ、脆《もろ》さ、円柱形、水に溶けないこと等々である。しかしこれらの諸属性を担《にな》うものは白墨の形をとったこの白堊であって、だから白堊《はくあ》は実体と呼ばれ、諸属性はそれに内属しているといわれる。同じようにこの机の諸属性は「木材」という実体に内属し、私の上衣《うわぎ》の諸属性は「羊毛」という実体に内属しているというわけである。さらに白堊、木材、羊毛は、それぞれ異ったものではあるが、共通の性質を示しており、この限りにおいてそれらのものはそれ自身よりいっそう本源的な実体すなわち物質の諸様相であると見なされ、空間を占めていることおよび二つのものが同時に同所を占めることができぬということがその属性であるとされている。われわれの思想や感情も同じことで、それらはわれわれめいめいの心の規定ないし性質であって、その心が実体なのである。しかしこの場合にも心を実体であるとするのは全く正しいとはいわれない、というのは、その心はよりいっそう深い実体「霊」の様相であるからである。

さて、この白堊についてわれわれの知っているすべてのことは白さ、脆さなどであり、この木材についてわれわれの知っているすべてのことは可燃性《かねんせい》とか繊維体《せんいたい》であるとかいうことだけであるということは、ずいぶん古くから知られていたことである。おのおのの実体がわれわれに知られる場合の手がかりとなるのは、じつは一群の属性であって、これらもろもろの属性こそわれわれの現実の経験にとってその唯一の現金価値を形作っているのである。実体というものはいかなる場合にもそれらの属性を通じて開示されるのである。だからもしわれわれがそれらの属性から切り離されたとしたら、われわれはその実体の存在に気づくことも決してないに違いない。またもしかりに神が奇蹟によって諸属性を具《そな》えた実体を或る瞬間に消滅させながら、しかもわれわれには以前と変らぬ風にその諸属性を示しつづけたとしても、われわれがその瞬間を見破るということは決してありえないであろう。なぜかというに、われわれの経験そのものには変りがないだろうからである。名目論者《めいもくろんじゃ》たちが、実体とは仮《かり》の観念であって、名目を事物に転ずるというわれわれ人間の痼疾化《こしっか》したトリックに負《お》うものであるという見解を採るのはそのためである。諸現象は群をなして現われる――白堊群、木材群、等――そして各群はそれぞれ名前を附けられる。そこでわれわれはその名前をば、それらの群の諸現象を或る仕方《しかた》で支《ささ》えているものであるかのように取り扱う。例えていえば、今日寒暖計が下ったとすると、それは「気候」と呼ばれるものから起こったと考えられる。ところが気候なるものは、じつは、幾日か一定の日数をまとめて一群としたものに与えられる名前にすぎないのであるが、それが何か日《ひ》というものの背後に隠れているもののように取り扱われるのである。こうして一般にわれわれは名前をば、まるで一つの実在ででもあるかのように、その名前を附された諸事実の背後に据えてしまう。しかし名目論者のいうところによれば、事物の現象としての諸性質は確かに名前のうちに現実に内属しているものではない、そしてもし名前のうちに内属していないとすれば、それは何物のうちにも内属していないのである。それらの性質は附属している、というよりもむしろ相互に共属しているのである。だから実体などというわれわれのとうてい到達しえない考えは、ちょうどセメントがモザイックの諸部分を支えるのと同じで、実体がそのような共属の支えとなってくれるというのでその説明の根拠になると考えられるだけのものであるから、われわれはそれを見捨てるべきである。単なる共属そのものの事実が、実体の考えの意味するすべてなのである。この事実の背後には何物もないのであると。

　スコラ哲学は実体の考えを常識から採り入れて、それをはなはだ専門的な理路整然たるものに仕上げた。ここでいう実体ほどわれわれにとってプラグマティックな効果の乏しいものはあまり見あたらないであろう。つまりそこではわれわれは実体とのあらゆる接触を絶《た》ち切られているからである。しかしただ一度だけスコラ哲学は実体の観念をプラグマティックに論じてその重要性を証したことがある。それは聖餐式《せいさんしき》の秘儀に関する或る論争の場合である。この場合には実体は重大なプラグマティックな価値をもっているように思われる。聖餅《せいべい》のもつ偶有性は主《しゅ》の晩餐の瞬間に変化するわけではないが、しかもそれがキリストの体そのものとなったのであるから、変化はひとり実体内に起こったことにならざるをえない。すなわち、パンの実体は抽《ぬ》き去られて、神の実体が、ふしぎにも直接の感覚的な諸性質を変えることなしに、それにとって代ったということにならざるをえない。しかしこれらの諸性質は変らないけれども、じつは大きな違いが生じたのである。つまり、聖餐にあずかるわれわれが今や神性の実体そのものによって養われることになるという違いである。そこでもし実体がその偶有性から分離しうるもの、その偶有性を取り換《か》えうるものであるとひとたび認めるとするならば、実体の考えは生活に割り込んできてじつに大きな影響を及ぼすことになる。

これが私の知るかぎり実体観念の唯一のプラグマティックな適用であるが、このようなことを真剣に論ずるものは、自分たちだけの信仰上の理由から、「聖餐のパンと葡萄酒《ぶどうしゅ》はキリストの血と肉である」ことを既に信じている人たちに限られていることはいうまでもない。

物質的実体はバークリーによっていとも効果的に批判されたので、彼の名はその後のあらゆる哲学を通して反響されることになった。バークリーが物質という考えをどう論じたかはよく知られていることであるから、ただひとこと述べるだけで足りるであろう。バークリーは、われわれの知る外界を否定するどころか、それを強化したのである。スコラ哲学では、物質的実体というものはわれわれの近づきえないもの、外界の背後にあって外界よりももっと深くかついっそう実在的なもので外界を支えるに必要なものと考えられたが、バークリーはこのような考えこそ外界を非実在に化してしまうすべての学説のなかでもっとも有力なものであると主張した。そこで彼はいった、そのような実体を捨て去り、諸君が理解しかつ近づくことのできる神が諸君に感覚的世界をじかに送ってくれたのだと信ずるがいい、そうすれば諸君は感覚的世界を確認できるし、またそれを神の権威をもって支えることになると。「物質」に関するバークリーの批評はしたがって全くプラグマティックであった。物質は色、形、硬さ等についてのわれわれの感覚として知られる。これらの感覚こそ物質という名辞《めいじ》の現金価値なのである。物質が真に存在すると存在しないではわれわれにどういう違いが生ずるかといえば、存在する場合にはわれわれはそのような感覚を得るし、存在しない場合にはそれを欠くということである。そこでこれらの感覚が物質の唯一の意味なのである。だからバークリーは物質を否定するのではなく、単に物質が何から成り立っているかをわれわれに告げているにすぎない。つまり物質とは、右のように感覚にあらわれる限りにおいてのみそれに附される名として真なのである。

　ロック、さらに少しおくれてヒュームは同じようなプラグマティックな批判を精神的実体の考えに適用した。私はただいわゆる「人格的同一性」に関するロックの論述を述べるにとどめようと思う。彼は経験の名において直接にこの考えをそのプラグマティックな価値に還元する。彼のいうところによれば、人格的同一性とはつまり「意識」のことにほかならない、すなわち、われわれが生涯の或る瞬間に他の瞬間のことどもを想い出し、これらの瞬間の全部を同じ一つの人格の歴史の諸部分として感ずるという事実を意味する。合理論はわれわれの生涯におけるこの実際上の継続性をば、われわれの魂という実体の統一性によって説明していたのであった。ところがロックは次のようにいうのである。もし神が意識を奪い去ったと仮定《かてい》したら、それでもなお魂という原理をもちつづけたところでわれわれになんの益があろうか。また神が同じ意識を異《ことな》ったもろもろの魂に結びつけたと仮定したら、この事実があったとて、われわれは、われわれ自身を実感するにあたって、なんの損するところがあろうかと。ロックの時代においては、魂は主として報いられたり罰せられたりするためにある物であった。この見地から魂を論じているロックが問題をいかにプラグマティックに見ているかを見ていただきたい。

　「自分はかつてネストルあるいはテルシテスであったと同じ魂なのだと思いこんでいる人があると仮定せよ」と彼はいう、*「果して彼は彼らの行動を自己自身のものとして考えることができるだろうか。それはちょうどかつて生存した他の誰かの行動を自己の行動と考ええないのと同じではないか。ところが彼がひとたびネストルのどのような行動をも彼みずから意識しているとしてみるならば、そのときには彼はみずからをネストルと同一人格として見出すであろう……褒賞《ほうしょう》および刑罰の権利と正義とはすべてこの人格的同一性に基づいている。当然考えられることだが、何人も自己の関知しないことがらにたいして責任を負《お》わされるわけにはゆかないので、彼は彼の意識が咎《とが》めたり赦《ゆる》したりするに応じて自己の刑罰を受けるべきものである。いまひとりの人が、他の生涯においてなしたことのために罰せられ、しかも彼は少しもその行為について意識をもたされることができなかったと仮定してみるに、その刑罰とその人がそういう憐《あわ》れな境涯に創《つく》られているということとの間にどれだけの違いがあるであろうか。」

してみると、われわれの人格の同一性というものは、ロックにとって、プラグマティックに限定されうる特殊事実のみから成り立っていることになる。これらの確認される事実から離れて、人格の同一性がまたなにか精神的な原理のうちに内属しているのではないかなどと問うことは、単に好奇的な思弁《しべん》にすぎないのである。ロックは、妥協的《だきょうてき》な人であったので、われわれの意識の背後に実体的な魂というものがあるとする信仰をすなおに許容したのであった。ところが彼の後継者ヒュームおよびヒューム以後の経験的心理学者の大部分は、われわれの内的生活のうちに験証される共属をあらわす名前として以外には、魂を否定した。彼らは魂をふたたび経験の世界に曳《ひ》きずりおろし、「諸観念」および諸観念相互の特殊な結合という風に、魂をそれだけの小銭《こぜに》に替《か》えるのである。私がバークリーの物質についていったように、魂もただそれだけのものとして善あるいは「真」なのであって、それ以上のものではない。

物質的実体のことを述べると、当然「唯物論《ゆいぶつろん》」の教説を思わざるをえないが、哲学上の唯物論は形而上学的原理としての「物質」にたいする信仰と必ずしも結びつくものではない。バークリーのなしたと同じように強力に、そのような意味での物質を否定する人もあろうし、ハックスレーのように現象論を主張する人もあるであろう、しかもなおひとは、より高い現象をより低い現象によって説明し、世界の運命をその盲目的な部分と力の掌中《しょうちゅう》に委《ゆだ》ねるという広い意味での唯物論者たりうるのである。こういう広い意味において、唯物論は唯心論ないし有神論に対立しているのである。事物を動かすものは自然界の諸法則である、と唯物論者はいう。とすれば、天才の創造した最高の作品でさえが、事実を完全に知っている人の手にかかると、その作品の産《う》まれた生理学的諸条件から解明されることになる。しかもその際、自然は観念論者の主張するようにわれわれの心にとってのみ存在するものなのか否かということは少しも問題にならないのである。とにかくわれわれの心は自然をあるがままに記録し、物理学の盲目的な法則どおりに働らいているものとして書き留めておけばよいことになるだろう。これがこんにちの唯物論の実状であって、それはむしろ自然主義と呼ばれた方がよいかもしれない。これに対抗して立つものが「有神論」、あるいは広い意味で「唯心論」と名づけられてよいものである。唯心論によれば、心はただ事物を目撃して記録するだけのものでなく、また事物を動かし働かせるものである。このようにして世界は導かれるが、それはその低次の要素によってではなく、その高次の要素によってなのである。

この問題はしばしば論じられるものではあるが、つまりは美的な好き嫌いの争いにほかならない。物質は粗、雑、鈍、汚《お》のもの、精神は純、高、崇のものである。ところでよりすぐれて見えるものに優位を与えるのが宇宙の威厳にいっそうふさわしいのであってみれば、精神が支配原理として肯定《こうてい》されるほかはない。抽象的な諸原理を終局のものとして取り扱い、われわれの知性はその前にたたずんでひたすらこれを讃嘆瞑想《きんたんめいそう》すればよいとするのは、合理論者の大きな弱点である。よくいわれることであるが、唯心論は単に或る種の抽象を讃嘆し、他の種の抽象を嫌悪《けんお》するという態度にすぎないともいえるのである。私は覚えているが、或る著名な唯心論者の教授は唯物論をいつも「泥くさい哲学」だといって、それだけの理由で唯物論は拒否されるものと考えていたのである。

このような唯心論に答えるのはたやすいことで、スペンサー氏は有力な答えを与えている。彼の心理学第一巻の終りの数ページはじつにみごとな筆であるが、そこで彼は次のような意味のことを書いている。「物質」というものは、無限に微妙なもので、現代の科学が説明のために要請《ようせい》しているような目にもとまらぬほど速い精妙な運動をなすものであって、粗雑《そざつ》さの痕跡《こんせき》など微塵《みじん》もとどめてはいない。彼はまたこうもいう、われわれ人間がこれまでに構成してきたような精神概念は、それ自身あまりにも粗雑であって、とうてい自然界の事実のこよなき精妙さを表現するには足りない。物質と精神という名辞はどちらもあの不可知なる実在を指し示す象徴に過ぎず、そこでは物心の対立はなくなる、と彼はいっている。

抽象的な駁論《ばくろん》には抽象的な答弁をすれば足りる。唯物論にたいする反駁が物質をなにか「粗雑な」ものとして蔑《さげす》むことから生じているのである限りは、スペンサー氏の所論はその根柢《こんてい》からこれを覆《くつがえ》しているわけである。まことに物質は無限にかつ信じられぬほど精緻《せいち》なものである。子供か親かの死顔をつくづくと眺めたことのある人なら、物質がひとときにもせよそのような尊い形をとりえたという事実だけで、その後は物質を神聖なものと見なすにいたるに違いない。生命の原理が物質的なものであろうと非物質的なものであろうと、どちらでもかまわない。とにかく物質は共働して、あらゆる人生の目的に仕《つか》えるものなのである。あの尊い受肉は、物質の可能性のなかに含まれていたのである。

しかし今は、この頃の主知主義者流に原理の問題にかかずらうことをやめて、この問題にプラグマティックな方法を適用してみることにしよう。物質というとき、それでわれわれは何を意味しているのであろうか、この世界が物質によって動かされているとするのと、精神によって動かされているとするのとで、現に、どれだけの実際上の違いが生ずるだろうか。こう考えて見ると、問題は少し違った性質を帯《お》びてくるのがわかると思う。

そこでまず第一に私はひとつの奇妙な事実に諸君の注意を促《うなが》したい。世界の過去だけについてみると、世界が物質の所産であったと考えようと、それとも神的な精神がその創造者であったと考えようと、いささかの違いも生じないということである。

それが証拠に、世界の全内容が現にあるとおりに与えられていてどうにも変えようのないものだと想像していただきたい。それから、この世界が今この瞬間に終りを告げて、未来をもたないと想像されたい。その上で有神論者と唯物論者とにそれぞれ相拮抗《あいきっこう》する説明を世界の歴史に適用させてみる。有神論者はいかにして神が世界を造ったかを示すし、唯物論者はいかにして世界が盲目的な物理力から生じてきたかを示し、しかも両者とも同じように巧《たく》みにやってのけることであろうと思う。そこでプラグマティストに両説のいずれかを選んでもらうことにする。もし世界というものが既に完結しているとしたら、プラグマティストはどうして吟味を施《ほどこ》しうるであろうか。彼にとって概念なるものは、それをたずさえて経験のなかへ帰って来なければならぬものである、われわれに相違点を探させてくれるべきものである。ところが既に仮定したところによって、そこにはもはや経験は存在しえないし、相違を探しようもないのである。両説ともそのありったけの帰結を示しつくしてしまっている、しかも、われわれが採用している仮定によって、両者の帰結は同一なのである。したがってプラグマティストは、この二つの理論は、名前は違ってひびいても、全く同じものを意味するもので、論争はまったくの言葉争いなのだ、といわざるをえない。〔もちろん、両説は世界の説明に等しく巧《たく》みであったと私は思っている。〕

さてここで問題を真剣に考えてみていただきたい、そしてもし神がその業《わざ》をなしとげて世界の進行が行きつくべきところへきてしまったとしたら、神がそこにいましたところで、その神にどれほどの価値があるものであろうか。そのような神の価値はちょうど世界のもつ価値と同じであろう。神の創造力は、功過《こうか》相混《あいこん》じたそれだけの結果に達することはできたが、その先まで進むことはできなかったわけである。それに未来もないわけなのであるから、つまり、世界の価値も意味も、かつて世界の過ぎ行くにあたってそれに伴《ともな》い、今またその終りにあたって世界に伴うもろもろの感情のうちに既にことごとく支払われ実現されているのであるから、さらにいいかえると、世界はなお来るべきものを準備するというその機能から補足的《ほそくてき》な意義を抽《ひ》き出してくるということはない（われわれの現実の世界はそれを抽き出すのだが）のであるから、さてそこで、われわれはこの世界によっていわば神を量《はか》るわけである。神はこの世界を現にあるとおりに造ることのできた存在者である、このことにたいしてわれわれはおおいに神に感謝するが、しかしそれだけのことである。ところで今度は、反対の仮説をとって、微細な物質が自己の法則にしたがってこの世界を神の創造と寸分違わず造りえたものと考えてみると、われわれは物質にたいして神へと同じに感謝すべきではないだろうか。そこでわれわれが神は仮説であるとしてこれを打ち捨て、物質だけに責任を負《お》わせたとしても、われわれはどこに損失をまねくことになるであろうか。どこに格別な生気なさもしくは粗雑さが入り込んでくるであろうか。また経験は現にあるとおりのものであるから、この世界に神がいまそうとも、いかにしてこの世界をいっそう生気あらしめ、いっそう豊かにすることができようか。

率直《そっちょく》にいって、この問いに答えることは不可能である。現実に経験された世界はどちらの仮説の上に立ってもあらゆる点で同一であると考えられる。ブラウニングのいったように「われら褒《ほ》むるもはた貶《けな》すも、同じこと」*である。現実の世界は儼《げん》としてここに立っている、それは取り返すことのできぬ贈物《おくりもの》なのである。この世界の原因を物質であるとしたところでこの世界を造り上げた諸項の一つだって取り消せるわけでなく、また神をその原因に仕立てたところでそれをふやせるものでもない。神も物質も、それぞれ、他の世界でなくまさにこの世界の神でありアトムなのである。もし神が存在するとしても、神はアトムが為《な》しえただけのことしか為さなかったし、――いわばアトムの性格をとってあらわれて、アトムの受けるべき感謝と同じ感謝を受けるまでであって、決してそれ以上ではない。もし神の存在がこの世界の舞台になんらの変動も結果も与えないのであるならば、神の存在が世界の威厳《いげん》を加えうるものでないことはたしかである。またもし神が存在しないでアトムだけがこの世界の舞台の役者であるとしても、世界の威厳が減《へ》るわけでもあるまい。ひとたび芝居が終って幕がおりてしまうと、その作者がすばらしい天才なのだといい張ってみたところで芝居は少しもよくなりはしないのは、平凡な三文文士《さんもんぶんし》の作だとののしったからとて芝居が少しも悪くならないのと同じことである。

かくして、将来における特殊な経験ないし行為がわれわれの仮説からは導き出せないとすれば、唯物論と有神論との論争は全く無駄な無意義なものとなる。この場合においては物質と神とは全く同一物を――すなわちこの完結した世界を造り上げただけの、より多くもより少くもない力を――意味しているのであって、このような場合にこのような余計《よけい》な議論に背を向ける人こそ賢い人といわねばならない。だからこそ、たいていの人は本能的に、実証主義者や科学者は慎重《しんちょう》に考えた上で、将来において一定の結果が少しも生ずると思われないような哲学上の論争には見向きもしないのである。哲学が言葉の上の争いで空虚《くうきょ》なものだという非難はあまりにもしばしば聞きならされていることである。もしプラグマティズムが真であるとすれば、現に吟味にかけられている両説の実際上の効果が、どれほど微妙で識別しがたいものであろうと、二者択一的《にしゃたくいってき》であることが明らかにされえない以上、かの非難は全く健全なものといわねばならない。一般の人も科学者もそのような効果を発見しないという、でももし形而上学者《けいじじょうがくしゃ》が同じようにその効果を識別しえないのであるならば、人々は確かに彼を非難する権利をもっているわけである。そのとき、形而上学者のいう学とはこけおどしのいたずらごとたるにすぎない、そのような人に教職を与えるのは愚《おろ》かなことであろう。

したがって真の形而上学上の論争にはいつでも、それが推測上の迂遠《うえん》なものであろうとどにかくなにか実際的な効果が含まれている。このことを実感してもらうために、私といっしょに先の問題に立ち帰って、今度は、われわれが生きている世界に、未来というものをもっている世界に、すなわちわれわれが語っている間はまだ完結していない世界に身を置いてみていただきたい。この未完成の世界においては、「唯物論か有神論か?」の二者択一は極めて実際的である。だからしばらく時間を費《ついや》してその然《しか》る所以《ゆえん》を見ることにするのも無用ではあるまいと思う。

さて、こんにちにいたるまでの経験の諸事実は永遠の法則に従って動く盲目的なアトムの目的なき結び合わせであると考えるか、それとも反対に神の摂理《せつり》に負うものであると考えるか、そのいずれをとるかに従ってわれわれの将来のプログラムにどういう違いが出てくるであろうか。過去の事実に関するかぎり、実際、違いはない。それら過去の事実は既に行き着いて仕止められ捕獲されているのであって、その原因がアトムであろうと神であろうと、そこに含まれている善はすでに獲得されているのである。それだから、こんにちわれわれの周囲にいる多くの唯物論者は、問題の将来とか実際面とかを全く無視して、唯物論という語につきまとう不評を消去しようとする、そればかりか、もし物質がこれらすべての収穫をもたらしえたのであるとすれば、物質はつまり、機能的に見ると、神と全く同じように神的な本体であり、じじつ神と一体であり、諸君が神といっているそのものであるはずだということを説いて、唯物論という言葉そのものを消去しようとさえしているのである。これらの人々はわれわれに忠告していう、神という言葉も物質という言葉もどちらも用いることをやめよ、そうすれば不当に激化した対立はなくなる。そして一方では、坊主《ぼうず》臭《くさ》い含意《がんい》から自由な、他方では、粗野《そや》、雑駁《ざっぱく》、下品《げひん》さの臭いのない言葉を用いよ。神とか物質とかいわずに、第一神秘、不可知なエネルギー、唯一無二の力といえ。これはスペンサー氏がわれわれに切《せつ》に勧《すす》めている方途であるが、もし哲学が全く過去回顧的なものであるとしたら、スペンサー氏は卓越《たくえつ》せるプラグマティストを以て自任したことであろう。

しかし哲学はまた未来展望的でもある、だから哲学は、世界がこれまであったもの、為《な》したもの、与えたものを見出すと、なお進んで、「世界は何を約束するか」という問題を提出する。与えられたひとつの物質が成功を約束してくれるもの、すなわちその法則によってわれわれの世界を一歩一歩と完成に導くべきものであるとすれば、理性的な人間なら誰でもその物質を崇拝するにやぶさかでないこと、あたかもスペンサー氏が彼自身のいわゆる不可知な力を崇拝するごとくであろう。そのような物質はこんにちまで正義を目指《めざ》して進んできたばかりでなく、永久に正義に向って前進するであろう。そしてわれわれに必要なのはこのことだけなのである。そのような物質は、神ならば為しうること一切を実際上なしているのであるから、神と同価値であり、その機能は神の機能であって、そのような世界では神などは余計なものであろう。そのような世界から神がいなくなっても決して惜しまれないのも当然であろう。この場合には「宇宙的感情」という名こそ、宗教をあらわす正しい名であろう。

しかしスペンサー氏のいう宇宙進化の過程《かてい》を担《にな》う物質が、果してそのような決して終ることのない完成の原理であるだろうか。決してそうでない。なぜかというに、いかなる事物でも、あるいは事物の体系でも、宇宙進化の将来の果《はて》においては死の悲劇であるとは、科学の予言しているところだからである。スペンサー氏は、この論争の美的な側面にのみとどまってその実際的な側面を無視しているのであるから、この問題の解決にじつはなんら重大な寄与《きよ》をなさなかったのである。しかしいよいよ、実際上の結果というわれわれの原理を適用して、唯物論か有神論かの問題がどのような死活にかかわるていの重大さを直接もつにいたるかを見ることにしよう。

有神論と唯物論は、過去回顧的な見地から比較されると、どちらでも構わぬていのものであるが、未来展望的に見ると、全く違った相《そう》の経験を指し示している。すなわち、機械的進化論によれば、われわれの身体がかつてわれわれにもたらしたいかなる幸福でも、われわれの心が今抱いているいかなる理想でも、確かにすべて物質と運動の再分配の法則のおかげであるには違いないけれども、この法則はしょせん自己の所産を再び元に戻して、いったん進化させた一切のものを解体すべき宿命を負っているのである。進化的科学の予見する宇宙の終末図は諸君の等しく知れるところである。私はそれをバルフア氏の次の言葉より以上に巧みに述べることができない。

「この宇宙のエネルギーは衰えるであろう、太陽の光輝は曇りを帯《お》びるであろう、そして地上は、潮の干満《かんまん》もなく活力を失って、しばしの間その静寂をかき乱していた人類をもはや棲息《せいそく》せしめないであろう。人間は深淵のなかへ降ってゆくであろうし、彼のすべての思想は亡び去るであろう。この薄暗い世界の一角にあって束《つか》の間《ま》のあいだ宇宙の安らかな沈黙を破っていた不安なる意識は憩《いこ》いにつくであろう。物質はもはや自己を知らないであろう。『不滅の記念碑』と『不死なる功業』、死そのものと死よりも強い愛とは、あたかもそれらが存在していなかったかのごとくになるであろう。そして人間の労力と天才と献身と苦難が数えきれぬ永い時代を通じて実現しようとしたにもかかわらず、現存する何ものもより善《よ》きものにもより悪しきものにもならないであろう。」（一）

（一）『信仰の基礎』*The Foundations of Belief*, p. 30.

ここに唯物論の人知れぬ悩みがある。宇宙の気流の広漠《こうばく》たる漂《ただよ》いのうちには、幾度か珠玉《しゅぎょく》を鏤《ちりば》めた岸辺《きしべ》もあらわれるであろう、幾度か妙なる雲の峰が浮び出で、暫し消えがてに人の心を魅しもしよう——あたかもわれわれの世界のこの瞬間のたたずまいがわれらを歓《よろこ》ばしているように——けれどもそれはうつろいゆくもの、やがて過ぎ去ってしまうと、そこに秘められていたかもしれぬ特性、高貴な要素を思い浮ばせてくれる何ものも、絶対に何ものも後に残りはしない。それらは死滅したのである、この実在の領域から全く去ってしまったのである。こだま一つ残さず、記憶にあとをとどめず、後に来るものを同じ理想に留意させるだけの影響さえも残さずに。このような終局における全き破滅と悲劇こそ、こんにち科学の立場から理解される唯物論の本質をなしている。より高い力でなく、より低い力が永久の力、あるいは、はっきりと見定められる進化の歴程において最後まで生き残る力なのである。スペンサー氏は誰にも劣らずそう信じている。それならなぜ彼は、あたかもわれわれが彼の哲学原理「物質と運動」の「粗雑さ」にたいして愚《おろ》かしい美的な反駁を加えてでもいるかのように、われわれと論争しなければならないのであろうか。事実は、唯物論の行きつく実際上の結論の慰めなさがわれわれを愕然《がくぜん》たらしめるというに過ぎないのである。

全く、唯物論にたいする真の反駁は積極的でなく消極的である。唯物論にたいし、そのあるところのものに、その「粗雑さ」に不服をとなえるなどは、こんにちでは馬鹿げたことであろう。粗雑さは粗雑な心の表われなのである――それはこんにちわれわれにはよくわかっているのである。われわれの不服は、それとは逆に、唯物論がそうでないところのもの――われわれのより理想的な関心を永続的に保証してくれるものでないことに、われわれのもっとも遠大な希望を満《み》たしてくれるものでないことにかかっているのである。

ひるがえって神の観念は、機械的哲学において行われている数学上の諸観念に比べると明瞭さにおいては劣っているけれども、少くともそれが永遠に保持されるべき理想的秩序を保証するという点においては、数学的観念よりも実際上まさっている。つきつめていってみると、神に支配される世界にしても、焼けほろびることもあろうし、凍《こご》え死ぬこともあるかもしれない、しかしそれでもわれわれは、神が昔の理想をなお心にとめていてきっとその理想をどこかで成就《じょうじゅ》したもうに違いないと考える。だから、神のいますところでは、悲劇は一時的、部分的であるに過ぎず、難破《なんぱ》も崩壊も絶対的に終局のものではない。永遠なる道徳秩序のこの要求はわれわれの胸奥《きょうおう》のもっとも奥深い要求の一つなのである。ダンテやワーズワスはそのような秩序の確信に生きた詩人であるが、彼らの詩が異常な鼓舞《こぶ》と慰安の力をもっているのも、この事実に基づいている。だからここに、すなわち感情的、実際的な訴えのこの異《こと》りに、われわれが希望と期待においてとる具体的な態度の異りに、そしてこの異りに伴ってくるあらゆる微妙な帰結に、唯物論と唯心論の真の意義がある。——それは物質の内的本質とか神の形而上学的属性とかに関する抽象的な詮議《せんぎ》だてにあるのではない。唯物論は道徳的秩序の永遠であることの否定と究極的な希望の切断を意味するに過ぎず、唯心論は永遠なる道徳的秩序の肯定と希望の自由なる飛翔《ひしょう》を意味する。確かにここに、少くともそれを感取する人にとっては、まぎれもない論点がある。そして人間が人間であるかぎり、それは真面目な哲学的論争の題目《だいもく》となるであろう。

しかしもしかすると諸君のなかには、なおも両説の弁護にやっきとなる人があるかもしれない。唯心論と唯物論が世界の将来について、異る予言をすることを承認しながらも、諸君はこの異りをば、健全な精神には無限な彼方にあって取るに足らぬものだとして、せせら笑われるかもしれない。健全な精神というものの真髄《しんずい》は目先《めさき》のことを見、世界の末期《まつご》などという得体《えたい》の知れぬことにくよくよしないことだと諸君はいわれるかもしれない。よろしい、それなら私は、諸君のそのようないい方は人間性を冒瀆《ぼうとく》するものだと申し上げうるばかりである。宗教的憂欝は、不健全などという言葉を振りまわしただけで解決されるものではない。絶対的なもの、究極のもの、包括的なもの、これらは真に哲学的な関心事なのである。すぐれた精神はすべてそれらについて真摯《しんし》に感じている、目先のことしか見ない精神は浅薄な人の精神でしかない。

この論争で問題となっている事実上の争点はむろん今日のところかなりぼんやりとしか認められていない。しかし唯心論的信仰は、そのあらゆる形式のものが、約束の世界を取り扱うにたいして、唯物論の太陽は失望の海に沈みつつある。私が絶対者について、それはわれわれに精神の休暇を与える、と申したことを想い起こしていただきたい。宗教的な見解はどれでもそうなのである。それはわれわれに奮起の時を喚起するばかりでなく、また歓喜と安心と信頼の時を与え、そしてそれを正しとする。この是認《ぜにん》の根拠はもちろんおぼろにしか描かれない。われわれが神を信ずれば必ず救われるという未来の事実の精確な姿は、果《は》て知らぬ科学的研究によって解き明かされねばならないであろう。われわれは神の創造物を研究することによってのみわれわれの神を研究しうるのである。しかしわれわれが神をもっているならば、われわれはかかるすべての骨折りに先だって神を享受しうるのである。私自身は、神の証《あか》しは第一義的には内的な人格的経験のうちにある、と信じている。この経験によって諸君がひとたび諸君の神をもつにいたられるならば、神の名は少くとも休暇の恵《めぐ》みを意味することになろう。私は昨日、もろもろの真理が互いに相打ち、「打倒し」合おうとしているさまについて述べたが、それを諸君は記憶しておられるであろう。「神」の真理は他のすべてのわれわれの真理の笞刑《ちけい》を受けなくてはならないのである。前者は後者によって試みられ、後者は前者によって試みられるのである。神についてのわれわれの究極の意見は、すべての真理がともどもに闡明《せんめい》しつくされた後においてのみ、定められることができる。すべての真理が和解案を見出すよう期待したいものである。

先の問題とごく密接な関係にある哲学上の問題、自然界における設計の問題に移ろう。神の存在は遠い昔から自然界の或る事実によって実証されると見なされてきた。多くの事実はまるで明らかにお互いを考慮して設計されたかのような外観を呈している。例えば、啄木鳥《きつつき》の嘴《くちばし》、舌、足、尾などが樹木の世界で樹皮《じゅひ》の下に隠れている幼虫を喰って生きるのに恰好《かっこう》に出来ていることは驚くべきほどである。われわれの眼の諸部分にしても、光の法則に完全に適合していて、光線を網膜《もう》《まく》の上に導いてはっきりした映像《えいぞう》を生ぜしめる。このように起源の異る諸事物が相互によく適合していることは、設計を証していると考えられたのである。そしてこの設計者はつねに人間を愛する神であると見なされた。

このような議論の第一歩は、設計の存在を証明することから踏み出された。自然界は余《あま》すところなく探索され、個々別々のものが相互に適応して出来ているような結果が求められた。例えば、われわれの眼は子宮内《しきゅうない》の暗闇《くらやみ》に起源をもち、光は太陽に起源するが、それにもかかわらず両者はなんとよく適合し合っていることであろう。両者は明らかにお互いのために造られている。見えることが設計された目的であり、光と眼とはその目的達成のために考え出された別々の手段なのである。

われわれの祖先がこぞってこの論証の力を感じていたのを思うと、ダーウィン説が勝利を占めて以来それがほとんど顧みられなくなっているのはじつにふしぎである。ダーウィンは偶然の出来事もそれが繰り返し重なり合うだけで「適合した」結果を生み出す力をもっていることにわれわれの心を開いてくれた。彼は、かかる結果を産《う》み出すまでに、不適合であるために滅ぼされた結果のいかに多いか、この自然の浪費の莫大《ばくだい》さを教えている。彼はまた多くの適合の事実を特に取り上げ、もしそれらが設計によるものであるとしたら、それらは善意の設計者というよりはむしろ悪意の設計者の手になるものに違いないと強調した。この世では、すべては観点にかかっているのである。樹皮《じゅひ》の下に隠れている幼虫にしてみれば、啄木鳥《きつつき》の身体構造が自分を引き出すのに申し分なく適合しているということは、確かに悪魔のような設計者の存在を証明することになるであろう。

神学者たちはこの頃ではダーウィン説の事実を抱擁するだけの心の広さをもつにいたったが、それでもこれをなお神的目的を示すものと解釈している。これは目的論対機械論の問題で、これかあれかの問題としてつねに論議されてきた。それはちょうど「私の靴は私の足に合うように設計されているのは明らかだ、だからそれが機械で造られたとすることはできぬ」というに等しかった。どちらでもあることは明らかである、すなわち靴はそれ自身足に合うように設計されている機械によって造られるのである。神学はこれと同じような風に神の設計を拡張してみさえすればよいのである。フットボール・チームの目的は球を一定のゴールに送ることにつきるものでなく(もしそうであるなら、いつか闇夜《やみよ》に起き出してそこへ球を置いて来さえすればよいことになるだろう)、競技の規則とか相手の競技者とか、とにかくきまった機構の条件に従ってゴールへ球を運ばねばならぬのである。それと同じように神の目的もただ人間を造ってこれを救うにあるのではなく、むしろ自然界の広大な機構の働きだけを通じて創造と救済を行わしめようとするにある、とわれわれはいいたい。自然界の驚嘆すべき諸法則や反撥力《はんぱつりょく》がないとしたら、人間創造という人間完成というも、それを神の企《たくら》みとするのはあまりにも味気《あじけ》ないことであろう、とわれわれは想像する。

このような見方をすると、設計説の形式は救われることになるが、この説の含む伝統的な、心やすい、人間的な内容は失われてしまう。設計者はもはや古来の人間に似た神ではない。神の設計はわれわれ人間には理解できぬまでに広大なものになったのである。その設計が何であるかの問題にわれわれは圧倒されてしまって、これにくらべると、設計には設計者があるということを立証することなどはほとんど取るに足らぬ問題となっている。宇宙精神なるものの目的は、この現実の世界の特殊相のうちに見出される善と悪との不思議な混合によって隈《くま》なく啓示されているにもかかわらず、その性格を理解することははなはだ困難である。というより、われわれはいかにしてもそれを理解することはできないのである。単に「設計」という言葉だけではなんの効果もなく、また何一つ説明しない。それはもっとも空虚な原理である。設計があるかどうかという古い問題は徒労である。現実的な問題は世界が設計者をもっているか否かにかかわらず、世界とは何であるか、であり――そしてそれは全自然の特殊相の研究によってのみ顕示《けんじ》されることができるのである。

注意しておきたいのは、自然が造り出したもの、または造り出しつつあるものが何であろうとも、その手段は必然的に相応したものでなければならなかったし、その生産に適合していなければならなかったということである。したがって、適合性から設計への論証は、生産物の性格がいかなるものであろうとも、つねに妥当《だとう》するであろう。例えば、最近のモン・プレの噴火は、崩壊家屋、人畜の死骸《しがい》、沈没船、火山灰等をちょうどあのぞっとするような惨状のままに正確に配置するためには、既往の歴史全部を必要としたのである。フランスは一国をなして、マルティニクに植民していなければならなかった。わが国は存在して船舶をかの地に送っていなければならなかった。もしも神がちょうどそのような結果を目指《めざ》していたのだとすれば、そういう結果を作り出すために幾世紀もがそのさまざまな影響をそれに集中させるに用いた手段はじつに絶妙な知性を示したわけである。そしてこれは、自然におけると歴史におけるとを問わず、およそ現実に実現されたもののすべての状態についてもいえることである。なぜかというに、事物の諸部分はとにかくつねに或るきまった結果を作り出さざるをえないのであって、この結果が混沌《こんとん》としているか調和しているかにはかかわらないからである。われわれが現実に生じたことをよく見るならば、その諸条件はつねに現実の結果を確保するために完全に設計せられたと見えるに違いない。そこでわれわれは、およそ想像の及ぶかぎりの世界において、およそ考えられるかぎりの性格について、宇宙の全機構がその性格や世界を造り出すために設計されていたのかもしれぬということができる。

プラグマティズムの見地からすると、そこで「設計」という抽象的な語は一箇の空弾《からだま》のようなものになる。それはなんら結果を結ばない。それは的中することがない。いかなる設計か？　いかなる設計者か？　これだけが真剣な問題で、事実を研究するのがせめておおよその解答を得る唯一の方法である。こうして事実の研究から徐々に解答の得られるのを根気《こんき》よく待っている間に、設計者というものがあると主張する人、また設計者は神的なものであると確信する人なら誰でも、この名辞から或るプラグマティックな利益を受けるのである——それは、前に述べたように、神、聖霊ないし絶対者などの名辞がわれわれに与えるのと事実同じ利益である。「設計」は、われわれの讃嘆の対象として、事物を超越したところに、あるいは事物の背後に置かれた合理論的な原理に過ぎぬとすれば、無価値なものではあるけれども、もしわれわれの信仰がこれを具体化して何か神的なものとなすならば、将来を約束する名辞となる。この名辞をたずさえて経験界に立ち帰るならば、われわれは以前よりも信頼するに足る未来への展望を獲得する。事物の成り行きを支配するものが盲目的な力でなく先見の力であるならば、われわれは当然よりよき結果を期待してよいわけである。未来にたいするこの漠然たる信頼こそ、設計および設計者という名辞のうちに今日みとめられる唯一のプラグマティックな意味なのである。しかし宇宙にたいする信頼は正当なものであって間違ったものでなく、なきにまさるものであってなきにしかないものでないならば、その意味はもっとも重要なものとなるであろう。とすれば、少くともその程度の「真理」は、これらの名辞が含んでいることとなるであろう。

さらにもう一つ論じ古《ふる》された自由意志の問題を取り上げたい。自由意志と呼ばれるものを信ずる人の多くは、合理論者の流儀にならってこれを信じている。自由意志は一つの原理であり、人間につけ加えられた一つの積極的な能力ないし徳であって、これによって人間の威信はなぜともなく高められる。この故に人間は自由意志を信じねばならないのである。決定論者は自由意志を否定していう、個人は何ものをも創造するものでなく、単に過去の宇宙の全圧力を未来へ伝えるに過ぎず、この宇宙のごく僅かな表現でしかないと。かくて彼らは人間を弱小化する。この創造的な原理を剝奪《はくだつ》された人間はさして讃嘆に価《あたい》しなくなる。しかし私の想像するところ、諸君の半数以上は自由意志にたいする本能的な信仰をもっておられ、この自由意志を威信の原理として讃嘆されることが諸君の誠実さと大きい関係をもっているに違いない。

しかし自由意志もまたプラグマティックに論議されてきたもので、しかも奇妙なことに、敵と味方の両方から同じプラグマティックな解釈が下されているのである。倫理学上の論争において責任の問題がどれほど大きい役割を演じたかは諸君も御承知のことである。或る人々の説を聞かれるならば、倫理学の目指すものは功績と罪過《ざいか》の法典を確立するに尽きると思われるであろう。かくして由来するところ遠い法律上ならびに神学上の醗酵素《はっこうそ》、すなわち犯罪や罪や罰にたいする興味がわれわれのうちに住んでいるのである。「誰が咎《とが》めらるべきか？　われわれは誰を罰することができるか？　神は誰を罰するだろうか？」――このような偏見《へんけん》があたかも悪夢のように人間の宗教史をおおっている。

そこで自由意志論も決定論も双方ともに相手に毒づき不条理よばわりをしてきた。どちらも、敵方の眼には善行あるいは悪行をその行為者の「せいにすること」を拒《こば》むように見えたからである。なんと奇体なアンティノミーであろう。自由意志とは新奇さ、つまり過去に含まれていない何かを過去に接《つ》ぎ足《た》すことを意味する。もしわれわれの行為が予定されているとしたら、もしわれわれは単に全過去の圧力を伝えるだけのものであるとしたら、われわれが何かのために讃《ほ》められたり咎《とが》められたりすることがどうして可能なのか、と自由意志論者はいう。それではわれわれはただ「代理人」でしかなく、「本人」ではないことになる、そしたらわれわれの貴重《きちょう》な負《お》うべき責《せ》めや責任はどこにあることになるのか。

すると決定論者はいい返す、もしわれわれが自由意志をもっているなら、それはどこにあるのか。もし「自由な」行為が全く新奇なもので、私つまり以前の私からではなく、無から出てきて、単に私に附け加わるだけのものであるとしたら、どうして私は、以前の私は、責任を負うことができるのか。賞讃や非難を受けるに足るだけ持続するという永続的な性格をどうして私がもつことができるのか。かの不条理な非決定論者の説によって内的必然性の糸が引き抜かれるや否や、わが日々の数珠紐《じゅずひも》はばらばらな数珠玉となってころがり落ちてしまう。フラートン氏およびマックタガート氏は最近このような論証をひっさげて勇猛に非決定論者と戦った。

このような論議は人身攻撃のつもりなら結構なものかもしれぬが、そうでなければ憐《あわ》れむべきものである。そこで、ほかの理窟はぬきにして、私は諸君にたずねたいのである。男であれ女であれ、はた子供であれ、およそ現実感というものを持ち合せたほどの者なら、威信とか罪責《ざいせき》とかいったような原理を押し立てることを面《おも》はゆく思わずにいられるものかどうかと。人間同志の間にはたらく本能と功利にゆだねておけば、社会における刑罰とか賞讃とかの仕事は安全に行われてゆくのである。善行をなす人があれば、われわれは彼を讃めるであろうし、悪行をなす人があれば罰するであろう、――とにかく、行為は行為者のうちに前もってあったものから結果するとか、厳密な意味で新しいものであるとかいったような理論とは全くかかわりないのである。「功績」の問題を中心に人間的倫理をどうどう廻りさせるなどということは、じつに憐れむべき架空《かくう》のいとなみである。――われわれに功績があるかどうか、ただ神のみこれを知りたもうのである。自由意志を想定する現実の根拠は全くプラグマティックなのである、しかしそれは、過去においてこの問題の討議を賑わした上述のような軽蔑すべき刑罰権の問題などとはなんのかかわりもないのである。

自由意志とは、プラグマティックにいえば、この世界に新しいものが出現するということ、すなわち、世界のもっとも深い諸要素においても、また表面にあらわれる現象においても、未来は過去を同一的に繰りかえすものでも模倣《もほう》するものでもないことを期待する権利という意味である。全体的にみると模倣の存在することは誰にも否定できない。一般的な「自然の斉一性《せいいっせい》」ということはあらゆる小法則によって予想されている。しかし自然はただ斉一に近いといわれうるにすぎないであろう。世界の過去を知ることによってペシミズム（あるいは、世界の善き性格についての懐疑《かいぎ》といってもよい、この懐疑は、世界のそのような性格が永遠に固定したものと考えられるならば、確信となる）をはぐくまれた人々は、自由意志をひとつの改善論的な学説としてもちろん歓迎することであろう。この説は改良ということを少くとも可能だと主張する。ところが決定論は、可能性というわれわれの考えはすべて人間の無知から生れたもので、必然性と不可能性とが世界の運命を支配するのだと断言するのである。

してみると、自由意志は、ちょうど絶対者、神、精神ないし設計などと同じように、一般宇宙論上の約束説である。抽象的に考えると、これらの名辞はどれ一つなんら内面的な内容をもってはいない、その一つとしてわれわれに現実像を与えてはくれないし、また出発点から明らかに完全な性格をもつような世界においてはプラグマティックな価値を少しも保有しないであろう。もしこの世界がすでに幸福の楽園であったら、単に生きているというだけで覚える得意さや純粋な宇宙的感情や歓喜が以上のような思弁《しべん》へのあらゆる興味を冷却させてしまうに違いない、と私は考える。われわれが宗教的な形而上学に関心をよせるのは、事実において、われわれの経験的な未来がわれわれに不安定を感じさせ、なにかより高い保証を要求するからなのである。もし過去と現在が純粋に善であるとしたら、未来がそれに似てくれないようにと誰が願うであろうか。誰が自由意志を欲求しえようか。誰がハックスレーとともに、「私は時計のように毎日ネジを巻かれて、宿命のままに狂いなく歩ませてもらいたい、私はいまよりもよい自由など望まない」といわないであろうか。すでに完成した世界なら、そこにある「自由」とはより悪くなる自由を意味しうるばかりであろう、そして誰がそのような自由を欲するほど狂気でありえよう。現にあるとおりで必然的にあり、それ以外にはどうしてもありえないということは、オプティミズムの宇宙の完成に最後のタッチを加えるものであろう。確かに、合理的に要求されることのできる唯一の可能性は、事物がより善くなるかもしれぬという可能性である。現実の世界に見られるように、この可能性こそわれわれがその欠如《けつじょ》を愛惜《あいせき》すべき理由を多分にもっているものであることは、あらためて申し述べる必要もあるまい。

かくして自由意志とは、救済の説として以外にはなんの意味ももってはいない。そのようなものとして自由意志は、他の宗教上の諸教説に伍《ご》している。これらの諸説は相寄《あいよ》って古い廃墟《はいきょ》を建て直し、過去の荒廃を修復する。感覚経験の庭のなかに閉じ込められたわれわれの精神は、塔の上に立っている知性に向ってつねに問いかける、「夜番さん、どうだね、今晩は何か見込みがありそうかね。」すると知性はこれら約束の名辞を告げてくれるのである。

このような実際的な意義をほかにしては、神、自由意志、設計などの言葉はなんらの意義をもたない。なるほどこれらの語はそれ自身において、あるいは主知主義者の意味に解すれば、確かに暗闇《くらやみ》ではあるが、しかしわれわれがそれらをたずさえて人生の叢林《そうりん》にわけ入るとき、われわれのまわりはほのぼのと明るくなってくる。もし諸君がそのような語を扱いながらその定義に甘《あま》んじて、この定義をもって知性の達しうる終点であるなどと考えるならば、どうなるだろうか。ただぽかんと、見かけだおしのインチキ品を見つめているだけの話ではないか。「神ハ実有デアル、ミズカラニヨッテ有リ、アラユル種ノ外ニソシテソノ上ニアリ、必然、一、無限ニ完全、単純、不動、巨大、永遠、叡知《えいち》デアル」等々――このような定義をしてみたところで、現実にどこに教えるところがあるのか。なんの意味もなくただ徒《いたず》らにもったいぶった形容詞の外衣をまとっているだけの話ではないか。ただプラグマティズムだけがそこに積極的な意味を読み込むことができるのであって、そのためにプラグマティズムは主知主義的な視点に全く背を向けてしまう。「神は天にいます、この世の一切は正しい」――これが諸君の神学の真情である、そして、それには諸君は合理論者の定義など少しも必要としないのである。

プラグマティストと限らず合理論者も、われわれみんながなぜこの真情を告白しないのであろうか。プラグマティズムは目先の実際的な前景にのみ眼をつけるといって非難されるのであるが、それどころか、じつは現実へと同じように世界のもっともはるかな前途へも思いを寄せるのである。

これで、これらすべての究極的な諸問題がいわばその蝶番《ちょうつが》いに掛っていることがおわかりになったであろう。つまり、認識論的自我とか、神とか、因果性の原理とか、設計とか、自由意志とか、これらのものを何か事実を超絶した至尊なものとしてそれ自身であると考え、そのような原理に立ってうしろを見返すものでなく、いかにプラグマティズムはアクセントの置き所をかえて、前方に目を向けて事実そのものを見究《みきわ》めようとするものであるかがわかってもらえたと思う。われわれすべてにとって真に死活の問題は、この世界がどうなって行くか? 人生はつまりどうなるべきものか? という問題である。そうだとすれば、哲学の重心は位置を変えなくてはならぬ。久しく上方のエーテルの光輝によって日蔭《ひかげ》に投げ込まれていた事実の世界がその権利を回復しなくてはならぬ。このようにアクセントの位置を変えるということは、哲学上の諸問題がこれまでよりも抽象的傾向の少い人々によって、すなわちもっと科学的で個人主義的な色彩の強い人、しかも非宗教的でもない人々によって、論じられるようになることを意味するのである。それはかのプロテスタントの宗教改革を思わせるといっていいほどの「権威の座」の変更であるであろう。だから、カトリック教徒にとってプロテスタンティズムがしばしばアナーキーと混乱のごった返しとしか見えなかったように、プラグマティズムも哲学界における極端な合理論者たちにはしばしばそう見えるに違いない。それは哲学的に同じようながらくたとしか見えないであろう。しかししょせん、人生は移って行く、そしてプロテスタントの国々においては、その目的を達するのである。哲学上のプロテスタンティズムもいずれ劣らぬ繁栄を遂《と》げるだろうと私は敢えて信じている。

第四講　一と多

われわれは前講において、プラグマティズムの方法が、或る種の概念を取り扱うに当って、これを讃仰《さんぎょう》し冥想《めいそう》するに終ることなく、むしろそれらの概念をひっさげて経験の流れの中に飛び込み、その助けをかりてパースペクティヴを拡げて行くものであることを見た。かの物質の代りに設計、自由意志、絶対精神、心霊、などという語をつかった方が、これらの語のもつ意味だけからいっても、この世界の成り行きについてよりよき約束を与えてくれる。これらの語が誤っていようとまた真であろうと、とにかくその意味はかかる改善論にある。私は幾度か「全反射」と呼ばれる光学上の現象をば、プラグマティズムが考えるような抽象的観念と具体的実在との関係をあらわすいかにも好個な象徴であると思ったことがある。試《こころ》みに水のはいったコップをこころもち眼より高めの位置に上げて、水を通して水面を見上げてみられるがよい――あるいはもっと善い方法であるが、どこかの水族館のガラス張りの箱を通して同じように水面を見られるとよい。そしたら諸君は、その器の反対側に置かれてある、たとえば燭火《しょっか》その他の光体の像がまぶしいまでにそこに反射しているのを見られるであろう。このような場合、一つの光線だって水面を越え出るようなことはない。つまり一つ一つの光線がことごとく水底に反射し返されるのである。そこで今、この水が感覚的な事実の世界をあらわし、水面上にある空気は抽象的観念の世界をあらわしているものとしよう。このふたつの世界はもちろん現実的にありそして相互に作用し合っている、しかし両者の相互作用はただ両者の境界線でおこなわれているに過ぎない。だから一切のものが生存しまたあらゆることがわれわれの身に起こるその場所は、経験の及ぶかぎりでは、この水にほかならない。われわれは感覚の海のなかを泳いでいる魚みたいなもので、上の方は空気に仕切られており、空気をそのまま呼吸することもできなければ、また空気のなかに入り込むこともできないのである。しかしわれわれが酸素をとるのは空気からである。だから絶えずあっちへ行ったりこっちへ来たりして空気に触《ふ》れるのである。そして空気に触れる度ごとに決心を新たにし、気力を新たにしてまた水のなかへ舞い戻るのである。この空気の構成要素である抽象的観念は、人生にとって欠くことのできないものであるが、しかしいわばそのままで呼吸するわけにはいかぬものであって、そのはたらきはただ行くべき方向をとり直させるということにある。すべて譬喩《ひゆ》というものは不完全なものであるが、この譬喩はたいへん私の気に入った。つまりこの譬喩は、人生にとってそれだけあれば十分だというのではないが、それにもかかわらず、どこかで人生を有効に規定するものとなりうるような何物かがあるということを示してくれるからである。

この時間には、もう一つの問題に適用してプラグマティズムの方法を例示したいと思う。すなわち「一と多」という古代の問題をとりあげて、この方法を明らかにしたい。諸君のなかには、この問題のために眠られぬ夜な夜なを過したという人はごく少数しかおられぬことと思う、そしてまたそんな問題に悩《なや》んだことはかつて一度もないといわれる人があっても、私は格別おどろきはしないだろう。私自身のことを申せば、長い間この問題に思いをひそめたあげく、それをもってあらゆる哲学上の問題のなかでもっとも中心的な問題であると考えるようになった。中心的なと申すわけは、それがきわめて含みの多い問題だからである。という意味は、諸君がひとりの人が決定的な一元論者であるかそれとも決定的な多元論者であるかを知られるならば、そのほか何何論者という他の名を与えられる以上に、その人のそのほかの見解をよく知られるだろうということである。一を信ずるかそれとも多を信ずるか、これは最大限の帰結を伴う分類なのである。であるから、この一時間の間、私がこの問題にたいする私自身の関心を諸君に吹きこむのを辛抱していただきたい。

哲学はしばしば世界の統一を探求するもの、あるいはそれを見ようとするものと定義されてきた。この定義を否定する人はかつてほとんどない。その限りそれは真である、つまり哲学は事実なによりも統一ということに関心を示してきたのである。しかし事物の多様性についてはどうであろうか。これはそれほど筋違《すじちが》いの問題であろうか。いま哲学という名辞を用いないで、一般的にわれわれの知性とその要求についていってみると、統一ということは知性の要求することがらの一つでしかないことをわれわれは直ちに悟るのである。事実の仔細《しさい》にあかるいということは、それらの仔細を体系に還元することと並んで、精神的偉大さの不可欠《ふかけつ》なしるしだとつねに見なされている。百科辞典的な、古典学的なタイプのいわゆる「博学の」人、いわゆるほんとうに学問のある人は、世の哲学者とともに、決して賞讃に事かくことがなかった。われわれの知性が真に目指《めざ》すものは、多様性だけでもなければ統一性だけでもなく、全体性である（二）。この全体性にあっては現実の種々相にあかるいということがその関連を理解することと同様に重要なのである。詮《せん》索慾《さくよく》は体系化の情熱と同じ歩調で歩くのである。

（一）ベランジェ『因果の概念と精神の志向的活動』A. Bellanger: *Les concepts de Cause, et l'activité intentionelle de l'Esprit.* Paris, Alcan, 1905, p. 79 ff.

この明白な事実にもかかわらず、事物の統一性ということの方が事物の多様性よりもいわばいっそう光輝あるものとつねに考えられてきた。若い人が、全世界は一つの偉大なる事実を形づくりそのすべての部分はいわば相並び組み合って動いているのだという考えにはじめて思いつくと、彼はまるで何か偉大な洞察力でも恵まれたような気になって、まだこの崇高な概念に達しないでいるすべての人々を傲然《ごうぜん》と見くだすものである。この一元論的洞察は、はじめにはそのように抽象的に捉えられるので、はなはだ漠然としていて、これを知的に擁護する価値があるとはほとんど思えないほどである。けれどもおそらく、ここに集まられた聴衆諸君は一人のこらずなんらかの仕方でかかる観念を心にいだいておられるだろうと思う。或る抽象的な一元論、一なるものの性格にたいする一種の情緒的な反応、つまりあたかも一なるものが世界の状態であって、世界の多と並列するものでなく遙かに多にまさり優《すぐ》れているかのように考えるこの見方は、教養ある人人の間にはなはだ有力なもので、われわれはそれを哲学的常識の一部と呼ぶこともできるほどである。むろん世界は一である、とわれわれはいう。もしそうでなければ、どうしてそれはそもそも世界というものでありえようか。経験論者もふつうは合理論者と同じように強力にこの種の抽象的一元論を主張するものなのである。

その異《こと》なるところは、経験論者が合理論者ほどそれに幻惑されないというにある。経験論者は、統一性のために目がくらんで他の一切のものを見ないとか、特殊な諸事実にたいする好奇心を失ってしまうとかいうことはない。ところが或る種の合理論者はきまって、抽象的な統一性を神秘的に解釈してそのほかの一切を忘却し、それを一つの原理として取り扱う、つまり、それを讃美し崇拝する、だから知的活動をやめてしまうことになる。

「世界は一である」――この公式は一種の数字崇拝になるかもしれない。「三」や「七」は実際に神聖な数と見なされてきた。しかし抽象的に考えると、なぜ「一」が「四十三」よりも、あるいは「二百万十」よりもすぐれているといえるのか。世界の統一性ということについてまず最初にいだかれるこのような漠然とした信念はまるで摑《つか》みどころのないもので、それがどんな意味をもっているのか、われわれにはほとんどわからないのである。

統一性の考えを更に押し進めて行く唯一の道はそれをプラグマティックに取り扱うことである。一なるものが存在することを認容したとして、その結果いかなる事実の違いが生ずるであろうか。統一性はいかなるものとして知られるであろうか。世界は一である――そのとおりである、しかしいかように一なのか。一なるものはわれわれにとってどのような実際的な価値をもっているのか。

このように問うことによって、われわれは漠然としたものからはっきりしたものへ、抽象的なものから具体的なものへ移って行く。宇宙に一という述語《じゅつご》を与えるその仕方がはっきり異るにしたがって、その結果に違いが出てくることが見えてくる。私はそれらの仕方のうち比較的いちじるしいものを順次に記してみよう。

一。第一に、世界は少なくとも論議の一つの主題である。もし世界の多がその部分のいかなる統合をも許さぬほどばらばらで、まとめようのないものであるとしたら、いくらわれわれ人間の頭脳でも世界の全体を一度に「思う」わけにはゆくまい。そう思うなら、われわれの頭脳は相反する方向を一度に見ようとする眼のようなものであろう。しかし事実として、われわれは「世界」

とか「宇宙」とかの抽象的な名辞《めいじ》で世界の全体を包み尽すつもりでいる。これらの名辞は明らかにいかなる部分もとり残されないということを意味するものである。このような論議上の統一ということが別にそれ以上の一元論的な特殊性をなんら含んでいないことは明らかである。「混沌《カオス》」、一度こう名づけられると、混沌も「宇宙《コスモス》」と同じ論議上の統一をもってくるのである、奇妙なことに、多元論者が「宇宙は多である」といえば、多くの一元論者は自分たちの大勝利を記録するものだと考える。「『宇宙』だって！」と彼らはほくそ笑むのである、「その言葉があいつの本心をむきだしにしている。あいつは自分の口から一元論者たることを告白していやがる」と。よろしい、事物はそのような意味で一であるとしよう。そしたら諸君は事物の全集合に宇宙といったような語をおっかぶせることができるわけだ、しかしそれでどうなるというのか。何かもっと進んだ意味で、あるいはもっと価値のある意味で、事物は一であるのかどうか、この問題が依然として後に残るのである。

二。例えば、事物は連続的であろうか。諸君はつねに諸君の一つの宇宙内に踏みとどまって、そこから脱落するようなことなしに、ひとつのものから他のものへ移って行けるだろうか。いいかえると、われわれの宇宙の部分部分は、ばらばらの砂粒《すなつぶ》とは違って、お互いにつながり合っているのだろうか。

砂粒にしてもその占める空間によって互いにつながり合っている。だから諸君がなんらかの仕方でかような空間を通って動くことができるとすれば、諸君は第一の砂粒から第二の砂粒へと連続的に移れるわけである。このように、空間と時間とは世界の部分部分をつなぎ合わす連続の媒《ばい》介物《かいぶつ》なのである。これらの統合形式から生じてくる実際上の相違がわれわれにたいしてもつ意義は莫大《ばくだい》である。われわれの全生活の原動力はこれらの統合形式に基づいている。

三。事物を実際上連続させる途はほかにも数えきれぬほどある。事物をつなぎ合わせている誘導線*はいろいろに辿《たど》れる。そういうどれかの線に沿《そ》って、ひとつのものから他のものへと移って行くと、おしまいにはほとんど宇宙の拡り全部を包み尽すことになるかもしれない。重力とか熱の伝導作用とかは、物理的世界に関するかぎり、万物を統一するそのような誘導物なのである。電力も発光力も化学作用も同じような誘導線である。ところが不透明体や不伝導体にぶつかると、そこで連続が切断されるので、そのまわりを堂々めぐりするか、それともその日のうちにもっと遠方まで行きたいなら、前進の方法を変えるほかないことになる。そうなると実際上は、宇宙の統一性は失われたわけである。諸君の宇宙の統一性はそれらの基本的な誘導線によって組みたてられていたのだから。

或る特殊なものと他の特殊なものとの連結の種類は無数にある。これらの連結のどれか一つの総体は一種の体系をなし、これによってもろもろの事物は結び合わされる。かくして人々は知り合いの間柄という大きい組織のなかへつなぎ込まれる。ブラウンはジョーンズを知り、ジョーンズはロビンソンを知り、という風につながって行く。そこで諸君は、次々と仲介してくれる人々を正しく選びさえすれば、ジョーンズからはじめてシナの王妃*へでも、アフリカのピグミー族の酋長へでも、そのほか人間の住んでいるところならどこの国へでも、ことづけを伝えることができるのである。ところが諸君がこの実験で人選を誤ったとすると、ちょうど不導体にぶつかったようなもので、はたと行きづまってしまう。この知り合いの体系の上に愛の体系とでも呼べるものがのっかっている。AはBを愛する（もしくは憎む）、BはCを愛する（もしくは憎む）等々。

しかしこの体系はそれが予想する知り合いの大体系ほど大きくはない。

人間の努力というものは一日一日と世界を統合して行ってだんだんはっきりと組織化することに向っている。こうして植民組織、郵便組織、領事組織、通商組織などができ上った。これらの組織に所属する部分部分はすべて一定の影響力に服従しており、その影響力は、組織の外にある事実にまでは及ばないが、組織の内部ではだんだんひろがっていく。広い広い宇宙のなかに、世界のいろいろな部分の大規模な繋《つな》り合いができ、またその内部に小さな繋り合いが、言論上の小世界ばかりでなく実際活動上の小世界が、無数にできてくる。おのおのの組織は、それに属する部分をそれぞれ特殊な関係で縛っているのであるから、統合の一つの型ないし度合《どあ》いを表《あら》わしている。そして同じ部分が多くの別々の組織に加わることを妨げない。それはひとりの人がさまざまな職務を担当し、いろいろなクラブに属して差しつかえないのと同じである。したがって、このように「体系的な」見地から見ると、世界の統一ということのプラグマティックな価値は、これらすべての一定の組織体が現実に、実際にたくさん存在しているということである。かなり包括的で広汎《こうはん》なものもあろうし、またかなり狭少なのもあるであろうが、とにかくそれらの組織体は互いに上へ上へと重なり合っていて、宇宙の原素的な部分のどれ一つも全部の組織体から洩れるということはない。事物と事物との結びつきの途切《とぎ》れている場合も数えればきりのないほどあるであろうが（なぜというに、このような体系化的な誘導や結合の仕方は遠慮なく異要素を排除して進むものだからである）、およそ現存するものはことごとく何らかの仕方で他のものから影響されているのであって、ただその影響の仕方がうまく指摘できないまでの話である。不精確ないい方であるが、一般的にいってみると、すべての事物はとにかく何とかお互いに結び合いくっつき合っていて、宇宙は網の目のような形か鎖《くさり》の形かで実際に存在しているので、これらの形が宇宙を何か連続的な、あるいは「部分を統合した」ものにしている、といえるのである。どのような種類の誘導力でも、これを次から次へと追求して行くことができる限りは、世界を一つにするに役に立ってくれるのである。だから、つまりそういう意味で、そしてその範囲内でなら、「世界は一である」といえるのである。しかしそれだけに、その範囲をはみ出すと、世界は明らかに一でないことになる。もし諸君がつながりを可能にする導体を選びそこなって不導体を選ばれるならば、どのような種類のつながりも見出せないことになるだろう。そうなると、諸君はそもそもの第一歩から足どめをくってしまい、そういう特殊な見地から、世界は全くの多であるといい張らねばならなくなる。もしわれわれの知性が結合の関係にたいすると同じだけの関心を分離の関係によせていたとしたら、哲学は世界の不統合を讃美することに同じ程度の成功をおさめたに違いない。

重大な点なので特に注意を乞いたいのは、一と多とはこの世界では絶対に等位のものであるということである。どちらが先であるともいえないし、どちらがより本質的でまさっているというのでもない。空間というものは、事物の分離と結合とを全く同等におこなうように思われるのに、ときには分離の機能が、ときには結合の機能が、もっともわれわれの心に訴えてくる。ちょうどその空間と同じように、われわれがふつう誘導力の世界を扱う場合にも、ときには導体が、ときには不導体が、必要になる。そこで必要な場合に応じてどちらがどうであるかを見分けること、ここに智慧がある。

四。誘導あるいは不誘導というこれらの体系はすべて世界の因果的統一という一般的な問題に組み入れてよい。もし事物と事物との間のより小なる因果的誘導力がすべて、過去におけるそれら誘導力の唯一の共通な因果的起原、すなわち現存する一切のものの唯一の第一原因に集中するとしたら、そのときには世界の絶対的な因果的統一を語ることもできよう。創造の日における神の「あれ！」という言葉は、伝統的な哲学において、このような絶対的な原因および起原であるとされてきた。先験的観念論は、「創造」を「思惟《しい》」（あるいは「思惟する意志」）に翻訳して、神の業《わざ》を「元始《はじめ》のもの」というよりもむしろ「永遠のもの」と呼んでいる。しかし多の統一ということは、ここでも絶対的で、全く同一である――一がなければ、多は存在しないであろう。万物の起原の統一というこの考えには、多なるものがアトムの形で、また時には何か精神的な単位の形で、永遠に自存しているという多元論的思想がつねに対峙《たいじ》してきた。そのどちらを採るべきかはもちろんプラグマティックな意義をもっているが、おそらくこのたびの講演では、起原の統一の問題には解決を与えずにおいた方がよかろうと思う。

　五。事物間に認められる統合の種類のうちもっとも重要なのは、プラグマティックにいえば、事物の類的統一性である。事物は種類をなして存在している。おのおのの種類にはたくさんの標本があって、種類が一つの標本にたいしてもつ意味は、その種類に属する他の標本すべてにたいしても同じである。世界におけるあらゆる事実はそれぞれ単一のもの、すなわち他の事実とは違ったもので、その種類において唯一であると考えることは容易である。そのような単一なものだけの世界では、われわれの論理は用をなさないであろう。論理とはただ一つの実例に、その実例の属する全種類について真であることを述語《じゅつご》づけるのがそのはたらきであるからである。この世界に二つと似たものがないとしたら、われわれは過去の経験から未来の経験を類推できるはずがない。そこでこの類推を許すような事物の類的統一の存在こそ、おそらく、「世界は一である」ということのもちうる意味のもっとも重大なプラグマティックな意義であろう。もしあらゆる事物を終局において例外なく包摂《ほうせつ》しつくすような一つの最高の類があるとしたら、それで絶対的な類的統一がえられることとなるであろう。「実在」、「可想界」、「経験」などはこの地位につきうる候補者であろう。このような言葉によって表わされるもののいずれかがなんらかのプラグマティックな意義をもっているかどうか、これはまた別の問題であって、今さしあたっては未解決のままにしておいた方がよかろうと思う。

六。「世界は一である」という言葉のもちうるも一つの意味は目的の統一ということである。この世界における無数の事物は一つの共通な目的に仕《つか》えている。すべて人間の造った組織は、行政組織や産業組織や軍事組織やその他なんでも、それぞれそれを支配する目的のために存在している。どの生物もそれぞれそれ自身の目的を追求している。すべての生物は、その発展の程度に応じて、集団的なあるいは種属的な目的に協力する。かくしてより大きい目的がより小さい目的を包んで行って、ついに例外なく万物に奉仕される絶対的に唯一の終局的な最高の目的が考えられてくるであろう。現象界がそのような見方と相容《あいい》れないことはいうまでもあるまい。第三回目の講演で述べたように、あらかじめなんらかの結果がたくらまれたかもしれない、しかし、この世界で現実に知られる結果はどれ一つとして、そのすべての細目《さいもく》にいたるまでがあらかじめ事実上たくらまれたものであるということはありえない。人々にしてももろもろの国民にしても、金持ちになろうとか、偉《えら》くなろうとか、立派なものになろうとかいう漠然とした考えをもって出発する。ひと足ごとに予測しなかったさまざまな機会が見えてきて、以前の予想は閉め出されてしまう。かくして漠然とした初めの目的の細目は日ごとに変えられねばならなくなる。最後に到達されるものは、初めにもくろまれたものより善いこともあろうし、悪いこともあろうが、しかしつねにより複雑で違ったものになることは間違いない。

またわれわれのさまざまな目的はお互いに争い合う。一つが他を押しつぶすことができなければ、両者は和解する。そしてその結果はやはり前もってはっきりもくろまれたものとは違っている。漠然とおおまかに見ると、もくろまれたものはだいたい達せられているかもしれない。しかし、われわれの世界は目的論的には不完全にしか統一されていないで、なおその統一をよりよく組織化しようと試みつつあるものだという見解は、あらゆるものが強くこれを支持している。

もし絶対的な目的論的統一を要求して、宇宙のあらゆる細目が唯一の目的に奉仕しているという人があれば、その人はみずから独断の危険を冒《おか》すものである。このような独断をくだす神学者たちも、世界の部分部分の利害の葛藤をだんだん具体的に熟知するにつれて、唯・最高の目的とは果していかようなものでありうるかを想像することは不可能だと次第に感じてきている。或る種の悪は将来の善に役立ち、苦味剤はカクテルの味をうまくし、少しばかりの危険やつらさはかえってはげみを与えて後の楽しみとなることは、われわれのよく知っている事実である。われわれはこの事実を漠然と一般化して、宇宙における一切の悪はより大なる完成のための道具にすぎないとする教説を作り上げることもできる。けれども現実に目に入ってくる悪の量はあまりにも多く、とうてい人間の寛容さの容《い》れうるものではない。ブラッドレーやロイスのような人の書物に見られる先験的観念論にしても、ヨブ記の教えた以上にはわれわれを教えてけくれない——神の道はわれらの道にあらず、さればわれらをして両手もて口を覆《おお》わしめよ。それほどの過大な恐怖を与えてみずから楽しむような神は、人間の訴えるべき神ではない。かかる神の動物精気は高きに過ぎるのである。いいかえると、おのが唯一の目的をもってのぞむ「絶対者」は、凡人のいだく人間らしい神ではない。

七。事物の間には美的統合も認められる。そしてそれは目的論的統合にははなはだよく似ている。もろもろの事物は一つの物語りを物語っている。事物の部分部分は一個のクライマックスを作り上げるように互いにつながり合っている。部分部分は明らかに互いに協力し合っている。もちろん一連の出来事をなんら一定の目的が統轄《とうかつ》していたわけではないが、しかし回顧的に見ると、もろもろの出来事は序幕、中幕《なかまく》、大切《おおぎり》というふうにひとつの劇的形式をとって進んだとも見えるのである。実際、すべての物語りには終りがある。そこでまた多の見地《けんち》を採るのがいっそう自然的であることになる。世界は互いに平行して進みながらその初めと終りの時のまちまちな部分的な物語りに満ちている。それはところどころで相互に絡み合い干渉し合うが、われわれはそれらの物語りをわれわれの心のなかで完全に統合することができない。諸君の経歴を辿るときには、私は私自身の経歴からしばしば私の注意をそらさねばならない。双生児の伝記を書く人でも、二人のどちらかに読者の注意を惹《ひ》くほかないであろう。

そこから、全世界は一つの物語りを語っていると主張する人は、これまたかの一元論的独断論の一つを表明するものであって、その信仰において彼はみずから独断の危険に身をさらしているのだということになる。世界の歴史を多元論的に見るのは容易である。この見方は世界史を一条の縄になぞらえ、これを形成する繊維《せんい》の一つ一つが別々の物語りを語っていると見なすようなものだが、しかしその縄の横断面にあらわれる一つ一つの繊維を絶対的に単一な事実と見なし、それらの縦の全系列を総轄《そうかつ》してこれを不可分な生をいとなむ一生命体であるとするのは、なかなか困難である。ここにわれわれの参考になるかっこうな発生学上の類例がある。発生学者は顕微鏡を使って、与えられた一箇の胚種《はいしゅ》を横断してたくさんな横断面を作り、頭のなかでそれらを立体的な一全体に統合する。しかしこの世界の構成要素は、それぞれ一実在なのであるから、縄のたくさんな繊維のように、非連続的、交叉《こうさ》的《てき》であって、ただ縦の方向でしか結合していないように思われる。この方向を辿ると、それらは多である。発生学者でさえ、彼の研究対象の発達を辿る場合には、一つ一つの器官の歴史を代る代る調べねばならないのである。してみると、絶対的な美的統合などというものは、これまた全くの抽象的理想でしかない。世界の現象は劇的というよりもむしろ叙事詩的なものなのである。

さて、われわれは今まで、この世界が多くの体系、種類、目的および劇によっていかに統合されるかを見てきた。これらすべての統合の仕方のうちに、おもてむきあらわれているよりもより以上の統合がかくされていることは確かに真である。この世には唯一の主宰的《しゅさいてき》な目的、体系、種属および物語りがあるかもしれないと仮定《かてい》するのは正当である。ただ私がここでいいたいのは、現にわれわれが所有している以上の明証をもちもしないでその仮説を独断的に肯定《こうてい》するのは性急にすぎるということだけなのである。

八。過去百年にわたって一元論的思想の大きな思惟手段となったものは、唯一の認識者という考えであった。多はこの認識者の思想の対象としてのみ存在している――いわば彼の夢のなかに存在している。そして多なる対象は、彼がそれを認識するとおりに、唯一の目的をもち、唯一の体系を形作り、彼のために唯一の物語りを語っている。事物のうちに一切を包括する認識論的統一があるとするこの考え方は、主知主義的哲学のもっとも崇高な功績である。全知者と呼ばれるこの絶対者を信ずる人々は、明晰に考える人なら認めずにいられない強制的な理由からそう信ずるのだといい慣《なら》わしている。絶対者は広汎《こうはん》な実際的帰結を伴う、その若干については第二講で私は注意を促《うなが》しておいた。それが真であると認められるならば、確かにそこからわれわれにとって重大な多くの種類の差異が生じてくるに違いない。私はここでそのような実在者の存在のあらゆる論理的証明に立ち入るわけにゆかない、ただその証明は一つとして健全なものと私には思われないことを述べておくにとどめよう。そこで私は全知者という考えを単にひとつの仮説として取り扱わざるをえない。それは、宇宙の全内容が一度に見えてくるような見地、知見の焦点などは存在しないとする多元論の考えと論理的には正確に同等のものである。ロイス教授はいう(二)、「神の良心はそのままで万象を照し透《とお》す意識的な一瞬を形作る。」——これが合理論の主張する知的統一のタイプである。それと反対に、経験論は人間になじみ深いタイプの知的統一で満足する。何ごとでも他の何ものかといっしょに或る認識者によって認識されるのである。ところがこの認識者は結局どこまでも多であることができ、しかもすべての認識者のうちもっとも偉大なものでさえなおあらゆるものの全体を知らないことがありうるし、あるいはまた現に知っていることを一気に知るのでないこともありうる、——つまり彼はよく忘却することもありうるのである。今どちらのタイプを採るにしても、世界は知的にはひとつの宇宙であることに変りないであろう。どちらにしても世界の部分部分は知識によって結び合わされるであろう。しかしその場合、前者にあっては、知識は絶対的に統一されるが、後者にあっては、それは接《つな》ぎ合わされ重ね合わされるであろう。

（一）『神の概念』*The Conception of God*, New York, 1897, p. 292.

瞬間的な、もしくは永遠な――どちらの形容詞もここでは同じものを意味している――唯一の認識者という考えは、すでに述べたように、現代の主知主義の偉大な功績である。それ以前の哲学者たちは実体というものをいたく尊重し、この実体によって統一化の仕事が押し進められるのが普通であった――つまり、それのみがみずからにおいてかつみずからによって存在するという普遍的な実体なるものがあり、経験界の特殊物はすべてその実体にささえられる諸形式でしかないとされた。ところがこの「実体」の概念が唯一の認識者という考えによって駆逐《くちく》されてしまったのである。実体はイギリス学派のプラグマティックな批判の前に屈したわけである。だからこんにちでは、実体とは、諸現象は現実には群をなしてあらわれ相結合した形で与えられるものであるという事実をあらわす別名としか見られてはいない。すなわち実体は、われわれ有限なる認識者がさまざまな現象をいっしょにして経験したり思惟したりする諸形式そのものと考えられるにいたっている。これらの結合形式は、これによって結びつけられる諸事実と同じように経験組織の部分なのである。世界の統一というものを、世界の諸部分が舞台の背後に隠れた想像も及ばぬ原理に「内属」――これが何を意味しようと――しているということから抽《ひ》き出してこないで、上述のような直接にわかる遣《や》り方で世界をまとめ上げたのは、近代観念論の偉大なプラグマティックな功績である。

かくしてわれわれが世界を連結されるものとして経験するかぎりにおいて、まさしく「世界は一である」、多くの結合がはっきり見られる限り一である。しかしそうすると、われわれが多くの不結合をはっきり見出すかぎり一でないことにもなる。このように考えると、世界が一であるといい、多であるというのは見方にかかっているのであって、この見方の違いから別々の名前がつけられるのである。世界は純粋にして単純な一なる世界でもないし、また純粋にして単純な多なる世界でもない。世界が一であるといわれるそのあり方はさまざまであって、それらのあり方が、正確に見届けられるならば、科学的研究にもそれだけの判然としたプログラムのあることを暗示している。このようにして、「一とはいかなるものとして知られるか」、「それはいかなる実際上の差異を作るであろうか」というプラグマティックな問い方は、一を何か崇高な原理と考えてそれに熱狂するようなことをさせないで、われわれを冷静に経験の流れのなかへ歩み入らせてくれるのである。事実この流れはわれわれが現に想像しているより遙かに多くの結合と統一を顕《あら》わしてくれるであろうが、プラグマティックな原理に立つ以上、どう見ても絶対的な一を前もって主張する資格はわれわれにはないのである。

絶対的な一が何を意味しうるかをはっきりと知ることははなはだ困難であるから、おそらく大部分の諸君はわれわれのゆき着いた穏当《おんとう》な態度に満足されるだろうと思う。しかしそれでも、諸君のなかには根本的に一元論的な心の人がおられて、一と多とを同格にしておくことに不満を抱かれるかもしれない。さまざまな度合いのある統合とか、いろいろなタイプの統合とか、不導体にぶつかって立ちどまる統合とか、ただ次から次へ移って行くだけで多くの場合ただ外面的な隣接性を意味するのみでより内面的な紐帯《じんたい》を意味しない統合、簡単にいえば、連鎖的な統合とか、すべてこの種のものは、そのような諸君には、中途半端《ちゅうとはんぱ》な段階にある思想と思われることであろう。事物の一であるということは事物の多であることにまさっているのであるから、またそれだけより深い真理でもなければならない、世界のより真実な見方でなければならない、と諸君は考えられるであろう。プラグマティックな見方は十分に合理的でない宇宙をわれわれに与えるものであるが、真実の宇宙は、その部分部分ががんじがらめに絡み合って固く結びついたもの、存在の無条件的統一体を形成するものでなければならない、かくしてのみわれわれはわれわれの状態を完全に合理的に考えることができるだろう、と諸君は信じておられるであろう。

この極端な一元論的考え方が多くの人々にとって重大な意味をもっていることは疑う余地がない。「一なる生命、一なる真理、一なる愛、一なる原理、一なる善、一なる神」――これは今日わたくしの手許《てもと》へ郵送されてきたクリスチャン・サイエンスの印刷物からの引用であるが――このような信仰告白がプラグマティックに見て、情緒《じょうちょ》に訴える価値をもっていることは疑えないし、ここに一という語が他の生命、真理、等の語と全く同じ価値を与えることも疑いない。けれども、もしわれわれがそのようにむやみに濫用される一なるものがいったい何を意味しうるかを知的に実感しようとすると、われわれは再びほかならぬわれわれのプラグマティックな決定に投げ返されるのである。一とは単なる一という名、つまり論議上の宇宙の意味であるか、あるいは、あらゆる確認される特殊な結合と連鎖の総和を意味するか、あるいは最後に、唯一の起原、唯一の目的、ないしは唯一の認識者のごとき一切を包括すると考えられる或る唯一の結合媒介物《ばいかいぶつ》を意味するか、そのいずれかである。事実としてこんにちそれを知的に解する人々にとっては、一はつねに唯一の認識者を意味している。この唯一の認識者が他の諸形式の結合を内包し、この認識者の世界はそのすべての部分を互いに結び合わせて、彼の永遠の夢である唯一の論理的・美的・目的論的統一図をなしていなければならぬ、と彼らは考えている。

けれども、この絶対的認識者の像の性格はわれわれの明瞭に表象しえないものであるから、そこでわれわれは当然、絶対的一元論が疑いもなく所有している権威、おそらく或る人々にたいしてはいつまでも所有するに違いない権威は、その力を知的な根拠《こんきょ》からというより、むしろ神秘的な根拠からえて来ている、と想像してよいのである。絶対的一元論をそれにふさわしく解釈するには神秘家でなくてはならない。神秘的な精神状態は、いかなる程度のものでも、必ずとはいえないまでも普通は、一元論的見解に傾いているということは、歴史によって示されている。いまは神秘主義の一般的問題に立ち入るべき場合ではないが、せめて私のいいたいことを示しておくために、神秘的な所説の一つを引用したい。あらゆる一元論的体系の典型はヒンヅー教徒のヴェーダンタ哲学であるが、数年前わが国を訪れた故スワミ・ヴィヴェカナンダはヴェーダンタ哲学の典型的宣教師であった。ヴェーダンタ哲学の方法は神秘的方法である。推理はしないで一定の修業をへると真理が悟れる、そして真理を悟ってしまうと、それを伝えることができるのである。かくしてヴィヴェカナンダはこの地でおこなった講義の一つでこのような真理を次のように伝えている。

「宇宙におけるこの一、生命の一、万物の一を見る者にとって、もはやどこに苦悩があろうか。……人と人と、男と女と、大人と子供とがこのように分れ、国民が国民から、地が月からこのように離れ、アトムとアトムとがこのように分離しているのが、真にあらゆる苦悩の原因である、だからヴェーダンタはいう、この分離は存在しない、それは真実でないと。それは単に外観のこと、表面上のことにすぎないのである。事物の核心《かくしん》にはつねに統一がある。ものの内面に入り込むならば、人と人と、女と子供と、民族と民族と、高きと低きと、富めると貧しきと、神々と人間との間にその統一が見られる。万人が一であり、深く洞察すれば、動物もまた一である。そしてこの洞察に達した人はもはや迷いをもたない……彼にとってもはやどこに迷いがあろうか。何が彼を迷わしえようか。彼は万物の実相を、万物の秘密を知っているのである。どこに彼にとってなお迷いがあろうか。何を彼は求めようか。彼は万物の実相を探《たず》ねて神に、万物のあの中心に、統一に達したのである、それは永遠の祝福であり、永遠の知識であり、永遠の存在なのである。そこにはもはや死もなく病もなく悲しみもなく苦しみもなく不満もない……実在たるこの中心には嘆かれるべき者なく、悲しまれるべき者もない。彼は万物を究《きわ》めつくしたのである、万物は純粋なる一者、形なきもの、身体なきもの、清浄無垢《しょうじょうむく》のものとなり、彼は認識者、彼は大詩人、自己存在者、人おのおのにふさわしいものを与えつつある者となったのである。」

一元論の性格がここにいかに徹底的にあらわれているかに注意していただきたい。分離は単に一者によって圧倒されるばかりでなく、存在を否定される。多は全く存在しない。われわれは一者の部分ではない。一者は部分をもたない。しかし或る意味においてわれわれがあることは否定されえないから、われわれめいめいが不可分かつ全的に一者であるのでなければならない。絶対的なる一者、その一者たる私――たしかにこれはひとつの宗教である、しかしそれは、情意的に見ると、高いプラグマティックな価値をもっている。それはあふるるばかりの完全な安心を授けてくれる。わがスワミは別の箇所でいう。

「人がみずからを宇宙の無限の実在と一なるものであるのを悟ったとき、あらゆる分離の状態がやんだとき、すべての男、すべての女、すべての天使、すべての神、すべての動物、すべての植物、全宇宙がかの一のなかに融《と》け込んだとき、そのとき一切の恐怖は消え失せる。誰を恐れることがあろう。私は私みずからを害しえようか。私は私自身を殺しえようか。私は私自身を傷つけえようか。諸君は諸君みずからを恐れえようか。そのとき一切の悲しみは消え去るであろう。何が私に悲しみを惹き起こしえようか。私は宇宙の唯一実在者なのである。そのとき一切の嫉妬《しつと》は消滅するであろう。誰をねたむことがあろう。私自身をか。そのとき一切の悪しき感情は消え失せるであろう。誰にたいして私はこの悪感情をもつというのであろうか。私自身にたいしてであろうか。宇宙には私のほか何一つ存在しないのである……この差別相を絶滅せよ、多があるという迷妄《めいもう》を根絶せよ。『多なるこの世界をかの一と観ずる者、この非情界を唯一の有情者と観ずる者、この影の世界においてかの実在を捉《とら》える者、永遠の平和は彼のものであり、他の何者のものでもない、他の何者のものでもない』。」

われわれは皆この一元論的音楽をきく耳をいくらかはもっている。それはわれわれを高め安堵《あんど》せしめる。われわれは皆うちに少くとも神秘主義の萌芽《ほうが》を宿《やど》しているのである。だからわが観念論者たちが、どこかに少しでも統一の余地が認められるならばそれに伴って絶対的一が論理的に敷衍《ふえん》されるとか、どこかに少しでも分離の余地が認められるならば、救いがたい完全な不統一が論理的にでてくるとか称して、絶対者にたいする彼らの論証を数えあげるとき、私は、彼らの用いる知的推論に含まれている一見明白な弱点が、論理的であろうとなかろうとにかく絶対的一が必ず真でなければならぬとする一種の神秘的感情によって、彼らの自己批判から保護されているのだと思わずにはいられない。それはとにかく、道徳的には一は分離を克服する。愛の情念のなかには一切の有情的生命の全的結合を示すと思われるようなものの神秘的な萌芽が認められる。この神秘的な萌芽は、一元論的な言説を耳にするに及んで、われわれのうちに目覚め、その言説の権威を承認し、そして知的考察を第二次的なものにしてしまう。
私は今日の講義では、この問題の宗教的および道徳的方面についてもうこれ以上くわしく論じようとは思わない。最後の講義の時に、も少し立ち入って述べることになるであろう。

そこで、いましばらく、神秘的な洞察があるいはもっているかも知れない権威についてはこれを考察の外におき、一と多の問題を純知的な仕方で取り扱うことにしたい。そうすれば、プラグマティズムがいかなる位置に立つものであるかも十分明らかに知られてくるであろう。学説と学説との実際上の相違というプラグマティズムの用いる批判の基準からすれば、絶対的一元論も絶対的多元論も等しく放棄されねばならぬことが知られる。なぜかというに、世界はその諸部分が或る一定の連結によって結びついている限りにおいては一であるが、或る一定の連結が求められぬかぎりにおいては多であるからである。しかし結局において、人間の努力は時の歩みとともに絶えずかかる結合の体系を造り上げて行くのであるから、それによってこの世界は少くともだんだんと統一されて行きつつあるのである。

われわれの知るこの宇宙とは異《こと》ったさまざまな宇宙が想像できるが、そこにはきわめて多種多様な程度とタイプの統合が体現されているであろう。かくして、もっとも程度の低い宇宙は、その部分と部分が単に「と」という接続詞によってつなぎ合わされているにすぎぬような単なる共在の世界であろう。今でも、われわれめいめいの内部生活の集合はそのような宇宙なのである。諸君の想像にあらわれるさまざまな空間と時間、諸君の白日夢にあらわれるもろもろの対象と事件は、多かれ少かれ相互の連絡を欠いているというばかりでなく、誰か他人の心に浮ぶ同じような内容とも一定の関係を全くもっていない。いまわれわれがここに坐って心に描くさまざまな夢想は、ただ空《むな》しく互いに行き交《か》うばかりで、影響し合うことも妨げ合うこともない。それらは共存しているが、なんらの秩序も、集い寄るべき場所もなく、絶対的な「多」にもっとも近接していると考えられるような状態にある。われわれはなぜそれらすべてがいっしょに知られねばならぬか、その理由を想像することさえできない。ましてや、かりにそれらがいっしょに知られるとしても、いかにして体系的な一全体として知られることができるのかは、われわれに想像できないのである。

ところがわれわれの感覚や身体的動作《どうさ》をつけ加えてみると、統合ははるかに高度なものとなる。われわれの聞くことと視るもの、およびわれわれのなすことは時間と空間の容器にはまり、それぞれの出来事にはその起こった日附と場所が定められる。それらは「事物」を形成し、「種類」にも属し、分類されることができる。しかしそのような事物と種類の世界にも、われわれのなじみ深い因果的な相互作用の存在しないような世界が想像できる。そのような世界では、あらゆるものが互いに働きかけ合うこともできないし、影響を伝えることもできないであろう。あるいは粗《そ》雑《ざつ》な機械的影響はあるかもしれないが、化学的作用というものはなにも起こらない。そのような世界はわれわれの世界より遙かに統一に欠けるものであろう。さらに、完全な物理化学的相互作用はあるが精神のない世界、あるいは、精神はあるが全く個人的で社会生活を欠いているような世界、あるいは、社会生活はあるが「知り合い」に限られて愛のない世界、愛はあるがそれを組織化すべき風習や制度のない世界が想像されるであろう。この程度の宇宙はどれも、より高い程度のものから見れば劣って見えるにしても、絶対に非合理的あるいは支離滅裂であるとはいわれないであろう。例えば、かりにわれわれの精神がいつか「精神感応的に」連結されて、他人の考えていることを何でも直接に知るようになったとしたら、あるいは或る条件のもとではそれを直接に知ることができるようになったとしたら、そういう世界に住む思想家の目には、われわれの住んでいるこの世界が劣等なものであったと見えることであろう。

われわれの臆測は無窮の全過去を徘徊《はいかい》することができるのであるから、われわれの住むこの宇宙に現に実現されているさまざまな種類の統合は、現に人間の諸体系が人間の要求に応じて発展しつつあるのが見られると同じ風に、漸次に発展してきたのではあるまいかと考えてみるのは不当ではあるまい。もしそのような仮定が至当であるとしたら、全的なる一は事物の起原によりもむしろその終末にあらわれることになろう。いいかえると、「絶対者」の考えは「究極者《きゅうきょくしゃ》」の考えによって置き換《か》えられねばならないであろう。この二つの考えは同じ内容――すなわち、最大限に統一された事実内容――をもつであろうが、その時間関係は正反対であろう。(二)

(二) 究極者については、シラー氏の『ヒューマニズム』と題する書物所収の論文「活動性と実体」二〇四頁を参照。

以上のようにプラグマティックな方法で宇宙の統一性を論じてくると、なぜ私が第二講において私の友人G・パピニの言葉を借りて、プラグマティズムはあらゆる学説を硬化させまいとするものだといったかの理由がわかってもらえたはずであると思う。世界の一性はこれまで一般にただ抽象的に主張されてきたにすぎなかった、しかもそれを疑う者は愚《おろ》か者でなければならないかのように考えられたのである。一元論者たちの気質はいたって烈《はげ》しく、時にはほとんど人を震《しん》がいさせるほどであった。一つの学説を固持するこのような態度は合理的な討議や明確な区別だてと容易に両立しうるものでない。とりわけ、絶対者の理論は一種の信仰箇条であって、独断的にかつ排他的に主張されざるをえなかった。一にして全なるもの、存在と認識の秩序において最初のもの、それみずから論理的に必然なるもの、そして自己に劣る一切のものを相互必然の羈《きずな》によって統一するもの、このようなものがどうして自己の内部の厳格さの緩《ゆる》められることに耐《た》えうるであろうか。多元論の懸念がほんの少しあっても、その部分のどの一つでもが全体の支配から独立する気配がほんの一瞬ほのみえても、それは崩壊するであろう。絶対的統一は程度というものを許さないのである――これを許すなら、一杯のコップの水にたった一つの微小なコレラ菌《きん》しか含まれていないからといって、その水が絶対に純粋だと主張するのと同じことになるであろう。一部分の独立は、それがどれほど微小であろうとも、どれほど些細《ささい》であろうとも、絶対者にとっては一つのコレラ菌と等しく致命的《ちめいてき》であろう。

これに反して多元論はそれほど独断的な厳格な気質を必要としない。事物の間にいくらかの分離があるとしても、独立の動きがいくらか見えるとしても、部分と部分が互いに自由な振舞を示すことがあっても、何か真に新しいことあるいは偶然的なことが時たま生じても、多元論はよく甘んじていられる。しかもどれだけの量のものであろうと、なにか真の統合がありさえすれば、それを諸君の自由な裁量に委《ゆだ》ねるであろう。そこにどれほどの統一がありうるかは、ただ経験的にのみ決定されうる問題である、と多元論は考える。その量は莫大《ばくだい》であり巨大であるかも知れない、しかし絶対的一元論は、どれだけの統一があろうとも、「克服」されない分離が、初めの芽生《めば》えとして、あるいは最後の痕跡《こんせき》として、ほんの僅かでも認められねばならぬ場合には、粉砕《ふんさい》されてしまうのである。

プラグマティズムは、事物間の統一と不統一の均衡《きんこう》がどうあるか、まさにそのことを経験が最後的に見届けるのを待つのであるから、明らかに多元論の側につかざるをえない。いつかは唯一の認識者、唯一の起原、そして考えられるあらゆる仕方で固く結ばれた宇宙によって固められた全的統一でさえが、あらゆる仮説《かせつ》のうちいちばん尤《もっと》もな仮説となる日が来るかも知れないことをプラグマティズムは承認するのである。それまでの間は、世界はなお不完全にしか統一されておらずかつおそらくつねにそうであろうという反対の仮説が真剣に扱われねばならない。この後者の仮説は多元論の教説である。絶対的一元論が多元論に最初から非合理の烙印を押してこれを真剣に考量すべきことをさえ禁ずる以上は、プラグマティズムが絶対的一元論に背を向けて、多元論のより経験的な道に従わざるをえないことは明らかである。

かくしてわれわれは、事物が一部は結合され一部は分離されている常識の世界に踏みとどまらねばならない。そのとき、「事物」およびその「結合」――これらの語は、プラグマティックに取り扱われるならば、何を意味するであろうか。次の講義で私はプラグマティックな方法を常識として知られる哲学の段階に適用してみようと思う。

第五講　プラグマティズムと常識

前講においてわれわれは、ふつう行われている崇高ではあるが内容空虚《くうきょ》な原理としての一元的な宇宙観から転じて、宇宙が包含している特殊な種類の統一の研究に向ったのであった。これらの統一の多くは、同じように現実的な種々の分離と共存していることをわれわれは知った。「どの程度まで私のいうことが験証されるか」、これが各種の統一と各種の分離とによってここでわれわれに要求される疑問である。そこで忠実なプラグマティストとして、われわれは経験に、「事実」に、立ち向かわねばならない。

絶対的な一というものはなお残りはするが、単に一つの仮説としてでしかなく、しかもこの仮説はこんにちでは、万物は例外なく単一な体系的な事実を形成していると見る全知の認識者という仮説に還元されている。しかし問題のこの認識者はまた絶対者とも究極者《きゅうきょくしゃ》とも考えられることができる。そしてこの仮説のいずれの形式を取るにしても、これにたいして、かつて知られた、あるいは今後知られるであろう知識の範囲がどれほど拡げられても、そこにはなお知られないものが含まれるという反対仮説が正当に主張されうる。幾部分かの知識はつねに洩れるのである。

これは認識的多元論の仮説であって、一元論者たちはこれをはなはだ不条理だと考える。われわれは、事実がどちらかに軍配《ぐんばい》をあげるまで、認識的一元論にたいすると同様の敬意をもって多元論をも扱わねばならないのであるから、われわれのプラグマティズムは、元来は一つの方法にすぎないものではあるけれども、かかる多元論的見解にたいしてわれわれを友好的ならしめずにはおかない。世界の或る部分と他の部分との結びつきがゆるくて、ただ「と」という繋辞《けいじ》によってのみつながれているような場合があるかもしれない。のみならず、或る部分が加わろうと取り去られようと他の部分になんら内面的な変化を蒙《こうむ》らせないかもしれない。世界が附加的な構成のものであるとするこのような多元論的見解は、プラグマティズムが真面目《まじめ》に考察せざるをえない見解なのである。しかしこの見解をとると、現実の世界は、一元論者たちの保証するように「永遠に」完全なものであるどころか、永遠に不完全であって、いつでも附け加えられたり失われたりすることのできるものであるという他の仮説を立てねばならなくなる。

とにかくこの世界は一点において不完全である、事実まがいもなくそうである。われわれがこの問題で論争するという事実そのものが、われわれの知識が現に不完全であって附加されつつあるものであることを示している。知識に関していえば、世界はまさしく変化し生長する。われわれの知識が完成してゆく――それが完成するとする以上――仕方に関する或る一般的な考察は、本講の題目《だいもく》すなわち「常識」にきわめて都合《つごう》よくわれわれを導いてくれる。

まず第一に、われわれの知識はぽつりぽつり斑点的に生長してゆく。この斑点《はんてん》は大きいこともあるし、小さいこともある、がしかし知識が全面的に生長することは決してない。古い知識のなかには、いつまでもかつてあったままで残るものもあるのである。例えば、諸君のプラグマティズムについての知識がいま生長しつつあると想像してみよう。後になってみると、その生長は、諸君があらかじめ真理だと思っていた意見のいちじるしい修正を含んでいるかもしれない。しかしそのような修正はごくゆるやかに行われがちである。いちばん手近かな例をとって、私のこの講演を考えてみよう。諸君がこの講演から最初にえられるものはおそらく、ごく僅かな新知識、少数の新しい定義あるいは区別や見地であろう。しかしこれらの特殊な諸観念が附け加えられながらも、それ以外の諸君の知識は立ちどまっていて、諸君はただ漸次《ぜんじ》に、私が吹き込もうとしている新知識を諸君の以前の意見のなかに「排列《はいれつ》」し、ほんの僅かだけ諸君の旧説を修正されるにすぎないであろう。

諸君はいま私の能力に或る程度の信頼をよせられて私の講演を傾聴されているのであろうし、またその信頼が私の話すことを受け取られるのに与《あずか》って力になっているであろうと思うのであるが、いまもしかりに私が不意に講演を中止し、バリトン声をでっかく張り上げて「われら朝まで家に帰らじ」と歌い出したとしたら、単にこの新しい事実が諸君の知識の貯《たくわ》えに附け加えられるというばかりでなく、この事実は私という者にたいする諸君の評価を変えずにはおかないであろうし、その結果、プラグマティックな哲学についての諸君の見解をも変えることになり、そして一般に、諸君の観念の多くを配置し直すことになるであろう。そのような過程にある諸君の心は旧い信仰と経験のもたらす新しい事柄との間に張りつめられ、時にはそのために苦痛を覚えるようなことも起こるに違いない。

われわれの心はこのように斑点をなして生長する、そしてその斑点は、脂《あぶら》の斑点《しみ》のように、拡がって行く。しかしわれわれはできるだけこれを拡げまいとする、つまりわれわれはわれわれの旧い知識、旧い偏見や信念をできるだけ変えないでおこうとする。われわれは新しいのをとりかえるよりもむしろつぎはぎしたり、つくろったりするのである。新しいものが滲《し》み込んで旧い知識にしみをつけて行くが、新しいものもまたそれを吸い込むものの色に染まる。われわれの過去は新しいものを取り入れ、それと協力する。そして新しい均衡《きんこう》状態に達して学習過程の一歩一歩の前進は終るが、この均衡のなかに新しい事実がなまのままで附け加わっているというようなことは比較的まれにしか起こらない。新しい事実はいわば料理され古い調味で煮《に》こまれているというのがむしろ普通である。

　このようにして新しい真理は新しい経験と旧い真理とが結びついて相互に修正し合った結果なのである。こんにち意見の変化がそのようにして行われるのであってみれば、あらゆる時代にそうでなかったと仮想するいわれはないはずである。したがって、ごく古い考え方のいくつかがその後の人間の意見のあらゆる変化を通じていまなお生き残っているかもしれない。もっとも原始的な考え方でさえまだ完全に拭《ぬぐ》い消されていないかもしれない。われわれの五本の指、耳骨、尾骨の痕跡《こんせき》、その他の「痕跡的な」諸性質と同じように、古い考え方はわれわれ人類の歴史におけるもろもろの出来事の消しがたい形見としていつまでも残るかもしれない。われわれの祖先は或る瞬間に突然、自分で想像もしなかったような考え方をしはじめたことがあったかもしれない。しかし彼らが一度それをした以上、その後はそれが遺伝となって続いて行くのである。諸君が一曲の音楽を或る調子ではじめると、その調子は終りまで保たれねばならない。諸君は諸君の家を思いのままに改造することはできるが、最初の設計者の下画《したえ》はいつまでも存続する――どれほど大きい変化を加えてみても、ゴシック式の教会をドリア式の寺院に変えるわけにはゆかない。瓶《びん》をどんなに洗い抜いても、初めそこにはいっていた薬やウイスキーの匂いをすっかり取り去ることはできないのである。

　ここで私のいいたいことはこうなのである、事物についてのわれわれの根本的な考え方は、遠い遠い昔の祖先が発見したものであって、その後のあらゆる時代の経験を通じて保存されることのできたものである。この考え方は人間精神の発展における均衡の一大段階を、すなわち常識の段階を形づくっている。他の諸段階がこの段階の上に接《つ》ぎ重《かさ》ねられたが、これを押しのけることはかつてできなかった。まずこの常識の段階を、最後の段階であるかのように仮定して、考察してみよう。

実際上の用語で常識のある人といえば、判断が正しい人、異常なところのない人、アメリカ語で申せば、世なれた人のことである。哲学上では全く違った意味をもっていて、或る種の知的な思考の形式ないし範疇《はんちゅう》を用いる人のことである。もしわれわれが蟹《かに》か蜜蜂《みつばち》だったとしたら、われわれの身体組織は経験を理解する現在の様式とは全く異った様式を用いることになっていたに違いない。またそのような範疇は、それがどんなものか、こんにちのわれわれには想像もつかないが、現にわれわれが用いている範疇と同じように、われわれの経験を心のなかで処理するのに、全体として役立ったに違いないとも考えられる（われわれはこれを独断的に否定することはできないのである）。

こういういい方が逆説的に聞える人には、解析幾何学《かいせききかがく》のことを考えてみてもらいたい。ユークリッドが内的関係によって定義したのと同一の図形を、デカルトはその図形の各点とこれには外面的な坐標との関係によって定義した、その結果として、曲線を取り扱う上にユークリッド幾何学とは全く異った、しかも遙かに有効な方法が発見されたのである。われわれのすべての概念はドイツ人が思惟手段 Denkmittel と呼ぶもの、つまりわれわれが事実を思惟によって取り扱うための手段である。単なる経験そのものは荷札もつけずレッテルも貼らずに届けられる荷物のようなもので、われわれはそれが何であるかをまず開けてみなくてはならないのである。カントは経験がただ経験といわれるだけでは現象の雑沓、知覚の狂想曲にすぎないといっている。つまり、それは単なるごたまぜで、われわれはそれをわれわれの理智によって統一しなければならないのである。われわれがふつう経験を統一してゆく仕方は、まず、頭のなかで分類され排列された、あるいは或る知的な方法で結合された諸概念の体系を組み立て、次に、これを割符《わりふ》として用いて、現われてくるもろもろの印象を「割符に引き合せて調べて行く」のである。おのおのの印象がこの概念体系のどこかの場所にあてがわれると、それでその印象は「理解された」ことになる。その諸要素が相互に「一対一の関係」に立つ平行的な「雑多」というこの考えは、こんにちでは、数学においても論理学においてもたいへん重宝《ちょうほう》なものとされて、次第に在来の分類的な諸概念にとって代りつつある。この種の概念体系はたくさんあり、雑多な感覚もそのような体系の一つである。もし諸君の感覚印象にたいして諸概念のなかのどこかに一対一の関係を見出すならば、諸君はそれだけ印象を合理化したことになる。しかし印象を合理化するには、もちろん、さまざまな概念体系を用いなければならない。

印象を合理化する古い常識的な方法は一組の概念を用いることである。そのうちもっとも重要なのは次の諸概念である。

事物
同あるいは異
種類
精神
物体

一つの時間
一つの空間
主体および属性
因果的影響
想像的なもの
実在的なもの

これらの概念は、われわれの知覚という不断に現われてくる天候からわれわれのために一定の秩序を織り出しているが、われわれはこんにちその秩序にあまりに慣《な》れ親しんでいるので、知覚が、それだけをとって考えると、一定の道筋をたどることがいかに少いものであるかをわれわれは理解することができなくなっている。いま天候という語を使ったが、これはこの場合じつに適切な語なのである。例えば、ボストンの天候には常規《じょうき》というものがほとんどない、二日も同じお天気がつづくと三日目には、確かとはいえないが多分、お天気が変るというくらいのことが一般法則的にいえるだけである。かくしてボストンでえられる天候の経験は非連続的であり、混沌《こんとん》としている。気温についても、風や雨や日光についてみても、一日のうちに三度の変化があるかもしれない。しかしワシントン測候所はこの不規則さを知性化して、ボストンの天候の一つ一つを挿話的な現象であるとする。すなわち、この不規則性を大陸旋風《せんぷう》に関連させてその起こる場所と瞬間を指示し、ちょうど珠数玉《じゅずだま》が一本の紐《ひも》でつながれるように、局部局部の天候の変化がすべてこの大陸旋風の発達につながっているとするのである。

さて、年のゆかない子供や下等な動物が彼らの経験にたいする態度は、教育のないボストン人が天候にたいするのとなんら異るところがないといってよいようである。子供や下等動物が世界の容器である時間や空間とか、恒常不変《こうじょうふへん》の主語や変化する述語とか、原因や種類や思想や事物とかについて知るところがないのは、われわれ一般人が大陸旋風について知らないのと同様である。赤ん坊はがらがら鳴る玩具《おもちゃ》が手から落ちてもそれを探すことはしない。その玩具が赤ん坊から「消滅」したのは、燈火が消えるのと同じなのである。再びともすと燈火が帰ってくるのと同じに、再び握らせてやると、玩具は帰ってくるのである。その玩具が一つの「事物」であって、玩具が相継《あいつ》いで出現するその前後の間に恒常な玩具というものの存在そのものを挿入できるというような観念は、もちろん赤ん坊には起こったことがないのである。犬の場合も同じことである。犬には、見えなくなったものは心からも消えてしまうのである。犬が一般に「事物」を挿入する傾向を有しないことは全く明らかである。私はここで私の同僚G・サンタヤナの書物の一節を引用しよう。

「犬が満足そうに鼻をくんくんいわせて嗅《か》ぎ廻っているとき、長いあいだ不在であった主人が帰ってきたのを見ても……なぜ主人が出かけたのか、なぜまた帰ってきたのか、なぜ自分は愛されるのか、あるいはまた、現に主人の足もとに寝そべっておりながらなぜ主人のことを忘れて唸《うな》ったり狩を夢みたりしはじめるのか、これらの理由をこの憐《あわ》れな動物は決してたずねはしない。これらの事実は全くの神秘であって、全く察しもつかないことである。そのような経験には変化があり、背景があり、また或る種の生き生きとしたリズムもある。この経験を物語ると、ディテュランボス調の詩歌になるほどである。それは全く霊感によって動いている、あらゆる出来事が摂理《せつり》に支配され、一つ一つの行動が即興的に行われる。絶対の自由と絶対の無力とが相合している。お前ら犬どもは神の恵《めぐ》みにすがりきっている、けれどもこの測《はか》り知れぬ摂理の働らきはお前たち自身の生命から識別されないのだ。……〔しかし〕この無秩序な劇中の姿どもにしても登場もするし退場もする、そして彼らの台詞渡《せりふわた》しは、注意を集中して出来事の秩序を記憶にとどめうる存在者によって、次第に発見されて行くことができるのである。……そのような理解が進むにつれて、経験の一つ一つの契機が他のものの結果であることが知られ、残りのものを予言するにいたる。人生の無風地帯は力に満たされ、その発作は資源にみち溢《あふ》れてくる。いかなる感動も精神を圧倒することはできない、どのような感動もその根柢ないし由来が全く蔽《おお》い隠されることはないからである。いかなる出来事も精神をかき乱してしまうことはできない、精神はそのかなたを見はるかしているからである。最悪の窮地を脱する手段が探し出されうるし、かつては冒険や不意の感動ばかりで満《み》たされていた瞬間瞬間が、今や、先だったことがらから教訓を引き出す余《よ》裕《ゆう》を与え、全体の筋がいかなるものでありうるか推察するにいたるのである[一]。」

（一）『理性的生活』の『常識における理性』 *The Life of Reason: Reason in Common Sense*, 1905, p. 59.

こんにちでもなお科学と哲学とはわれわれの経験のうちに空想的なものと実在するものとを分離しようと努力しているが、原始時代にはこの点に関してごく幼稚な区別しか行われなかった。人々は自分が生き生きと思い浮べたものはことごとくこれを信じたし、また夢と実在とを解きがたいまでに混同していたのである。われわれにとっては、このばあい「思惟」および「事物」という範疇は無くてはならぬものである。——現にわれわれは或る種の経験を実在であるとはしないで単に「思惟」と呼んでいるのである。先にいくつかの範疇を列挙したが、そのどれをとってみても、その使用が歴史的な起原をもち、だんだんとひろまって行ったと想像されないようなものは一つもない。

かの一つの時間は、われわれが皆それを信じかつあらゆる出来事がそこでそれぞれ一定の日附をもつものであり、かの一つの空間は、あらゆる事物がそこでそれぞれの位置を占めるものであって、これらの抽象的な概念による世界の統一は他に比類を見ないほどのものである。しかし概念として完成されたこのような形の時間および空間というものは、自然人の漠然たる無秩序な時間経験および空間経験とどれほど違っていることであろう。われわれに起こることはすべてそれ自身の持続と延長とをもっている、そして持続も延長もその限界線が「より以上の」持続と延長によって漠然ととり囲まれていて、これが次に起こってくるものの持続と延長のなかへ流れ込むのである。しかし、われわれはすぐに自分の占めている一定の方位を見失ってしまう。子供たちが過去全体をこねまぜてしまって昨日と一昨日との区別をつけかねるばかりでなく、われわれ大人でも、時間の経過が長い場合には同じような混乱に陥《おちい》ってしまうのである。空間の場合も同じことである。地図の上では私はロンドンやコンスタンティノープルや北京と私が現にいる場所との関係をはっきり知ることができるが、実際には、地図が象徴している事実を感ずることが全くできない。方角も距離もぼんやりして、混乱し入り混《まじ》ってしまうのである。カントは時間と空間が直観であるといったが、それどころか、宇宙的空間と宇宙的時間とは、科学の示しうるすべてのものと同じように、明らかに人為《じんい》的《てき》な構成物なのである。人類の大部分は決してこれらの概念を用いるものでなく、互いに浸透《しんとう》し入り乱れた複数の時間と空間のなかで生きているのである。

さらに、永続的な「事物」とか、「同一の」事物とそのさまざまな「現象」や「変化」とか、事物のいろいろな「種類」とか、最後に、この「種類」をつねに変らぬ事物という「主語」の「述語」として用いるにいたったこととか、先の表に録されたこれらの言葉は、いかにわれわれの経験の直接の流れといちじるしい多様さの縺《もつ》れを解きほぐし整《ととの》えてくれることであろう。しかもわれわれがこれらの概念的な道具を適用して現実に整序しうるものは、自己の経験の流れのきわめて小さい部分に限られている。これらの概念的な道具のなかでわれわれのもっとも未開の祖先が用いたものは、おそらく「同じものが再び」という概念だけであったであろう。そしてそれすらもきわめて漠然と不正確に用いられたに違いなかろう。しかし彼らがその概念を用いてはいても、もし諸君が彼らに向って、その同じものとは目に見えなかった間もずっと存続していた「事物」なのかどうかと問い質《ただ》したならば、彼らはおそらく当惑してしまって、そんなことは疑問に思ったこともなければ、ことがらをそんな風に考えてみたこともないと答えるに違いない。

種類、そして種類の同一性——これはわれわれが多のなかで進路をきり拓《ひら》くためになんという効用の巨大な思惟手段であろう。多が絶対的なものと考えられたことがあるかもしれない。経験はすべて単一なもので、いかなる経験も二度とは起こらなかったかもしれない。しかしそのような世界では論理学は適用されなかったに違いない。なぜならば、種類と種類の同一性ということが論理学の用いる唯一の道具であるからである。われわれが、およそ一つの種類に属するものはすべてその種類の属する種類にも属しているということをひとたび知るにいたったならば、われわれはあのお伽噺《とぎばなし》にある一股《ひとまた》で七リーグ歩けるという長靴をはいたも同然で、宇宙を端《はし》から端まで遍歴することができるのである。動物は確かにこのような抽象物を決して用いない、しかし文明人は多種多量にこれを用いているのである。

さらにまた、因果的影響！　これこそはノアの洪水《こうずい》以前からの概念であったように思われる。というのは、原始人でさえほとんどあらゆるものが意味をもち或る種の影響を及ぼすことができると考えていたことが知られるからである。よりいっそう明確な影響力の探求は、「誰が、あるいは何が責《せ》めを負《お》うべきか？」という疑問を発することから始まったように思われる——つまり、病気とか災難とか何か厄介なことが起こるごとにその責任者が問われたのである。これが中心になって、そこから因果的影響の探求が拡がって行った。ヒュームと「科学」はともにこの影響という概念を全く排除して、それとはまるきり異る「法則」という思惟手段をもって置きかえようと試《こころ》みた。しかし法則は比較的新しい発見にかかるものであって、常識の古い領土ではなお影響が主権を行使しているのである。

「可能的なもの」は現実的なものよりはより少いもの、全く非実在的なものよりはより多いものであるが、これがまた常識界の主要概念の一つである。このような諸概念は、諸君がそれをどう批判しようとも、存続してゆく。そして批判の圧迫がゆるむや否《いな》や、われわれはそこへ飛んで帰るのである。実体的なあるいは形而上学的《けいじじょうがくてき》な意味における「自我」とか「物体」など——それらの思惟形式の支配を何びとも脱するわけにはゆかない。実際生活においては、常識的な思惟手段がつねに勝を制するのである。ひとは皆、どれほど教育があろうとも、「事物」というものは恒常《こうじょう》な単位主体であって、そのもろもろの属性を代《かわ》る代る「支《ささ》える」ものであるとやはり常識的に考えているのである。より批判的な概念では、事物とは法則によって統一された感覚的諸性質の一群とされるが、このような批判的な概念を固定的に、あるいは心から信じて、用いる人などありはしない。われわれはこれらの諸範疇を手にしてわれわれの計画や設計を組み立て、遠い過去のすべての経験を眼前に横たわるものと結びつけるのである。この自然的な思惟の母国語にくらべると、その後のより批判的な哲学などは単なる気まぐれな考えにすぎず、空想でしかない。

かくして常識は、われわれが事物を理解するに当っての十分に確実な段階、すなわちわれわれの思惟の目的をじつに見事に達しさせてくれる段階であるように思われる。「事物」はわれわれがそれを見ていない時でも現存している。事物の「種類」もまた現存している。事物の「性質」は、それによって事物が働くもの、そしてわれわれがそれに働きかけるものであり、この性質もまた現存している。これらのランプは光というその性質をこの部屋にあるあらゆるものに注《そそ》ぎかける。われわれはいつなんどきでも不透明な幕をかかげさえすればそれを遮断《しやだん》することができる。諸君の耳に伝わるのは、私の唇から出る響きそのものである。われわれが卵をゆでている水のなかへ移り込むのは火から生ずる感覚的な熱である。われわれはこの熱を氷の塊《かたまり》のなかへ落して熱を冷に変えることもできる。ヨーロッパ人以外の人々はみな例外なく哲学のこの段階にとどまっている。この程度の哲学だけで、生活上必要なあらゆる実際の目的を満たすに足りるのである。われわれヨーロッパ人種のなかでさえも、常識が絶対的な真理であることにかつて疑いをさし挿《はさ》んだことがあるという者は、詭弁《きべん》の才にたけた人たち、バークリーのいわゆる学問ずれのした人たちばかりなのである。

しかしひるがえって、いかにして常識の諸範疇がその驚くべき覇権《はけん》を獲得するにいたったかについて思いめぐらしてみると、かなり最近になってからデモクリトスやバークリーやダーウィンに帰せらるべき諸概念が勝利をえるにいたったその過程と全く同じような過程によるものであったと考えても、あながち理由のないことではない。いいかえると、それらの諸範疇は、先史時代の天才たち――その人たちの名は古代の闇のなかに葬られてしまったが――によって次々と発見せられ、それが最初に適用された経験の直接的な事実によって験証せられ、それから事実から事実へ、人から人へと広まって行って、ついにあらゆる国語がそれに頼ることになり、そこでこんにちわれわれは別の言葉ではもはや自然な考え方をすることができないまでになった、と考えられるのである。このような見方は、ほかの研究領域でたいへん実り《みの》多いことの実証されている規則、すなわち、巨大で遠く離れたものは、われわれが直接に観察することのできる同じ種類の小規模で手近かなもののうちに働いている形成の法則に倣《なら》ってこれを考えてみるという規則に従っているだけのことである。

すべての功利的な実際的目的にとっては、これらの概念だけで十分なのである。しかし、これらの概念が特殊な問題に促《うなが》されて発見せられ、そしてただ徐々《じょじょ》に一つの物から他の物へと拡がって行ったということは、こんにちそれらの概念の適用される限界がはなはだ曖昧《あいまい》であることによって実証されているように思われる。われわれは或る目的のために、一様に流れる一つの「客観的な」時間というものを仮定している。しかしわれわれはそのような一様に流れる時間などというものを現実的に信ずることもできなければ、実感することもできはしない。「空間」の概念はそれほど漠然としてはいない。しかし「事物」はどうであろう。事物とは何であるか。星座は果して事物なのか？　また軍隊は？　あるいは空間とか正義とかのような理性の所産物は事物なのか？　一本のナイフは柄《え》と刃とを取り換《か》えても「同じ」ものであるのか？　ロックが真面目に論じているあの「神隠《かみがく》しの取換え児」は人「種」に属するのか？　「精神感応《せいしんかんのう》」は「空想」なのか「事実」なのか？　諸君がこれらの範疇の実際的な使い方（特殊な場合場合をとってみれば、その使い方はふつう十分に暗示されている）の範囲を踏み越えて、少し奇妙なあるいは思弁的《しべんてき》な考え方をしてみられるならば、やがて諸君はこれらの範疇のどれもが事実のどれだけの範囲内にだけ適用されるのかをはっきりいうことができなくなるのに気づかれるであろう。

逍遙学派《しょうようがくは》の哲学は、合理論的傾向をとったので、常識の諸範疇をはなはだ専門的かつ逐条的《ちくじょうてき》に取り扱って、これを永遠化しようと試みた。例えば、「事物」は存在である。存在とはそれに諸性質が「内属する」主体である。主体は実体である。もろもろの実体は或る種類に属している、そして種類は数がきまっていて、それぞれ別個のものである。この区別は根本的かつ永遠のものである、という風に。論議上の用語としてみれば、それらはいかにもたいへん有用なものであるに違いない、けれども、ただ論議を自分に有利な結論へ導いて行くために使われるというだけのことで、それを別にしてはこれらの言葉の意味するものは何もないように思われる。もし諸君が誰かスコラ哲学者をとらえて、諸属性の支持者であるということを別にして、実体とはそれ自身において何であるかと問い質《ただ》してみられるならば、彼は簡単に、君の知性がその語の意味するところを完全に知っている、と答えるだけであろう。

しかしながら、知性が明瞭に知っているものは単に言葉そのものとその言葉のもつ操縦的な機能だけである。そこから、自由奔放《ほんぽう》な知性たち、ただ好奇的で暇《ひま》な知性たちは、常識のレヴェルを見すて、一般的に思想の「批判的な」レヴェルとでも呼んでいいようなものを目指《めざ》して進むことになった。単にかのヒュームやバークリーやヘーゲルの類《たぐ》いのかかる知性たちばかりでない、かのガリレオ、ドールトン、ファラデーのごとき事実の実際的観察者たちまでが、常識の素朴な感覚的名辞《めいじ》を究極《きゅうきょく》の実在として取り扱うことは不可能だと考えるにいたった。常識はわれわれの途切《とぎ》れ途切れにあらわれる感覚の間へ恒常《こうじょう》な「事物」を補挿《ほそう》するが、同じように科学はその「第一」性質の世界、アトム、エーテル、磁場《じば》などを常識の世界の彼方に「外」挿するのである。そこで「事物」は目にも見えず触知もできないものになり、常識の認めるこれまでの目に見える事物は、これら見えないものの混合から出来ていると考えられてくる。あるいは別のいい方をすると、事物についての素朴な全概念が被免《ひめん》されて、事物とはただ、われわれの感覚の或るものが習慣的に継起したり共存したりするその結合の規則ないし法則を示す名前にほかならないと解釈されてくる。

　科学と批判的哲学とは、このようにして常識の境域を爆破する。科学は素朴実在論にとどめをさす。つまり「第二」性質は非実在的なものになり、第一性質だけが残るのである。批判哲学は一切のものを爆砕する。常識の範疇はそのことごとくがおよそ存在の仕方として何かを表わすことをやめてしまう。常識の範疇とは人間思想の崇高な手品、つまり手の施しようもない感覚の激流のまっただなかに立って途方に暮れているわれわれがそこから抜け出ようとする逃げ道でしかないことになる。

　ところが、批判的思想における科学的傾向は、最初は純知的な動機に促されたものであったが、はからずも全く予期せざる実際的効用の領野《りょうや》をきり開いて、われわれに驚嘆の目を見張らせることになった。ガリレオはわれわれに正確な時計と正確な砲術を与えてくれた。化学者たちは新しい医薬と染料でわれわれを潤《うるお》してくれた。アンペールとファラデーはニューヨークの地下鉄道やマルコーニ式電信をわれわれに贈《おく》ってくれた。これらの人々が発明した仮説的な事物は、彼らがそれを定義したようなものとして、感覚的に験証される多くの帰結を結んで、きわめて実《みの》り多いものであることを示しつつある。われわれの論理は、それらの仮説物から、それが一定の条件のもとにおかれると一定の帰結が生ずることを演繹《えんえき》することができる。そこで、われわれがその条件を作り出すことができるならば、たちどころに、その帰結がわれわれの眼の前に現われてくるのである。実際的な自然支配の範囲は、それが新たにわれわれの科学的な考え方の掌中《しょうちゅう》に委《ゆだ》ねられるにいたってから、常識に基づく旧来の自然支配の範囲を遙かに凌駕《りょうが》した。この増加率は次第に速度を加えていて、もはや何人もその限界を見究《みきわ》めることができない。人間の存在そのものが人間みずからの力によって打ちくだかれることになりはしないかとさえ恐れられるまでに立ちいたっているのである。すなわち、一個の有機体としての一定の人間性は、知性によって次第にその機能を発揮しうるにいたるであろうが、この増大してとどまることを知らぬ恐るべき機能、ほとんど神的なともいえる創造的機能の過労に果してよく堪えうるであろうかと恐れられるのである。ちょうど浴槽《よくそう》のなかの小児が、栓《せん》を開けて水を出しはしたものの、栓を閉めることができないで溺《おぼ》れ死ぬのと同じように、人間は自己の富に溺れて死ぬかもしれない。

　批判主義の哲学的段階は、消極的な面では科学的段階よりも遙かに徹底するにいたったが、それだけに実際的な力の面ではなんら新しい視野《しや》をわれわれに与えていない。ロック、ヒューム、バークリー、カント、ヘーゲル、彼らは皆、自然の局部局部に光を投ずるという点では、全く不毛であった。事実わたくしは、彼らの独得の思想から直接に生れたと思われるような発見ないし発明を何一つ考えることができない。バークリーのタール水にしても、カントの星雲説にしても、彼ら自身の哲学説とはなんのかかわりもないではないか。彼らがその信奉者に与える満足は知的なものであって、実際的なものではない。しかもじつはその知的な満足でさえが大きいマイナスの面をもっている、とわれわれは認めざるをえない。

このように見てくると、われわれの生きている世界についての考え方に少くとも三つの、特徴の著しいレヴェル、段階ないしタイプがあり、各段階の概念はそれぞれ一種の長所をもっていることがわかる。けれども、現在までのところでは、そのいずれかの段階が他の段階よりも絶対的により真であるということはできない。常識はより安定した段階である、それは最初に活動期に入ってすべての国語を味方につけたからである。常識と科学とどちらがより威厳のある段階であるかはめいめいの判断に委《まか》せてよかろう。しかし安定ということも威厳ということも真理の決定的な標識ではない。もし常識が真であるとしたら、なぜ科学は、われわれの世界がその生き生きとした関心のすべてをそれに負《お》うている第二性質に虚偽《きょぎ》の烙印《らくいん》を押し、その代りに、点とか曲線とか数学的方程式とかの見えない世界を発明しなければならなかったのか？　なぜ科学は、原因および能動性を「函数変化《かんすう》」の法則に変形する必要があったのであろうか？　大学仕《じ》こみの学者臭い常識の妹、スコラ哲学は、人類がつねに用いてきた話し方の諸形式を型にはめて限定し、それを永久に固定させようと試みたが、その甲斐がなかった。実体的諸形相（いいかえると、われわれの第二性質）は辛《かろ》うじて紀元一六〇〇年の頃まで生きのびたにすぎなかった。その頃には既に人々はそれに飽《あ》きはてていた、そこへガリレオが、またデカルトが、「新しい哲学」をひっさげてあらわれ、ほどなく彼らにとどめを刺《さ》してしまったのである。

ところでまた、もし微粒子《びりゅうし》とかエーテルの世界とか、科学の唱《とな》える新しい種類の「事物」が本質的により「真」であるとしたら、なぜそれらの事物が科学みずからの体内にあれほどの批判を惹き起こしたのであろうか？　科学的論理学者たちは、これらの本体とその限定とは、どれほど精密に考えても、文字どおりに実在するものとは見なしがたい、とこぞって主張している。それらは存在するかのようである。しかし実際には、それらは坐標や対数のようなもので、経験の流れの一つの部分から他の部分に移って行くための人工的な近道にすぎないのである。われわれはそれを使って効果的に運算することができる、それは驚くほどわれわれの役に立ってくれる、しかしわれわれはそれに騙《だま》されてはならないのである。

　これらの考え方のタイプのいずれが他よりも絶対的により真であるかを決めようとして互いに比較してみても、結論らしい結論は出てこない。それらの考え方の自然さ、知的経済性、実際的効果、これらがすべてその真実性を決する試験官として立ち上る、そのためにわれわれは混乱に陥《おちい》ってしまうのである。生活の或る領域にとっては常識が、他の領域にとっては科学が、また別の領域にとっては哲学的批判主義がよりよいのである。しかしいずれが他より絶対的により真であるかは神さまだけにしかわからない。私の見るところに誤りがなければ、マッハやオストヴァルトやデュエームのような人々の説く科学の哲学において、今しも、物理的自然の常識的な見方への奇妙な逆戻りが行われつつあるのが見られる。これらの学者によると、いかなる仮説も、それが実在の文字どおりの模写により近いという意味でなら、他のいずれの仮設よりもより真であるとはいわれない。それらの仮説はすべてわれわれの側での論じ方にすぎないのであって、それらを比較しようとすれば、その効用という見地からこれをおこなうほかはない。文字どおりに真なる唯一の事物は実在であり、われわれの知る唯一の実在は、これらの理論家にとっては、感覚的実在、すなわちわれわれの感覚と感情の流れなのである。「エネルギー」とは（オストヴァルトに従うと）、諸感覚が一定の仕方で測定されるとき現われるその姿（運動、熱、磁力、もしくは光、等々）にたいして与えられる集合名辞である。そのように諸感覚を量《はか》ることによって、われわれは諸感覚がわれわれに示す相関的な諸変化を、その単純さと人間の使用にたいする有効さとにおいて比類のない公式で、表わすことができる。この公式こそ思惟経済の占める最高の勝利なのである。

誰しもこの「エネルギーの」哲学に讃嘆を拒《こば》むわけにはゆかない。しかし微粒子とか波動とかの超感覚的本体の方が、エネルギー哲学の訴えにもかかわらず、大多数の物理学者や化学者によって採用されている。エネルギー哲学はあまりに経済的に過ぎて、十全たりえないのである。経済ではなく浪費こそ、つまりは実在の基調となるものであるかもしれない。

私はいまあまりに専門的な、通俗な講演には向きそうもない問題に立ち入ったようである。それに私にはこれを論ずるだけの資格も欠けている。しかしそれはとにかく、結論を述べることにしよう。それはこうである。われわれが自然的に、無反省的に認めている真理の概念、すなわち精神が出来合いの与えられた実在をただ単純に複写するという意味の真理概念はすべて事実上明瞭に理解しがたいものである。真理の所有を要求するさまざまなタイプの思想の間の論争を即座に裁決するに足《た》る簡単な標準というものは存在しない。常識、通俗科学ないし微粒子哲学、超批判的科学、あるいはエネルギー説、そして批判的もしくは観念論的哲学、いずれもどこかで真理として不十分だと思われるし、また不満足な点を残している。これほど大きい違いのある諸体系の紛争《ふんそう》は当然われわれに真理という観念そのものを検討させずにはおかない。現にわれわれは真理の語が何を意味するかについてなんら明確な観念をもっていないからである。次の講義で私はこの検討を試みたいと思うのであるが、今日の講義を終るにあたり、なお二、三附言しておきたい。

今回の講義でとくに記憶にとどめていただきたい点が二つばかりある。第一の点は常識に関してである。常識に疑いをさしはさむべき理由のあることは既に見てきたところである。すなわち、常識の範疇は大いに尊敬すべきものであり、また一般に広く用いられて国語の構造そのもののなかにまで織り込まれているほどであるにかかわらず、その範疇は結局は、われわれの祖先が太古の時代からこれを用いて直接経験の非連続性を統一し整序したもの、もしデモクリトスやアルキメデスやガリレオやバークリーやその他これらの人の模範によって振い立つにいたったずぬけた天才たちが非凡な知力を働かせなかったならば、きっと永久に続いたに違いないと思われるほど日常の実際的目的の要求を満しながら自然の表面と均衡を保つことのできたきわめて幸運な諸仮説（歴史的にいえば、少数の人によって発見ないし発明せられたものであるが、しかし徐々に伝達されて、万人に用いられるにいたった仮説）の集合でしかありえない、という疑いである。どうか、常識に関するこの疑いを心にとどめていただきたい。

第二の点はこうである。今まで論じてきたさまざまな思考のタイプは、いずれも或る一定の目的にたいしては申し分のないものであるにかかわらず、なお互いに相争い、いずれが絶対的な真実性を要求しうるともいえない。そのような種々の思考タイプが存在しているということは、われわれの理論が、神意の設定にかかる世界の謎を解く啓示《けいじ》とか霊知的解答とかいうものではなくして、むしろすべてが道具であり実在にたいする心の順応の様式であるとするプラグマティックな見解に有利な推定を呼び起こすことになりはしないであろうか。私は第二回目の講義においてこの見解をできるだけ明瞭に述べておいた。もちろん、現実の理論的状況が不安定であること、それぞれの思考のレヴェルが或る目的にたいしては価値をもっていること、いずれもが他を決定的に排斥しうるものでないということ、これらの事情はかかるプラグマティックな見解を暗示しているが、これについてはやがて次の講義で十分に納得《なっとく》のえられるように述べるつもりである。つまりは、真理というもののうちには何か曖昧《あいまい》なものがあるのではないであろうか?

第六講　プラグマティズムの真理観

クラーク・マックスウェルは、幼《おさな》いころ、なんでも一々説明を聞かずにはすまぬ癖《くせ》があって、或る事柄について曖昧な言葉だけの説明で打ち切られたりすると、もどかしげに「わかったよ、だけどホントノコトを話して欲しいんだよ」といって相手を遮《さえぎ》ったと伝えられている。もし彼の質問が真理に関するものであったとしたら、それをホントに彼に話してやれたのはプラグマティストだけであったであろう。この問題について唯一の筋道だった説明を与えてくれたのは、現代のプラグマティスト、とりわけシラー氏とデューイ氏とだけであると私は信じている。この問題はじつに厄介なもので、あらゆる種類の隙間《すきま》へ細かい支根を張りめぐらしていて、公開講演だけにふさわしい大ざっぱなやり方ではとうてい論じがたい。しかしながらシラー・デューイ的真理観は合理的哲学者たちから猛烈な攻撃を加えられ、またひどい誤解を受けているので、この好機を利用して、簡単明瞭な説明をしておきたいと思う。

プラグマティズム的真理観も、およそ一個の理論の辿らねばならぬ伝統的な諸段階の行路を通過しなければなるまいと私は思っている。ご存じのとおり、新しい理論があらわれると、まず、不合理だといって攻撃される。次に、それは真理だと認められるが、わかり切ったことで取るに足らないことだといわれる。最後に、それはきわめて重要なものになって、初めそれに反対した人々も、その理論は自分たちが発見したのだといい張るまでになってくる。われわれの真理説は、現在のところ、以上三つの段階のうち第一の段階にあるが、ところどころに第二段階の兆《きざ》しも見えてきている。私はこの講義がこの学説をして第一段階を越えさせる助けになったと多数の諸君に認められるようであればいいと願っている。

どんな辞書を見てもおわかりになる通り、真理とはわれわれの或る観念の性質である。虚偽が観念と実在との不一致を意味するように、真理は観念と「実在」との「一致」を意味している。プラグマティストと主知主義者とはどちらもこの定義を自明のこととして承認する。ただ、「一致」という名辞が正確には何を意味するか、そして実在がそれにわれわれの観念の一致すべきものといわれるとき、この「実在」という名辞は何を意味するのか、ということについて問題が提起されると、両者の論争がはじまるのである。

これらの問題に答えるにあたって、プラグマティストはより分析的でより慎重《しんちょう》であり、主知主義者はより無造作《むぞうさ》でより無反省的である。一般には、真の観念はその実在を模写しなければならぬ、と考えられている。他の一般の見解と同じく、この考えももっともふつうな経験の類推に従っている。感覚的な事物についてのわれわれの真の観念はまさしくその事物を模写している。試みに、眼をつむって向うの壁にかかっている時計を考えて見られよ、そしたら諸君はまさしく時計の文字盤《ダイヤル》の真の像ないし模写《コピー》を思い浮べられる。しかし時計の「仕掛け」についての諸君の観念は、（時計屋さんなら別であるが）なかなか模写とまではならない。けれどもその観念は決して実在と抵触《ていしょく》しないから、それで結構まに合って行くのである。かりにその観念がただ「仕掛《しか》け」という言葉だけに縮小したとしても、その言葉はそれでもなお真として諸君に役立つのである。ところが時計の「時間測定作用」しか、ゼンマイの「弾力性」とかとなると、諸君の観念が何を模写しうるかを正確に知ることはむつかしい。

ここに問題があるのだ、ということに諸君は気づかれるはずである。われわれの観念がその対象を正確に模写しえない場合、その対象との一致ということは何を意味するであろうか？　或る観念論者は、われわれが神の意にしたがってその対象をどうしてもそう考えざるをえないような観念であれば、その観念はつねに真である、と主張しているようである。また他の観念論者はあくまでも模写説を固守して、われわれの観念は絶対者の永遠なる考え方の模写であることに近づく度合に比例してそれだけ真理を所有している、という風に説いている。

　これらの見解はプラグマティックな論議を誘発せずにはおかない。ところで、主知主義者の大きい仮定となっているのは、真理は本質的に不活動な静的な関係を意味する、ということである。そこでもし諸君が何ものかについて真の観念をえてしまったとすると、それでもうおしまいなのである。諸君は真理を所有している。諸君は認識している。諸君は諸君の思惟するという運命を成就《じょうじゅ》してしまったのである。諸君は諸君の心のまさにあるべきところにある。諸君は諸君の絶対的命令に服してしまった。だから諸君の理性的存在としての運命の最高の段階に達したからには、もはや上るべき段階はないのである。認識論的に見れば、諸君は安定した均衡の状態にあるのである。

　これに反してプラグマティズムは例のお得意の質問を発していう。「ひとつの観念ないし信念が真であると認めると、その真であることからわれわれの現実生活においていかなる具体的な差異が生じてくるであろうか？　その真理はいかに実現されるであろうか？　信念が間違っている場合にえられる経験とどのような経験の異りがでてくるであろうか？　つづめていえば、経験界の通貨にしてその真理の現金価値はどれだけなのか？」

プラグマティズムは、この疑問を発するや否や、こう答える。真の観念とはわれわれが同化し、効力あらしめ、確認しそして験証することのできる観念である。偽なる観念とはそうできない観念である。これが真の観念をもつことからわれわれに生ずる実際的な差異である。したがってそれが真理の意味である。それが真理が真理として知られるすべてであるからである。

この提言を私は今から弁護してゆかねばならぬ。ひとつの観念の真理とはその観念に内属する動かぬ性質などではない。真理は観念に起こってくるのである。それは真となるのである。出来事によって真となされるのである。真理の真理性は、事実において、ひとつの出来事、ひとつの過程たるにある、すなわち、真理が自己みずからを真理となして行く過程、真理の真理化*の過程たるにある。真理の効力とは真理の効力化の過程なのである。

しかし真理化とか効力化とかいう語そのものはプラグマティックに何を意味するのか？　これらの語がまた真理化され効力化された観念の或る実際的な帰結という意味をもっている。この帰結を特徴づける言葉として、あの普通に行われている一致の公式より以上に適切な文句は見出しがたい——実際、われわれの観念が実在と「一致する」というときはいつでも、まさにそのような帰結が思い浮べられているのである。すなわち、われわれの観念は行為を通して、また行為の促《うなが》してくる他の観念を通して、経験の他の部分のなかへ、あるいはその部分まで、あるいはその部分へ向けて、われわれを導いて行く、しかもその間じゅうわれわれは元の観念がその導いて行った経験と一致していると感ずる——そういう感じはわれわれに潜在している——のである。両者の連絡と一から他への推移は逐次《ちくじ》に前進し、調和を加え、満足感を増しながら、われわれの前にあらわれてくる。この一致をもたらす導きの機能こそ、観念の真理化ということの意味なのである。このような説明は漠然としていて、初めはまるでつまらぬものに聞こえるかもしれないが、その説明には今日の時間の残り全部を費《つい》やさねばならぬほどのさまざまな結果を招くものなのである。

まず最初に思い出していただきたいのは、真の思想を所有するということは、いついかなる場合でも、行為のための貴重な道具を所有していることだという事実である。さらに、真理を獲得するというわれわれの義務は、碧空《あおぞら》から降る空白な命令とかわれわれの知性が好んで演ずる「妙技」とかなどではさらになく、すぐれた実際的な理由によって説明されうるという事実である。

いろんな事実について真の信念をもつことが人間生活にとって重要であることは、あまりにも明白なことである。われわれは限りなく有用とも限りなく有害ともなりうる諸実在の世界に生きている。それらの実在のいずれに望みを嘱《しょく》すべきかをわれわれに告げてくれる観念が、これら第一義的な真理化の領域においては、真の観念と見なされ、そしてかかる観念を追求するのが第一義的な人間の義務なのである。真理を所有するということは、この場合それ自身で目的であるどころか、他の必須《ひっしゅ》な満足を得るための予備的な手段であるに過ぎない。もし私が森のなかで道を見失って餓《が》死しようとしているとき、牝牛の通《かよ》った小路らしいものを発見したとすれば、その道を辿って行けばそのはずれに人間の住み家があるに違いないと考えるのは、きわめて重大なことである。なぜならば、私がそう考えてその道に従って行けば私はわが身を救うことになるからである。このばあい真の思考が有用であるのは、その思考の対象である家が有用だからである。このようにして真の観念の実際的価値は、第一義的には、その対象がわれわれにたいして有する実際的な重要さから由来する。実際、その対象はいつでも重要なわけではない、他の場合には私は家を必要としないかもしれないのである。このような場合には、家の観念は、たとえ真理化されえようとも、実際的には的《まと》はずれなものであって、むしろ隠れて見えないでいる方がよいのである。けれども、いかなる対象でもたいていはいつかは一時的に重要となることがあるものであるから、余計な真理、つまり事情によっては真理となるかもしれないというだけの観念、を広く貯《たくわ》えておくことの利益はいうまでもない。われわれはこのような余計な真理をわれわれの記憶の片隅《かたすみ》に貯えている。われわれの参考書はかかる貯えの過剰で満たされているのである。そのような余計な真理が実際にいざ必要となると、それは冷蔵庫から取り出されて現実世界で働くことになり、それにたいするわれわれの信念が活動しはじめる。そのとき諸君はその真理について、「それは真理であるから有用である」ともいえるし、また「それは有用であるから真理である」ともいえる。これら二つのいい方は正確に同じことを、すなわち、これこそ充足され真理化されうる観念だ、ということを意味している。真とは、いかなる観念にせよ真理化の過程を惹き起こすような観念の名であり、有用とは、その観念が経験のうちで真理化の作用を完成したことを表《あら》わす名なのである。もし真の観念というものが最初からこのような仕方で有用であったのでなかったら、それは真の観念として他の多くの観念のなかから特に択《え》り抜かれることは決してなかったであろうし、また一つの類としての名を、少くとも価値を暗示するような名を、獲得することもなかったであろう。

このごく単純な暗示からプラグマティズムはその一般的な真理観を得ているのであって、その真理とは、われわれの経験における一契機《いちけいき》が導き行かれてよいだけの価値のある他の諸契機に向ってわれわれを導いて行くことのできるような方法と本質的に不離の関係にあるものなのである。第一義的には、そして常識のレヴェルにおいては、心の状態の真理とは、導かれて行く価値のある方向へわれわれを導いて行くというこの機能をいうのである。われわれの経験における一契機が、それがいかなる種類のものであろうと、或る真の思想をわれわれに吹き込むというのは、つまり晩《おそ》かれ早かれわれわれがその思想に指導されて再び特殊な経験に浸《ひた》り、それらの経験と有利な連絡を結ぶということなのである。はなはだ漠然とした説明であったが、これは本質的なことであるから、よく心にとどめておいていただきたい。

それはそれとして、われわれの経験はすべて整然たる秩序に打ち貫《つらぬ》かれている。一片の経験は他の来るべき一片の経験に備えるようわれわれに警告することができ、遠くにある対象を「志向」したり、それに「意味づけ」たりすることができる。その対象が出現することはこの意味づけの真理化なのである。これらの場合において、真理とは、真理化の実現にほかならないから、われわれの側の気まぐれと一致しないことはいうまでもない。経験において諸実在は秩序に従っているにかかわらず、この秩序にたいして自己の信念のぐらついている人は悲しいかな。そのような信念は彼をどこへも導き行かないであろうし、導いたとしても、虚偽の連絡を結ばせることであろう。

ここで「実在」とか「対象」とかいうのは、常識でいう事物すなわち感覚に現われてくる物、あるいはその他の常識的な諸関係、例えば日時、場所、距離、種類、活動などのことである。牛の通った小路を辿って行けば一軒の家があると頭で考えてその家の心象に従って行くと、われわれは現実にその家に辿りつく。つまりわれわれはその心象の十分な真理化を得る。そのような単純かつ十分に真理化された導きが確かに真理過程の本源であり原型なのである。もちろん経験は他の諸形式の真理過程をも示しはする、しかしそれらの形式のものはすべて、第一義的な真理化が阻止《そし》されたり、複雑になったり、互いに置きかえられたり、したものと考えられるのである。

例として、向うの壁にかかっている対象《もの》をとってみよう。諸君も私もそれが「時計」であると思っている、しかしそれでいてわれわれの誰一人それを時計たらしめている隠れた仕掛《しか》けを見たわけではないのである。しかもわれわれは験証しようと試みもしないでわれわれの考えを真であるとして通用させるのである。もし真理が本質的に真理化の過程を意味するのならば、それならこのような験証されていない真理は未熟なものといわれねばならないのではないか？ 決してそうではない、なぜならば、真理の圧倒的な多数はそのような験証されていない真理なのであって、われわれはそれを頼りに生きているのだからである。間接の験証も直接の験証もひとしなみにパスして行く。周囲の情況から推定できる証拠が十分であれば、一々目で見とどけるにはあたらぬのである。行ってみたこともないのに、日本が存在していると、ここにいるわれわれは推定している、われわれの知っているかぎりのことがことごとくその信念に組してなんらの妨げもしないから、つまり、日本の存在がそう推定させるからである。壁にかかっている物が時計であるとわれわれが推定するのも、ちょうどそれと同じなのである。われわれはそれを時計として用い、それによって講義の長さを加減する。この場合におけるその推定の験証とは、その推定がなんらの頓挫《とんざ》あるいは矛盾《むじゅん》に導かないということである。歯車や分銅《ふんどう》や振子《ふりこ》が験証されうるということは験証されているのと同然なのである。完結した真理過程は一つであるに反して、われわれの生活のうちには、発育中の状態のままで作用しつつあるものが無数にあるのである。これら発育中の真理過程はわれわれを直接の真理化へ向わせ、それらが目指《めざ》すそれぞれの対象の周辺へわれわれを導いて行く。しかしそのとき、もし万事が調子よく進むならば、われわれは験証の可能なことを確信して、直接の験証を省略する、そしてふつうわれわれは起こってくるあらゆる出来事によってこの省略を是認《ぜにん》されているのである。

まことに真理は大部分が一種の信用組織によって生きている。われわれの思想や信念は、それを拒否するものがないかぎり、「通用する」。それはちょうど銀行手形がそれを拒《こば》む人のないかぎり通用するのと同じである。しかしこのことはすべて、どこかへ行けば目の前にじかに験証が見られるという黙契《もくけい》の上に成り立っているのであって、もしこの験証がなければ、かかる真理の構築は、なんら現金保有の裏づけをもたない金融組織と同じように、たちまち倒壊してしまう。諸君は或ることについて私の験証を受け容《い》れられるし、私は他のことについて諸君の験証を受け容れる。われわれはお互いにお互いの真理を取り引きしているのである。しかしかかる全上部建築の支柱となっているのは、誰かによって具体的に験証された信念なのである。

日常生活において一々完全な験証をしなくてもすむも一つの大きな理由は——時間の経済ということのほかに——すべての事物が種類をなして存在し、単独に存在していないということである。われわれの世界というものはとにかくそのような特殊性をもつように作られているのである。それだから、われわれがひとつの種類に属する一つの実例についてわれわれの観念をひとたび直接に験証したならば、われわれは一々験証のし直しをしなくともその観念を他のもろもろの例にあてはめて差し支えないと考える。或る事物に出会うとすぐそれの属する種類をいつでも識別し、験証の手間《てま》をかけずに即座にその種類の法則に従って行動するというような心は、百ぺん危急にのぞんで九十九度までは過《あやま》つことのない「真の心」であるといえよう。事実そのような心のおこなうところは何ごとに出会ってもよくそれに適合し、決して過つことがないからである。

間接的にあるいはただ可能的に験証する過程はそれ故に十分な験証過程と同様に真であることができる。そのような験証過程は真なる験証過程と同じようにはたらき、同じ利益をわれわれに与え、そして同じ理由でわれわれの承認を求めるのである。以上はすべて、事実を常識のレヴェルに限って考察してきたのである。

しかしながら、事実だけがわれわれの取引商品なのではない。純粋に心的な諸観念の間の関係がまた別の領域を形づくっており、ここでも真の信念と偽《にせ》の信念とが通用する、しかもここでは信念は絶対的あるいは無条件的である。この関係が真であるとき、それは定義と名づけられ、あるいはまた原理の名をもって呼ばれる。一に一を加えると二になる、二と一の和は三である、などど、また白と灰色の差は白と黒の差より少い、原因がはたらきだすと結果もはじまる、などというのは原理もしくは定義である。そのような命題は、可能なるすべての「一」、考えられるすべての「白」、「灰色」、「原因」に妥当《だとう》する。ここでの対象は心的な対象である。この対象相互の関係は一目で明らかに知られるものじ、感覚の験証をなんら必要としない。その上に、同一の心的対象について一度真であることはつねに真である。真理はここでは「永遠の」性格をもっている。もし諸君がどこかでひとつの具体的な「一つ」のもの、あるいは「白い」もの、あるいは「灰色の」もの、あるいは「結果」を見出すことができるならば、そのとき諸君の原理はそれらの具体物に永久に当てはまるであろう。これは種類を確かめてその種類の法則を特殊な対象に適用する場合にほかならない。もし諸君にその種類を正しく命名することができさえすれば、諸君は確かに真理をうることができる。なぜならば、諸君の心的関係はその種類に属するあらゆるものに例外なくぴったり当てはまるからである。それにもかかわらず、もし諸君がそのとき真理を具体的に摑《つか》みそこねたとしたら、諸君は諸君の現実的な対象の分類を誤ったのだ、といわねばならないであろう。

　この心的関係の領域においても、また真理は導きの問題である。われわれは一つの抽象的観念を他の抽象的観念と関係させ、かくしてついに論理的真理や数学的真理の大いなる諸体系を組み立てる。そしてこれら諸体系のそれぞれの名辞のもとに経験界の感覚的事物は結局において配置されることになる。それだから、われわれの永遠の真理はよく諸実在にも当てはまるのである。事実と理論とのこの結婚は果《は》てしなく子孫を生《う》みつけてゆく。われわれがいまいうことは、もしわれわれがわれわれの対象を正しく包摂しているならば、特殊な験証に先だって、それをいうこの瞬間すでに、真なのである。ありとあらゆる種類の対象を包みうるような枠《わく》がすでに理想的にわれわれに出来上っているということは、われわれの思考の構造そのものに由《よ》るのである。われわれがこれらの抽象的な諸関係を勝手気ままに扱いえないのは感覚的経験にたいすると少しも異らない。抽象的関係はわれわれを強制する、われわれはこの抽象的関係を、その結果を欲すると欲しないにかかわりなく、矛盾なく取り扱わねばならない。加《くゎ》え算《ざん》の規則はわれわれの借金にも財産にも等しく厳格に適用されるのである。円周率 π の小数点下百番目の数は、誰も計算したものはないであろうが、現に理想的に予定されている。もしいつか現実の円を取り扱うことになってその数字が必要になったとしたら、われわれはその数字を正確に計算し出さねばならないであろうが、この計算は通常の規則に従ってなされるのである。現実の円の真理は通常の規則によって他の場合に計算し出される真理と同一種類の真理だからである。

感覚的秩序の強制と理想的秩序の強制との間に、われわれの心はこのようにいわば抜き差しならず押し込められているのである。実在物が具体的であろうと抽象的であろうと、それが事実であろうと原理であろうと、われわれの観念はそれと一致しなくてはならない。そうでなければ、限りない矛盾と齟齬《そご》に陥《おちい》るほかないであろう。

ここまでは主知主義者もなんら抗議をもち出すことができない。彼らのいいうることは、たかだか、われわれプラグマティストは僅かに問題の表皮《ひょうひ》に触《ふ》れたに過ぎぬ、というくらいのことである。

実在物とは、そこで具体的な事実であるか、あるいは事物の抽象的な種類および事物間に直観的に認められる関係のことであるが、さらに第三に、すでにわれわれの所有となっている他の真理の全体を意味する。そしてこれもわれわれの新しい観念がひとしく度外視《どがいし》することを許されないものである。しかし、――また例のありきたりの定義を使うことになるが――このような三様の実在との「一致」とはいったい何を意味するのであろうか？

プラグマティズムと主知主義とが袂《たもと》を分ちはじめるのはこの点なのである。第一義的には、もちろん、一致するとは模写することを意味する、しかし既に見たように、単なる「時計」という言葉だけで時計の仕掛《しかけ》の心象の代りとなりうるし、また多くの実在についてわれわれの観念はその象徴でありうるばかりで、その模写ではありえない。「過去」、「力」、「自発性」――このような実在をわれわれの心はどうして模写しえようか?

実在と一致するということは、もっとも広い意味では、まっすぐに実在まで、あるいは実在の周辺まで導かれるということか、それとも、実在ないし実在と結びついた何物かを、一致しない場合よりもよりよく扱えるような実在との作業的な接触にひきいれられるということか、そのいずれかを意味しうるばかりである。よりよく扱えるような、といったが、これは知的にもまた実際的にもそうなのである。またしばしば、一致ということは、われわれの観念がわれわれをどこかに導いてゆこうとするその道筋を妨害するような矛盾が、実在そのものの側からは、なんら出てこないという消極的な事実しか意味しないことがある。実在を模写することは、たしかに、実在と一致するはなはだ重要な仕方ではあるが、しかし決して本質的なものではない。本質的なことは、導かれる過程ということである。われわれが実在ないしその附属物を実際的あるいは知的に取り扱うのに役立ってくれるような観念、われわれの前進を妨害して頓挫《とんざ》させるようなことのない観念、実際にわれわれの生活を実在の仕《し》組《く》み全体に適合させ適応せしめるような観念は、導きの過程というこの要求を満たすに足りるであろう。そのような観念はその実在について真に妥《だ》当《とう》するものであろう。

このようにして、ものの名前も一定の心象と同じように「真」あるいは「偽」である。名前も同じような験証過程を生じ、全く同等の実際的結果を導くのである。

すべて人間の思考は弘《ひろ》められるものである。われわれは互いに観念の交換を行なう。われわれは験証をひとに貸したりひとから借りたりする、つまり社交という手段によってお互いに験証を融通《ゆうずう》し合うのである。こうしてすべての真理は言葉として築《きず》き上げられ貯《たくわ》えられ、そしてあらゆる人間に役立つものになる、それだから、われわれは矛盾なく考えねばならぬと同様に矛盾なく話さねばならない。なぜかというに、話しにおいても考えにおいても、われわれは種類を取り扱うのだからである。ものの名前というものは気まぐれではあるが、しかしひとたび一定の意味に解されたならば、その意味で貫《つらぬ》かれなくてはならない。現にわれわれはアベルを「カイン」と呼んだり、カインを「アベル」と呼んだりすることを許されないのである。もしそう呼ぶならば、われわれは創世記の全巻とちぐはぐになって、それがこんにちにいたるまで保っている言語および事実の世界とのあらゆる繋《つな》がりと喰《く》い違ってしまう。われわれは言語および事実の全体系が体現していると考えられるどのような真理からも追放されることになる。

われわれの有する真の観念の圧倒的な大多数は直接的なあるいは面接的な験証を許さない――例えば、カインとアベルというような過去の歴史にかかわる観念がそれである。時の流れというものはただ言葉によってのみ再びもとに遡《さかのぼ》りうるばかりである。あるいは過去が包蔵していたものの現在における延長ないし結果によって間接的に験証されるほかない。しかしもしわれわれの観念がこれらの言語形式や結果に一致するならば、われわれは過去についてのわれわれの観念が真であることを知ることができる。過去の時そのものが真にあったと同様に、ユリウス・カエサルも、ノアの洪水以前の怪獣どもも、すべてそれぞれの生存した年月と環境どおりに、存在したのである。過去の時代そのものが存在したことは、それが現在あるあらゆるものと緊密な関連を保っていることによって保証されている。現在が真であるように、過去もまた真であったのである。

このようにして、一致とは本質的に導きの問題であることがわかる——この導きは、重要な諸対象を含む地域への導きであるがゆえに、有用である。真の観念というものは、われわれを直接に有用な感覚的目的物へ導いてくれると同じように、有用な言語的および概念的な地域へわれわれを導いてくれるのである。それは調和と安定と和《なご》やかな人間交際へと導いてくれる。それは突《とっ》飛《ぴ》さや孤立の外へ、でたらめな不毛な思考の外へ連れ出してくれる。この導きの過程が滞《とどこお》りなく流れて行くこと、それが一般に撞着《どうちゃく》や矛盾から自由であること、このこと自体がその間接的な験証と考えられるのである。しかしすべての道はローマに通じている、だから結局、すべて真の過程は、誰かの観念がどこかで模写した直接験証的な感覚的経験の面前に通じているはずである。

ごく大まかではあるが、これが一致という言葉にたいするプラグマティストの解釈の仕方である。プラグマティストはこの語を全く実際的に取り扱う。彼は現在ある観念から未来の目的物にいたるあらゆる過程に、この過程が都《つ》合《ごう》よく進行しさえすれば、この語を適用する。「科学的」観念にしても、もちろんそれは常識の限界を飛び越えてはいるが、それが実在と一致するといわれることのできるのは、ただ以上の意味においてのみである。既にいったように、実在はエーテルとかアトムとかエレクトロンとかから出来ているかのように考えられている、しかしわれわれはそれを文字どおりにそう考えてはならない。「エネルギー」という名辞《めいじ》は、何か「客観的な」ものをあらわすつもりのものではない。それは現象の諸変化を一括して単純な公式にし、そうして現象の表面を測定しようとするひとつの方法に過ぎないのである。

けれどもこれらの人為《じんい》的《てき》な公式を選択するにあたって、もしわれわれが気まぐれであるならば、必ずその報《むく》いを受けなくてはならない。それは常識的な実際生活のレヴェルにおいて気まぐれでありえないのと同じことである。われわれははたらいてくれる理論を見出さなくてはならない。しかしこれはきわめて困難なことである。なぜかというに、われわれの理論は、すべての以前の真理と或る新しい経験とを媒介《ばいかい》しなければならないからである。それは常識と以前の信念とをできるだけ攪乱《かくらん》しないでおかねばならぬ。そして正確に験証されることのできるいずれかの感覚的な目的物へ導かねばならない。「はたらく」というのはこの二つのことをいうのである。両者の結びつきはきわめて緊密なので、いかなる新しい仮説も容易には割り込むことができない。われわれの理論は他に比類を見ないほど楔《くさび》で締《し》められ、統制されている。けれども時おり、二つの理論的公式がわれわれの知っているすべての真理に等しく適合して、二者択一《たくいつ》を迫ることがある。そのときわれわれは主観的理由によってその一つを選ぶ。つまり既に偏愛《へんあい》している方の種類の理論をわれわれは選ぶ。「優雅」か「経済」かのいずれかに従うのである。クラーク・マックスウェルはどこかで、等しく十分に立証された二つの概念のうち、より複雑な方を選ぶのは「あわれな科学的趣味」である、といっているが、諸君もみな彼の意見に賛成されるであろう。科学上の真理はわれわれに、好みをも含む最高度の満足を与えてくれるのである。しかし以前の真理と新奇な事実との両者と矛盾しないということがつねにもっとも緊要な要請《ようせい》なのである。

私はこれまで諸君を荒涼《こうりょう》たる砂漠を通らせてきたが、しかし今やっとわれわれは、こんな俗な表現を許していただけるなら、椰子《やし》の実《み》の果汁を味うところに辿りついたわけである。わが合理論的立場の批評家たちは、ここぞとばかり、彼らの砲火をわれわれの頭上に浴びせかけてくる、ところが、彼らにたいする応酬《おうしゅう》が、われわれを乾燥無味《かんそうむみ》な砂漠から連れ出して、重大な哲学上の二者択一をくまなく照し出してくれることになるであろう。

われわれの説く真理は、複数の真理、導きのもろもろの過程であり、具体的な事物のうちに実現せられていて、報いてくれるという特質だけしか共有しない真理である。これらの真理はひとつの体系の或る部分のなかへ、ないしはその方向へ、われわれを案内するという報いをしてくれるが、その体系は多くの点で感覚知覚のなかへもぐり込んでおり、さらにこの感覚知覚はわれわれの心がこれを模写することも模写しないこともあるが、いずれにしても、われわれは現にそれにたいして漠然と験証と名づけられてよいような種類の交《まじわ》りの状態にあるのである。われわれにとって真理が単に験証過程をあらわす集合名称に過ぎないのは、ちょうど健《すこや》かさとか豊かさとか強さとかが生活と結びついた他の諸過程をあらわす名前であり、またそれらを追求することが報いてくれるがゆえに追求されるのと同じことである。真理は、健かさや豊かさや強さと同じように経験の経過するうちに作られるのである。

こういえば、合理論は機を逸せず武器を取って立ち上り、われわれに襲いかかってくる。合理論者の誰かが次のように語るのが私には想像できるのである。

「真理は作られるのではない。真理は絶対的に妥当《だとう》するのであって、なんら過程などに仕《つか》えることなく経験の頭上をまっしぐらに飛び越えて、狙《ねら》った実在にいつでも命中する独自な関係である。向うの壁にかかっているものが時計であるというわれわれの信念は、世界の全歴史を通じて誰一人それを験証したものがなくとも、既に真理である。験証があろうとなかろうと、かかる超越的な関係に立っているという特性だけで、それを所有する思想はすべて真理なのである。君たちプラグマティストは真理の存在を過験証程にあるとするが、それは馬の前に荷車をおく類《たぐ》いの本末顚倒《ほんまつてんとう》である。験証過程は真理の存在のしるしに過ぎない、事実を確める不十分な仕方でしかない、しかもこの事実は既にわれわれの観念のもつふしぎな特質を所有していたのである。この特質そのものは、すべての本質や本性と同様に、無時間的なものである。思想というものは、虚偽や錯誤《さくご》にあずかることがあるように、この特質に直接あずかっている。この特質をいくら分析したところで、そこからプラグマティックな帰結などが出てくるものではない。」

このような合理論者のいかにも尤《もっと》もらしい気焔《きえん》がすべていかなる事実から出てくるのか、その事実には既にわれわれは非常な注意を払ってきた。すなわち、われわれの世界では、同じような種類に属する事物が夥《おびただ》しくあり、かつそれらが同じような風につながり合っているから、一つのものについてなされた験証はその種類の他のものにも役立つのである。そして事物を知ることの大きい効用の一つは、その事物そのものに導かれるということよりも、その事物の仲間たち、とくにこれについての人間の談話に導かれるということにある。そこで事物に先だって妥当《だとう》するという真理の特質は、プラグマティックに見れば、そのような世界においては無数の観念がその直接な現実的な験証によるよりもむしろ間接の、あるいは可能的な験証による方がよりよくはたらくという事実を意味している。してみると、事物に先だつ真理とは、単に験証可能性をいうにすぎない、あるいは、具体的な現象的実在の名を独立な先天的な本体として扱い、この本体を実在の背後に据《す》えて実在の説明たらしめようとするあの合理論者の常套的《じょうとうてき》なトリックの一つの場合だといってもよかろう。マッハ教授はどこかでレッシングの警句を引用している。

おしゃまなハンスがいとこのフリッツにいうことにゃ、

「フリッツ兄さん、なぜでしょう、

世界中での豊富者《かねもち》が、
いちばんお金をもつなんて?」

おしゃまなハンスはここで「豊富」*という原理を、人が富者《かねもち》であるということによって示される諸事実とは何か違ったものと見なしている。豊富《ゆたかさ》はそれらの諸事実に先立っている、それらの事実は富者の本質的な性質といわば第二義的に合致《がっち》するに過ぎないのである。

「豊富」(wealth)の場合なら、誤謬《ごびゅう》がすぐわかる。豊富とは或る人々の生活がいとなまれている具体的な過程をあらわす名でしかなく、ロックフェラー氏やカーネギー氏には見出されるがわれわれ残りのものには見られないといった自然的な優越さをいうのではない。

豊かさと同じく、健康《すこやかさ》(health)も具体的な事物のなかに生きている。それは消化とか血液の循環とか睡眠とかの諸過程が順調に運んでいることをあらわす名なのである。尤もこの場合には、とかくわれわれは健康を何か原理ででもあるかのように考えて、健康だからよく消化しよく眠るなどといいがちではあるが。

「強さ」(strength)となると、われわれはなおいっそう合理論者風な考え方になって、それを人間のなかに先在する優越さ、筋肉の逞《たくま》しいいとなみで説明のつく優越さかなにかのように見なす傾向がはっきりしているように思われる。

「真理《まこと》」(truth)となると、大部分の人が境界を全くとび越えて、合理論的な説明を自明なこととして取り扱う。しかしさ(th)の語尾をもつこれらの言葉はすべて全く同類で、真理は他のものと同じように事物に先だって存在するしまた存在しないのである

スコラ哲学者たちは、アリストテレスにならって、習慣と活動との区別を重要視した。現に働

いている健《すこや》かさとは、なかんずく、よく眠りよく消化することである。しかし健かな人だからといって、いつもよく眠りよく消化するとは限らない、それは豊かな人がつねに金銭をいじる必要がなく、また強い人がいつも重いものを持ち上げている必要がないのと同様である。すべてそのような性質は、それが働いている時と時との間《あいま》は、「習慣」の状態に沈下する。それと同じように真理も、われわれの観念や信念が験証活動を休んでいる間に、観念や信念の習慣となる。しかしこれらの活動こそ全体の根本であり、休止の間に習慣が生ずる条件でもある。

「真なるもの」とは、ごく簡単にいえば、われわれの考え方の促進剤に過ぎないので、それは「正義」がわれわれの行い方の促進剤に過ぎないのと同様である。ほとんどどんな考え方についてみても促進剤なのである、結局において、また全体の過程を通じて促進剤なのである。なぜかといえば、眼の前のすべての経験に促進的に応ずるものは、必ずしも将来のすべての経験にも同じ程度の満足を与えるとは限らないからである。われわれの知るように、経験というものはさまざまな風に煮えこぼれるもので、われわれに現在の方式をさまざまに修正させてゆくものである。

「絶対的に」真なるものとは、将来の経験が決して変えることのないものを意味し、われわれの一時的な真理がことごとくいつかそれに向って集中するにいたると想像されるあの理想的な消点である。それは完全な賢者や絶対的に完全な経験と同じもので、もしこれらの理想がいつか実現される日が来るとすれば、その時にはこれらの理想すべてがいっしょに実現されることであろう。それはとにかく、われわれは今日は今日えられる真理によって生きねばならず、今日の真理も明日はこれを虚偽と呼ぶ心構えをしていなければならぬ。プトレミーの天文学、ユークリッドの空間、アリストテレスの論理学、スコラ哲学の形而上学、これらは幾世紀にわたって促進剤であったが、人間の経験はこれらの限界を煮えこぼれるにいたった、だから今日われわれはそれらのものを単に相対的に真であるとしか呼ばない、あるいはそれらの経験の範囲内で真であるというにすぎない。「絶対的に」見ると、それらは偽なのである。なぜかといえば、われわれの知るとおり、それらの限界は偶然的であって、現在の思想家によって超越されていると同じように、過去の理論家たちによって超越されていたかもしれないからである。

新しい経験が回顧的な判断へ導くとき、過去時称を用いて、それらの判断がいいあらわすものは真であったという、これはたとえ過去の思想家が誰もそういい表わすにいたらなかったとしてもそうなのである。われわれは前方に向って生き、後方に向って理解する、と或るデンマークの思想家*はいったことがある。現在はそれに先だつ世界の過程へうしろ向きの光を注《そそ》ぐのである。この過去の世界の過程はそのなかで働いていた者にとっては真理の過程であったかもしれない。しかし世界史のその後の発展を知る者にとってはそうではない。

よりよき真理が将来において確立されうるという考え、おそらくそれがいつか絶対的に確立されて過去を統制する力をもつにいたるという考え、この規整的な考え方は、すべてのプラグマティズムの考えと同じく、事実の具体性の方へ、そして未来の方へ、その面を向けている。半《なか》ばの真理と同じく、絶対的真理も作られねばならぬもの、験証経験の集積の増大に附随する関係として作られねばならぬものであろう。そしてこれにたいして半ば真なる諸観念は初めからそれぞれの分け前を寄与《きよ》しつつあるのである。

真理は大部分が以前の諸真理から作られるものであるという事実については、私は既に強調しておいた。人々の信念というものには、いついかなる時代でも、それ相当のおびただしい経験が資本として卸されている。しかしその信念はそれ自身が世界の経験の総額の部分であり、だから、翌日の投資の材料となる。実在が経験されうる実在を意味する限り、実在も実在についてえられる真理もともに、どこまでも変易《へんえき》の過程のうちにある――この変易は一定のゴールに向って進んでいるのかもしれない――しかしやはり変易であることに変りはない。

数学者なら二つの変数で問題を解くことができる。例えば、ニュートン説では、加速度は距離とともに変化する、しかしまた距離も加速度とともに変化するのである。真理過程の領域においては、もろもろの事実は独立してあらわれて、われわれの信念を一時的に規定するのである。しかしこれらの信念はわれわれを行動させる、そして信念が行動を惹き起こすや否や、信念は新しい諸事実を視界内に、もしくは存在内に、もたらしてくるが、この新しい諸事実はそれぞれそれなりに信念を再び規定するにいたるのである。このようにして真理は、糸毬《いとまり》が巻き糸と毬の両者によって転《ころ》がるにつれて大きくなるように、二重の影響の所産なのである。真理は事実から出てくる、しかし真理はまた進んで事実のなかに浸《ひた》り入り、事実に何かを附け加える。この事実がまた新しい真理を創造もしくは啓示（言葉はどうでも構わない）する、こうして無限に進んで行くのである。けれども「事実」それ自身は真ではない。事実は単に存在するばかりである。真理は諸事実のただなかで発足してそのなかで終結に達する諸信念の函数《かんすう》なのである。

それはちょうど雪球が大きくなる場合に似ている。すなわち雪球が大きくなるのは、一方では雪がだんだんついてくるからであるが、また他方、子供が絶えずこれを押し転《ころ》がすからであって、これら二つの要因は間断《かんだん》なく相互に限定し合っているのである。

合理論者とプラグマティストとのもっとも決定的な相違点はここではっきり見えてくる。経験は変易する、また真理を確かめようとするわれわれの心理学的操作《そうさ》も変易する――ここまでは合理論者も認容するであろう。ところが、実在そのものか真理そのものかが変易するものであるということになると、彼らは決してこれを認容しないのである。実在は永遠の昔から完全な出来上ったものとして厳存している、と合理論は主張する、われわれの観念が実在と一致するのは、すでに語られたように、われわれの観念に内在するあの独特な、分析しようもない徳なのである。われわれの観念の真理性はわれわれの経験となんらかかわりをもたない、ここに真理の真理たる所以《ゆえん》がある。真理は経験の内容に何一つ附け加えはしない。真理は実在そのものになんら差異を招来しない。真理は天来のもの、無活動で静的なものであり、単なる反省にすぎない。真理は現実に存在しない、それは通用もしくは妥当するのである。真理は事実や事実の関係などとは別の次元に属している、簡単にいえば、認識論的な次元に属しているのである――と、こう大言壮語を放って、合理論は議論を閉じるのである。

このようにして、プラグマティズムが未来の前方に面を向けるように、合理論はここでもまた後方をふり向いて過去の永遠に面を向けるのである。痼疾《こしっか》化した習慣どおりに、合理論は「原理」に立ち帰り、ひとたび抽象化が行われてこれに名前がつけられると、それでなにか深遠な解決をえたものと考えるのである。

この根本的な見地の異《こと》なりが実生活にたいしていかに著しい帰結を伴ってくるかは、今後の講義で明らかになるであろう。今はとにかく、合理論の崇高さもその空虚《くうきょ》さを救いうるものでないことを示して、この講を閉じることにしよう。

すなわち、諸君は合理論者たちに向って、君らはプラグマティズムは真理の観念を冒瀆《ぼうとく》するものだといって非難するが、それなら君らが真理というのは何なのかを正確に述べて君ら自身でその定義をしてみせてもらいたいと要求してみられるがよい。そしたら、私に考えられる積極的な試《こころ》みといっては、せいぜい次の二つだけである。

一。「真理とは、妥当《だとう》なりと承認されるべき無条件的な要求を有する諸命題《めいだい》の体系である。(一)」

二。真理とは、われわれ自身が一種の命令的な義務によってなさざるをえないようなすべての判断に与えられる名前である。(二)

(一)　A. E. Taylor: *Philosophical Review*, vol. xiv, p. 288.

(二)　リッケルト『認識の対象』H. Rickert: *Der Gegenstand der Erkenntnis* における「判断の必然性」Die Urteilsnotwendigkeit の章。

このような定義から受ける第一の印象は、それがいいようもなくつまらぬものだということである。これらの定義は、もちろん、絶対的に真である、しかしこれを諸君がプラグマティックに取り扱うまでは、絶対的に無意義である。ここで君たちが「要求」とか「義務」とかいうのは何なのか？　正しく考えることは人間にとってきわめて便宜《べんぎ》であり有益であるということの具体的なもろもろの理由を要約する名前としてなら、実在の方には一致されるべき要求があり、われわれの側には一致すべき義務があると語るのは全く至当なことである。われわれはかかる要求と義務とをともに感ずるのである。しかしそれはまさしくこのような理由によってだけなのである。

ところが要求や義務を口にする合理論者たちは、われわれの実際的な利害とか個人的な理由とかにはなんのかかわりもないのだと明らさまに断言するのである。われわれの側における一致の理由などは心理学的な事実であり、思想家おのおのと彼の生活上の出来事とに相対的なものだ、と彼らはいう。そのような理由はただ思想家めいめいの明証でしかなく、真理そのものの生命とはなんらかかわりがない。真理の生命は、心理学的な次元とは違った純粋に論理的な、あるいは認識論的な次元においていとなまれ、その要求はいかなる個人的な動機にも先だちかつこれを越えている。人間はもとより神にしても真理を究《きわ》めつくすことはついにないかもしれないが、それでも真理という言葉は確かめられ承認さるべきものと定義されねばならないであろう。

ひとつの観念が具体的な経験から抽象されて、しかもそれがその抽象された元のものに対立しかつそれを否定するために用いられたというような例で、これ以上たくみなものはかつてなかったと思う。

哲学にも日常生活にも同じような実例はたくさんある。「感傷家《かんしょうか》の誤謬《ごびゅう》」は、抽象的な正義や寛大さや美しさなどに涙を流しながら、街上でこれらのものに出会っても、その性質を決して知ることがないということである。つまり環境がそれらを卑俗《ひぞく》なものにしているからである。私は或るすぐれた合理論者の伝記の私蔵版を読んだが、そのなかの次の文章などがそれである。「抽象的な美にたいしてあれほどの讃嘆を覚えながら、私の兄弟が美しい建築や美しい絵画や花にたいしてなんら熱情をもたなかったのはふしぎであった」と。また私の読んだ最近の哲学書のほとんどすべてに、私は次のようなくだりを見出すのである。「正義は理想である、全く理想である。……真理は、理性は正義の存在すべきことを認めるが、経験はその存在しえないことを示している。……真理は、理存在すべきであるのに、存在しえない。……理性は経験によって畸形化《きけいか》される。理性は経験に入るやいなや理性に反するものになる。」

この合理論者の誤謬は感傷家のそれと全く同じものである。どちらもひとつの性質を経験の泥まみれの特殊相から抽《ぬ》き出し、かく抽象された性質を純粋なものと考える。その結果、彼らはその抽象物をそれぞれの実例やその泥まみれの実例全部と対照させて、抽象物を何か実例とは対立するより高い本性のものと考えるにいたるのである。ところがその性質はじつは実例の本性にほかならぬのである。効力化され、験証されるのが真理の本性である。効力化されることによってわれわれの観念は報《むく》いられるのである。真理を探求すべきわれわれの義務は、報いてくれるものをなすというわれわれの一般的な義務の一部なのである。真の観念のもたらす報酬こそ、われわれがその観念に従うべき義務の唯一の理由である。同一の理由は豊かさや健かさの場合にも存在しているのである。

真理がなす要求も課する義務も健かさや豊かさのそれと異る種類のものではない。すべてこれらの要求は条件つきのものである。すなわち、われわれが収める具体的な諸利益、その追求をわれわれは義務と呼んでいるのである。真理の場合では、真ならぬ信念は、真なる信念が有益にはたらくのと同様に、結局は有害にはたらくのである。だから抽象的にいえば、「真」という性質は絶対的に貴重なものとなり、「非真」という性質は絶対的に忌《い》まわしいものになるともいえよう。つまり、前者は無条件的に善と呼ばれ、後者は無条件的に悪と呼ばれてよいのである。われわれは、命令的に、真なるものを考えるべきであり、偽なるものを避けるべきなのである。

しかしながら、もしわれわれがかかる抽象物をすべて文字どおりに取り扱って、それを経験という生れ故郷に対立するものと見るとしたら、なんというちぐはぐな位置にわれわれはみずから落ち込むことになるであろう。

そうなると、われわれは現実に一歩も思考を進めることができなくなる。私はいつこの真理を認め、いつあの真理を認めるであろうか？　その承認は声高く行われるのであろうか？——それとも沈黙のうちに行われるのであろうか？　もし或るときは声高く、他のときは沈黙のうちに行われるとすれば、今はどちらなのか？　ひとつの真理はいつ百科辞典の冷蔵庫へ収められたらよいのか？　そしてそれはいつ戦いのために出てくるのであろうか？「二の二倍は四である」という真理は永遠に承認されることを要求するからといって、私は絶えずこの真理を繰り返していなければならぬのか？　それともその真理は当てはまらないこともあるのか？　私がほんとうに罪や汚点《おてん》をもっているからといって、私は明けても暮れても私自身の罪や汚点を思い煩《わずら》わねばならないのか？——それとも、私はそのようなものをおし隠し無視して、はずかしからぬ社会の一員に成りすましてよいのであろうか、また病的な憂欝と呵責《かしやく》の塊《かたまり》でないとでもいうのであろうか？

真理を承認すべきわれわれの義務が、無条件的であるどころか、恐ろしく条件づきのものであることは全く明らかである。大文字Tで始まる単数形の真理（Truth）は、もちろん、抽象的には承認されることを要求する、しかし複数形の具体的な真理は、その承認が有利である場合にのみ、承認されることを要求するに過ぎない。真理と虚偽とがともに与えられた局面にかかわるときには、つねに虚偽よりも真理が選ばれねばならない。しかしどちらも当の局面に関係をもたぬ場合には、真理も虚偽と同じくなんら義務を課しはしない。もし諸君が私に向って、いま何時ですか、とたずねられたのに、私が、私はアーヴィング街の九十五番地に住んでいます、と答えたとすれば、私の答えはもちろん真であるかもしれぬが、なぜそう答えるのが私の義務なのかは、諸君にはわからないであろう。偽《いつわ》りのアドレスを告げても、効果は同じことであろう。

かかる抽象的な命令の適用を制限する諸条件があるということを認容すると同時に、真理のプラグマティズム的な取り扱い方がその全威力をあげてわれわれを襲い返してくる。実在と一致すべきわれわれの義務は、具体的な便宜《べんぎ》という大密林に根ざしているのが知られるのである。

バークリーは、人々がいう物質とは何であるかを説明したのであったが、人々は彼が物質の存在を否定したものと考えた。こんにちシラー氏とデューイ氏とは、人々が真理というのは何であるかを説明しているのに、二人は真理の存在を否定するものとして非難されている。これらのプラグマティストはすべての客観的な基準を破壊して愚かさと賢こさとを同一の水準に置くものだ、と批判者たちは非難するのである。プラグマティストとは、諸君のいいたい放題のことをいい散らしてそれを真理と呼びさえすれば、諸君はプラグマティズムの要求をことごとく充《み》たすことになる、と考える人たちのことである、というのが、シラー氏や私の教説を評するためのお好みの方式なのである。

このような批評が無礼な中傷《ちゅうしょう》であるかないかの判断は、これを私は諸君にまかせよう。プラグマティストは、過去から搾《しぼ》り取られた真理という投下資本の全体と、自己の周囲の感覚界の威圧との間に自分が閉じ込められていることを他の何人よりもよく知っているのであるから、われわれの心の働きを制御《せいぎょ》する客観界の支配のこの巨大な圧力を彼ほどに感ずる者が果して他にあるであろうか。もしこの法則は手ぬるいと考える人があるなら、この法則の命ずるところを一日だけでも彼に守らせてみるがいい、とエマソンはいっている。近頃われわれは科学における想像力の効用について論じられるのをよく聞くようになった。哲学においても、今こそ僅かなりとも想像力の効用を力説すべき時である。わが批評家たちの或る人々がわれわれの所説のなかにおよそ愚劣きわまる意味しか読みとろうと欲しないのは、彼らの想像力の恥ずべき乏しさを示すもので、この点で近世哲学史上において他に比肩するものを見ないほどである。シラーは、真理とは「働く」ものである、といっている。そのために彼は験証をもっとも低次の物質的な効用に限る者と見なされている。デューイは、真理とは「満足」を与えるものである、といっている。だから彼は、快《こころよ》いものはなんでも真理と呼べると信じている者のように遇《ぐう》せられているのである。

わが批評家たちは確かに実在について、も少し想像力をはたらかす必要がある。私は努めて私自身の想像力を拡げ、合理論の思想のうちに最善の意味を読みとろうと正直に努力したつもりである。しかし私のこの試みもなお挫折《ざせつ》するほかないことを私は告白しなければならない。ほかになんの理由があるわけでなく、ただその要求が「無条件的」ないし「超越的」であるというだけの理由で、それと「一致」することをわれわれに求めるというような実在の観念は、私にはまるきり納得《なっとく》のゆかぬものである。いまかりに私自身が世界における唯一の実在であると想像してみる、それから、もしも要求することが許されるとしたら、私はそれ以上の何を「要求」するであろうかを想像してみる。このときもし諸君が、私が要求しさえすれば、ひとつの心が虚空《こくう》から生れて私のまえに立ち私を模写することができる、と私に教えてくれるならば、なるほど私はその模写ということがどういう意味であるかを想像することはできる、がしかし私はなんらその動機を想像に描き出すことはできない。もしそれから先の帰結が模写して欲しいという要求の動機たることを明らさまにかつ原理的に拒《こば》まれるのであれば（合理論の権威者たちはそれを拒むのであるが）、模写されたところで私になんの益があるであろうか、また私を模写したところでその心になんの益があるであろうか、私には全く納得がいかないのである。かのアイルランド人を崇拝する者たちが彼を底のない轎《かご》に乗せて宴会場にかけつけたとき、彼はこういった、「ほんとに、もしこの宴会の名誉を損ずることがないなら、私は歩いて来ただろうに。」今の場合も同じことで、模写する者の名誉を毀損《きそん》することがないなら、私はむしろ模写されずにいた方がいいのである。模写するとは知ることのまぎれもない一様式である（わが現代の超越論者たちは、奇妙な理由から、この考えを排斥しようとしてお互いに足のひっぱり合いをしているように思われる）。しかしわれわれが模写すること以上に進み、模写とか導きとか適合とか、その他プラグマティックに定義されうるもろもろの過程のいずれであることも明らさまに拒否されるようないまだ名づけられていない一致の形式に寄りすがるならば、要求される「一致」の何であるかは、なぜ一致するかの理由と同じく、理解できないものとなる。一致の内容も動機も想像できなくなってしまう。それこそ絶対的に無意味な抽象である。（一）

（一）　私はリッケルト教授が、かなり前に、真理は実在との一致に基づくとする真理観を放棄してしまったのを忘れてはいない。彼によれば、実在とは何であれすべて真理と一致するものである、そして真理はもっぱらわれわれの第一義的な義務に基づいている。かかる奇怪な飛躍は、ジョアヒム氏がその著『真理の本性』において述べている誤謬《ごびゅう》の率直《そっちょく》な告白とともに、この問題を取り扱う場合における合理論の破綻を示すもののように私には思われる。リッケルトは彼のいわゆる「相対主義」という項目のもとにプラグマティズムの立場を論じている。ここで私は彼の論旨を評するわけにゆかない。あの章における彼の立論は、彼ほどの何ごとにも有能な学者の言とはほとんど信じられぬほど薄弱なものであることをいっておくにとどめる。

真理の領域において、宇宙の合理性を真によりよく弁護する者は、プラグマティストであって、合理論者でないことは確かである。

第七講　プラグマティズムと人本主義

前講において概説されたような真理観をひっさげて私が近づいて行くと、誰もが心を頑《かたく》なにしてしまうのであるが、それは誰もがかの典型的な種族の偶像*に、つまり真理そのものという観念に、囚《とら》われているためである。すなわち、世界が提出すると信じられている一定不変の謎にたいする決定的なそして完全な答は、真理そのものという観念であると考えられているからである。一般人に伝えるためには、答が神託じみていればいるほど効果的である。神託的な答というものは、それ自身、その深遠な言葉が含んでいると想像されるものを開き示すよりもむしろ覆い隠して、いわば第二次の謎として人々に驚嘆の念を起こさせるからである。世界の謎にたいする一切のいかめしい一語の答、例えば、神、一者、理性、法則、精神、物質、自然、極性、弁証法的過程、観念、自己、大霊*、などというような答が、人々の賞讃をほしいままにしてきたのは、そのような神託的な役割によるのである。哲学のアマチュアも専門家も同じように、この宇宙を一種の奇妙な石造りのスフィンクスのようなものと表象し、これがつねに同じような調子でその神的な力の承認をいどんで人々に語りかけていると考えている。真理そのもの、これこそ合理論的な心の完全な偶像なのである！　夭折《ようせつ》した天分豊かな友から私が受け取った古い手紙の一つに次のような言葉が読まれる。「あらゆるものにおいて、科学、芸術、道徳および宗教において、正しい体系は唯一つだけでなければならない、その他のあらゆる体系は間違っている。」或る年頃の青年の熱情をじつによく表わしているではないか。二十一歳にもなると、われわれはこのような要求をいだき、かかる唯一の体系を発見できるつもりになるものである。われわれの多くは、相当の年配になってからでも、「真理そのものとは何か」などという疑問がほんとうの疑問でない（あらゆる条件に無関係なのだから）ことに思いあたりもしないし、また真理そのものなどという全観念は、複数形の諸真理の事実から抽象されたもので、ラテン語そのものとか法律そのものとかいうのと同様に重宝《ちょうほう》な概括句にすぎないことに気づかないのである。司法官も時として法律そのものという言葉を口にし、教師もラテン語そのものという言葉を使って、それらの言葉が判決とか単語や措辞法《そじほう》とかに先だって存在していてこれらのものを厳密に規定しそれに従うことを要求するような本体を意味するものであることを聴者に考えさせようとする。しかしほんの少しでも反省をはたらかせてみると、法律もラテン語もそのような種類の原理などではなく、むしろ結果なのだということがわかるのである。行為が適法であるか違法であるかの区別も、話し方が正確であるか不正確であるかの区別も、人々が具体的な個々の経験を取り交《かわ》している間にいつとはなしに出来上ったものであって、信念における真と偽との区別にしても全く同じようにして成長してくるのである。真理は以前の真理に接木《つぎき》され、これを修正してゆく。それは慣用句が以前の慣用句に接木され、法律が以前の法律に接木されるのと全く同じである。以前の法律と新しい事件が与えられると、裁判官は両者を撚《よ》り合わして新しい法律を作り上げる。以前からの慣用句があり、新しいスラングとか新しい譬喩《ひゆ》とか風変りの新奇さとかが公衆の好みに適《かな》う、——すると忽ち新しい慣用句が作られる。以前からの真理があり、目新しい事実があらわれる、——するとわれわれの心は新しい真理を発見するのである。

それだのに、とかくわれわれは永遠なるものが進展しつつある、すなわち、同一の以前の正義や文法や真理が、ただ閃《ひらめ》き出しつつあるのであって、新たに作られつつあるのではないと強《し》いていいたてる。しかし、ひとりの青年が法廷に立って法律「そのもの」というお得意の抽象概念をもって事件を審理しつつあると想像してみるがよい。あるいは、ひとりの言論検閲官《けんえつかん》が劇場にしのび込んで、彼のお得意の国語「そのもの」という観念で台詞《せりふ》を検しつつあるさまを心に描いてみるがよい。あるいは、ひとりの教授が大文字Tで始まる「真理そのもの」(the Truth)という例の合理論的観念をもって現実の世界に関する講義をしている光景を思い浮べてみるがよい。そしたら、彼らはどれだけ前進できるだろうか。彼らのいう真理も法律も言語も、新しい事実にちょっと触《ふ》れただけで、もうきれいに蒸発し去ってしまう。真理も法律も言語も、われわれの歩みにつれて作られるのである。われわれのさまざまな正、邪、禁止、刑罰、語、形式、慣用句、信念などは、歴史の前進につれて、次第に附加されて行く新しい創造物なのである。法律、国語、真理などは、歴史の歩みに生命をふき込む先行原理なのではなく、その結果をあらわす抽象的な名前でしかないのである。

法律や国語はともかくこのような人間の造ったものであると見られている。シラー氏はこの類比を信念にも適用して、われわれの真理もまた、どこまでとは確かめがたいが、人間の造った産物であると主張し、その主張を「人本主義《ヒューマニズム》」の名で呼んでいる。人間的な動機がわれわれのすべての疑問を鋭くし、人間的な満足感がわれわれのすべての答のなかに潜《ひそ》み、すべてわれわれの方式はなにか人間的な歪《ひず》みをもっている。この人間的要素が解きほぐしがたく人間の所産のなかに浸透《しんとう》していることを強調するあまり、シラー氏は、この要素のほかになお別の要素があるかどうかという疑問を時にほとんど未解決のまま残していると思われるほどである。彼はいう、「世界は本質的に質料《ヒュレー》である、世界はわれわれの造るものである。世界はその起原において何であったか、またわれわれを離れて何であるか、を示すことによって世界を定義するのは無益である。世界は世界から作られるものである。したがって……世界は可塑的である。(一)」彼は更につけ加えていう、われわれはただ試みることによってのみこの可塑性《かそせい》の限界を学ぶことができるのであって、われわれはまず世界が全く可塑的であるかのように見なして出発し、この仮定に基づいて方法的に行動し、決定的に行きづまった場合にのみ立ちどまるべきであると。

(一)『人格的観念論』*Personal Idealism*, p. 60.

以上はシラー氏の人本主義の立場の主要点だけをかいつまんで述べたのであるが、彼はこのために烈しい攻撃を浴びることになった。私は本講を人本主義の立場の弁護にあてるつもりであるから、ここであらかじめ二、三の注意をしておこうと思う。

シラー氏は、真理作成のあらゆる現実的な経験のうちには抵抗する要素が現存しており、新たに作られる特殊な真理は、それらの抵抗素《ていこうそ》を考慮しなければならないし、またそれらと是非とも「一致」しなくてはならないということを、誰にも劣らず力強く承認している。すべてわれわれの真理は「実在」についての信念である。だからどのような特殊な信念においても、実在は、独立な何物かとして、製作されたものでなく見出されたものとして、働いている。ここで私は少しく前回の講義を振り返ってみよう。

「実在」とは一般に真理が考慮しなければならぬものである。(一)この見地からみると、実在の第一の部分はわれわれの感覚の流れである。もろもろの感覚は、どこから来るのかわからないけれども、否応《いやおう》なくわれわれに迫ってくる。その性質も順序も量も、われわれの自由にはならない。それは真でも偽でもない、それは単にあるばかりである。真であったり偽であったりすることのできるのは、ただわれわれが感覚について語ることのみである、われわれが感覚に与える名前、感覚の起原や性質や遠い関係やについてのわれわれの理論のみである。

（一）　テイラー氏はその著『形而上学要綱』*Elements of Metaphysics* において、このすぐれたプラグマティックな定義を用いている。

実在の第二の部分は、これもわれわれの信念が素直《すなお》に考慮しなければならぬものであるが、われわれのもろもろの感覚の間に、あるいはわれわれの心における諸感覚の模写の間に成り立っている諸関係である。この部分は更に二つの部分に細分される。一、時や場所の関係のような変りうる偶然的な関係。二、関係項の内的本性に基づいているがために固定的であり本質的であるような関係。この両種の関係はともに直接的な知覚にかかわるものである。両者とも「事実」である。われわれの知識論にとって実在のより重要な部分をなすものは後者の種類の事実である。すなわち、内的関係は「永遠な」もので、その感覚的な関係項が比較されるときにはいつでも知覚されるものである。そしてわれわれの思考——いわゆる数学的および論理的思考——は永遠にこのような関係を考慮に入れなくてはならない。

第三の部分の実在は、これらの知覚に（大部分はこれに基づいているのであるけれども）附加的なもので、あらゆる新しい探求にあたって考慮されるべき以前の真理である。この第三部の実在はさきの二つにくらべて遥かに抵抗力の弱い要素で、しばしば他に圧せられて表面にあらわれずに終りがちである。私がいま、これら三つの部分の実在がいつでもわれわれの信念の形成を支配していることを述べるのは、前回に述べたことを諸君に思い起こしてもらおうとしたに過ぎないのである。

ところで、実在のこれらの諸要素がどれほど固定的なものであるにしても、われわれはこれを取り扱うにあたってはなお或る自由をもっている。われわれの感覚をとってみよう。もろもろの感覚があるということは疑いもなくわれわれの支配を越えている。しかしどの感覚にわれわれが注意し、注目《ちゅうもく》し、そしてわれわれの結論において力を込めるかということは、われわれ自身の関心に依存している。そしてわれわれの力の入れどころの異るのに応じて、全く違った真理が形成されてくるのである。同一の事実でも、われわれの読み方は違っている。同一の固定した諸事実から成る「ウォータールー」という言葉は、イギリス人にとっては「勝利」を意味し、フランス人にとっては「敗北」を意味する。同じように、楽観的な哲学者にとっては、宇宙は勝利を意味するが、悲観的な哲学者には、敗北を意味するのである。

われわれが実在について語ることは、このようにして、われわれが実在を投げ込むパースペクティヴのいかんに依存している。実在があるということは実在そのものに属することである。しかし、その何であるかはそのどれであるかにかかり、そしてそのどれであるかはわれわれに依存している。実在の感覚的な部分も関係的な部分もともに唖《おし》である。どちらもみずからについて何ごとも語らない。われわれがそれらに代って語らねばならぬのである。感覚のこの唖性はT・H・グリーンやエドワード・ケアードのごとき主知主義者をして、感覚をば哲学的認識の範囲外に押しのけさせたが、プラグマティストはそこまで進むことを肯《がえ》んじない。感覚というものは、むしろ事件を弁護士の手に委《ゆだ》ねてしまって、快《こころよ》くあろうが不快であろうが、弁護士がいちばん有利だと信じて論述するいかなる説明にも虚心に耳を傾けていなければならぬ弁護依頼人のようなものなのである。

それだから、感覚の領域においてさえも、われわれの心は或る任意な選択をおこなう。われわれは含めたり省《はぶ》いたりしてこの感覚の領域を探索《たんさく》する。われわれが強調するものに応じてわれわれはこの領域の前景や背景を描き出す。われわれの定める順序にしたがってわれわれはこの領域をこの方向やあの方向に解釈してゆく。手短かにいえば、われわれは大理石の塊《かたまり》を受け取るのであるが、われわれ自身でそれを像に刻《きざ》むのである。

このことは実在の「永遠なる」部分にも同じように当てはまる。われわれは内面的な関係についてのわれわれのいろいろな知覚をまぜ返して、それを自由に排列する。われわれはもろもろの知覚を或る系列としてまたは他の系列として理解し、この仕方であるいは他の仕方で分類し、その一つをあるいは他をより根本的なものとして取り扱い、その果《は》てに、それらについてのわれわれの信念が、論理学とか幾何学とか算術とかとして知られる一団の真理を形づくることになるのであって、そのどれをとってみてもすべて、その全体が鋳込《いこ》まれている形式と秩序は明らかに人《じん》為的《いてき》なものである。

このようにして、人々が自己自身の生活活動によって実在の内容に附け加えて行く新しい事実については、とにかく、私が「以前の真理」と呼んだあの第三の実在全体の上に、人間はその心的諸形式をすでに印しているのである。時間ごとに感覚や関係の新しい知覚、その時だけの事実があらわれて、ありのままに考慮されることを促《うなが》すのである。しかしかかる事実にたいしてわれわれのとった過去の態度はすべて、以前の真理のなかにすでに投資されている。それだから、人の手に触れないままでわれわれにあらわれてくるのは、実在の最初の二つの部分のごく僅かな、ごく新しい部分に過ぎないのであって、しかもこの部分も直ちに、適合させられるという意味において人間化され、すでに人間化されて現存している集団に同化され、あるいはなんらかの仕方でそれに取り入れられねばならない。事実において、いかなる印象が起こってくるかということについてなんらの予想もできないような場合には、われわれが印象を受け入れるということも全くありえないのである。

そこで、われわれが人間的思惟から「独立な」実在などということを語るにしても、そのようなものは見出しにくいように思われる。もしそのような実在があるとすれば、それは経験のなかに入り込んだばかりでいまだ名もないものの概念か、それとも、それが現にあるということについてなんらの信念も起こったことがなく、人間的な概念など適用されたこともない以前から経験のなかにあったと想像される原始的なものに帰せられるほかはない。それは絶対的にものいわぬもの、はかなく消えてゆくものであって、われわれの精神の単なる理想的限界なのである。われわれはそれを瞥見《べっけん》するかもしれないが、しかしそれを摑むことは決してない。われわれが摑《つか》むものは、つねにその代用物なので、われわれが消費できるように、以前の人間の思考がペプトン化し料理してくれているものなのである。はなはだ俗ないい方をして申しわけないが、それはいつでも既にでっち上げられたものだと申してもよいのである。シラー氏は独立な実在を単なる無抵抗の資料《ヒュレー》と呼び、われわれによって作り直されるためにのみあるにすぎぬものとなしているが、ここに彼の考えているものもそれである。

以上が実在の感覚的中心についてのシラー氏の信念である。われわれは（ブラッドレー氏の語をかりると）それに「出会《であ》う」のであって、それを所有するのではない、ちょっと考えると、これはカントの見解と同じように聞こえるが、しかし自然がはじまる前に閃光的《せんこうてき》に形成された範疇《はんちゅう》と、自然の面前において徐々に形成されてくる範疇との間には、合理論と経験論とを分つ巨大な割れ目が大きく口を開いているのである。純粋な「カント学派の人々」から見ると、シラーのカントにたいする関係は、ちょうどサテュロス*のヒュペリオンにたいすると同じに見られることであろう。*

ほかのプラグマティストたちは、実在の感覚的核心についてよりいっそう積極的な信念に達するかもしれない。彼らは人間の作った外被《がいひ》を一枚一枚はぎ取って行けば独立な実在の本性に到達すると考えるかもしれない。彼らは実在がどこから来り、またどんなものであるかをわれわれに語ってくれるような理論を作りあげるかもしれない。そして、もしそれらの理論が満足にはたらくならば、それらは真であろう。先験的観念論者たちは、そのような核心は存在しないと主張し、究極的に完成された外被が実在であり、また同時に真理であるとする。スコラ哲学はなおその核心は「物質」であると説く。ベルグソン教授、ハイマンス、ストロング等は、この中心を信じ、かつ大胆《だいたん》にもそれを定義しようと試みている。デューイおよびシラー両氏はそれを「限界」として取り扱う。これらすべてのさまざまな説明のうち、またこれらの説明にくらべられる他のもろもろの見解のうち、いずれがより真なるものであろうか。もちろん、結局においてもっとも多く満足を与える説明がそれである。一方には、実在があり、他方には、事実において改善することも変更することも不可能であるような、実在の説明というものがあるであろう。もしこの不可能性が恒久《こうきゆう》なものであるならば、その説明の真理性は絶対的であるであろう。これ以外の真理の内容を私はどこにも見出すことができない。もしプラグマティズムの反対者たちがなお他の意味をもっているというなら、どうかそれを示してもらいたいものである。われわれにわかるようにして欲しいものである。

真理とは実在であるのではなくて実在についてのわれわれの信念なのであるから、それは人間的な諸要素を含んでいるであろう、しかしこれら人間的な諸要素は、非人間的な要素を認識するのであろう。これがおよそ何物かの知識が存在しうるといわれる唯一の意味なのである。川が岸を作るのか、それとも岸が川を作るのであるか？　人間は右足で歩くのか、それとも左足で歩くのか、どちらがより本質的なのか？　この問題を解くことができないのと同じように、われわれの認識経験の成長において、実在的なものを人間的な要因から切り離すことは不可能なのかもしれない。

人本主義の立場を簡単に示すには以上の説明で十分であろう。このような説明は逆説的に思われるであろうか？　それなら、私は二、三の実例をあげて納得《なつとく》のゆくように致したいと思う。そうすれば、この問題によりいっそう近づいてもらえることになろう。

手近にあるありふれた多くの事柄については、誰でもそのような人間的な要素を認めるであろう。われわれは与えられたひとつの実在を、われわれの目的に応じて、この仕方で認めたりあの仕方で認めたりする。そして実在は、この認め方に受動的に服従する。諸君は二十七という数を三の立方《りつぽう》とも、三と九の積《せき》とも、二十六と一との和とも、百と七十三の差とも、そのほか数えきれぬ仕方で考えることができるが、そのいずれも同じように真である。諸君は将棊盤《チエス》を白い地における黒い正方形とも、黒い地における白い正方形とも考えることができるが、どちらの概念も間違いではない。

諸君は左のように結びついている図形を星とも、互いに交叉《こうさ》している二つの大きい三角形とも、角ごとに足のついた六角形とも、六つの等しい三角形が頭を接して連《つらな》っているとも見ることができる。これらの取り扱い方はすべて真である——紙の上に見られるこの感覚的なものはそのような取り扱い方のいずれをも拒《こば》みはしない。諸君は一つの線について、それが東に走っているともいえるし、また西に走っているともいえる。線そのものは、なんらの矛盾なしに、両方のいい分を受け容れるのである。

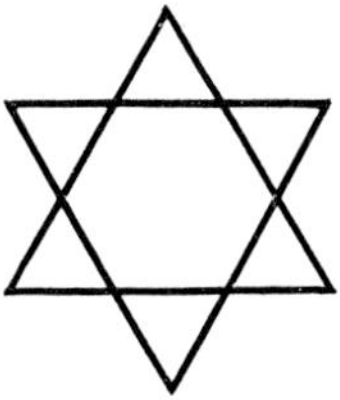

われわれは天空にある星の群を切り取ってそれを星座と呼んでいるが、星はわれわれのなすがままにまかせている。——けれども、もし星々がわれわれのやっていることを知ったとしたら、星のなかにはわれわれによって組み合された自分たちの仲間に非常な驚きを感ずるものがあるかもしれないのである。われわれは同一の星座を、チャールズの戦車*、大熊、柄杓《ひしゃく》などと呼んで、いろいろな名前をつけている。これらの名はどれ一つも間違ってはいない、どれも同じように真であろう。すべてが当てはまるからである。

すべてこれらの場合において、われわれは人間としての立場から或る感覚的な実在に何かを附加する、そしてこの実在はその附加を許容する。これらすべての附加は実在と「一致する」、それらが実在を造り上げている限り、よく実在に当てはまるのである。そのいずれも誤りではない。

いずれがより多く真なるものとして取り扱われるべきかは、全くそれを用いる人間の用い方にかかっているのである。もし私が抽斗《ひきだし》に二十八ドル入れておいたのに、二十七ドルしか見あたらぬとすれば、この二十七は二十八から一を引いた数である。もし私が二十六インチ幅の戸棚のなかへ差し込もうと思う板の幅が二十七インチであるとすれば、この二十七は二十六に一を加えた数である。もし私が天空を崇高ならしめようと欲してそこに見られる星座に命名するとしたら、「柄杓」よりも「チャールズの戦車」といった方がより真であるであろう。私の友人のフレデリック・マイアーズはかつて、この驚異すべき星群もわれわれアメリカ人にとっては台所道具を想わせるに過ぎないとは情ない話だ、とユーモラスに慨嘆《がいたん》したことがある。

いったいわれわれはひとつの事物を何と呼べばよいのであろうか。この呼び方はまるで勝手気儘《きまま》なものであるように思われる。なぜかというに、われわれはちょうど星座を切り取るのと同じように、あらゆるものをわれわれ人間の目的にかなうように切り取っているのだからである。ここにお集りの「聴衆」諸君全体は、私にとっては、時には落ち着かずにそわそわし、時には注意深く傾聴する一つの事物である。この聴衆の一人一人は現在の私にはなんの用もない、だから私は一人一人のことは考えもしない。「軍隊」についても、「国民」についても同じことである。けれども、諸君自身の眼から見れば、紳士淑女《しゅくじょ》諸君を私が「聴衆」と呼ぶことは、諸君を考える仕方としては全く偶然なことである。諸君にとって永久に実在的な事物は諸君のめいめいの人格なのである。また、解剖学者にとっては、諸君の人格は有機体でしかない、だから実在する事物はもろもろの器官なのである。組織学者にいわせると、器官ではなくてその組織細胞であるし、また化学者なら、細胞ではなくてその分子だというであろう。

このようにしてわれわれは思い思いに感覚的実在の流れを切断して、もろもろの事物をこさえ上げているのである。つまり、われわれはわれわれの真なる命題《めいだい》ならびに偽なる命題の主語を創造するのである。

われわれはまた賓辞《ひんじ》をも創造する。事物の賓辞の多くは、その事物のわれわれにたいする、またわれわれの感情にたいする関係をあらわすに過ぎない。そのような賓辞はもちろん人間の附加物である。カエサルはルビコン河を渡った、そして彼はローマの自由にとってひとつの脅威《きょうい》であった。しかしまた彼は、その著作が学生に及ぼす反応のために、アメリカ人の教室のペストででもある。この附加された賓辞は、前の賓辞と同様にカエサルについて真なのである。

このようにして、人がいかに自然に人本主義的な原理に辿りつくかがおわかりのことと思う。諸君はこの人間的な寄与を除き去るわけにはゆかない。われわれの用いる名詞も形容詞もすべて人間化された先祖伝来の動産なのである。そしてわれわれがこれを用いて組み立てる理論の内的秩序と配列は全く人間の考慮の指令に従っているのであって、知的整合のごときはその一つである。数学や論理学でさえ、人間の立場からの配列の仕直しで沸き返っているのである。物理学、天文学、生物学も人間の選《よ》り好みの指図に従うのである。われわれはわれわれの祖先やわれわれが既に造った信念をもって新鮮な経験の野のなかへ飛び込んでゆく。この信念がわれわれの注意の向うものを規定し、われわれの注意するものがわれわれのなすことを規定し、われわれのなすことがまたわれわれの経験するものを規定してゆく。このようにして一つのものから他のものへと移ってゆくのであって、感覚的な流れが存在しているという厳然たる事実は動かぬけれども、その何が真であるかは、初めから終りまで主としてわれわれ自身の創造にかかるもののように思われる。

われわれは感覚の流れに手を加えずにはいられないが、そこで次のような大きい問題が起こってくる。その流れはわれわれの附加物によって価値を高めるのか落すのか？　その附加物は価値あるものなのか無価値のものなのか？　かりに宇宙が七つの星から成り、それを目撃する三人の人間とこの三人の説くところを判定する一人の批判者のほかに誰もいないとしてみよう。目撃者の一人は七つの星を「大熊」と名づけ、一人はこれを「チャールズの戦車」と呼び、一人はこれを「柄杓」という。これら三つの人間的な附加のうちいずれが、与えられた七つの星の材料から最善の宇宙を作ったことになるであろうか？　もしフレデリック・マイアーズがその批判者の立場にあったとしたら、彼はなんのためらいもなく、七星を柄杓と見るアメリカ人の目撃者を「へこまし」たことであろう。

ロッツェはところどころに深い示唆《しさ》を与えている。彼はいう、実在とわれわれの精神との間には関係があるとわれわれは素朴《そぼく》に仮定しているが、この関係は真の関係とは正反対のものであるかもしれない。実在は出来上って完全な姿で立っており、われわれの知性はそれをその既にあるがままに叙述するという唯一の単純な義務を負《お》っている、とわれわれは自然的に考えている。しかしわれわれの叙述ということそれ自身が実在にたいする重要な附加物ではあるまいか、とロッツェはたずねている。以前の実在そのものは、なんの変化も受けずにわれわれの知識のなかに再現することを目的として存在しているというよりも、むしろわれわれの心を刺戟して、宇宙の全的な価値を高めるような附加をさせるために存在しているのではあるまいか。「眼前の存在を高める」という一句がオイケン教授によってどこかで用いられているが、この句は偉大なロッツェのあの示唆を思わせる。

これは等しくわれわれプラグマティストの考え方でもある。われわれは認識的生活においても行為的生活においても創造的である。われわれは実在の主語的部分にも述語的部分にもともに附加を行なう。世界はじつに鍛えられるものとして存在し、われわれ人間の手によって最後のタッチが加えられるのを待っているのである。かの天空の王国と同じように、世界は人間の暴力を悦《よろこ》んで受け容《い》れる。人間が世界に真理を生みつけるのである。

このような役割が思想家としてのわれわれの威厳を高め責任を増す所以《ゆえん》であることを、何人も否定することはできない。われわれのうち或る人々にとっては、この考えが霊感の泉ともなっているのである。イタリアにおけるプラグマティズムの指導者パピニ氏は、この考えこそ人間における神のごとき創造的な機能の門戸を開くものであるとして、この見解に狂喜している。

プラグマティズムと合理論との間の差異の重大さは、これで隅《くま》なく見透《みすか》された。その本質的な差異は、合理論にとって実在は永遠の昔から出来上っていて完全なものであるのに、プラグマティズムにとっては実在はなお形成中のもので、その相貌の仕上げを未来に期待している、というにある。一方においては、宇宙は絶対的に安定しているが、他方においては、宇宙はなお冒険を追求しつつあるのである。

われわれはこの人本主義の見解にむしろ深入りし過ぎてしまった。それが誤解につつまれるのも怪しむにあたらない。それは気まぐれな教説だといって非難される。例えば、ブラッドレー氏はこういっている。人本主義者というものは、もし彼が彼自身の教説を理解しているとするかぎり、「どのような邪《よこしま》な目的でも、私一個人がそれを主張するなら、それを合理的だとしなければなるまいし、またどのような狂気じみた観念でも、誰かがあくまでもそれを真であるとして譲《ゆず》らないなら、それを真理であるとして認める」ほかないであろうと。抵抗するものではあるがなお鍛えられるもの、絶えず「考慮」されねばならぬ（しかし単に模写されねばならぬだけではない）一種のエネルギーとしてわれわれの思考を支配するもの、という人本主義的な「実在」観は、明らかに初学者には納得のゆきにくい見解である。この事情はかつて私が身をもって経験してきたことを想い起こさせる。かつて私はわれわれの信ずる権利について一論文をものし、不幸にも私はそれに信ずる意志という題をつけたのであった。批評家たちは、この論文の内容を問題にしないで、えたりかしことその表題に挑《いど》みかかってきた。信ずる意志などということは心理学的に不可能であり、道徳的に不正である、というのであった。「欺《あざむ》く意志」とか「佯《いつわ》る意志」とかいう語をもち出して、揶揄《やゆ》的《てき》に代用させるものさえあった。

プラグマティズムと合理論との間の二者択一は、われわれが今ここに述べたような形をとると、もはや知識論の問題ではなく、宇宙そのものの構造にかかわるものである。

プラグマティストの側から見ると、宇宙にはただ一つの版しかなく、それは未完成で、あらゆる箇所が、とくに思考する存在者がはたらいている箇所が、生長を遂《と》げつつある。

合理論者の側から見ると、宇宙には多くの版があって、そのうちの一つだけが真正の版で、無限版とか豪華版とかいうべきもの、永遠に完成されたものである。だからその他の諸版は有限版で、誤った読み方に満ちていて、各版それぞれの流儀で歪曲《わいきょく》されたり、毀損《きそん》されたりしていることになる。

かくして、多元論と一元論という相対抗する形而上学上《けいじじょうがくじょう》の仮説がここに再びわれわれの問題となってくる。私は残りの時間を使って両者の差異点を述べてみようと思う。

まず私は、この二つの立場の選択には気質の相違がはたらいているのを見のがしえないことを申し述べておきたい。合理論的な心の人は、極端ないい方をすると、頑固《がんこ》な純理論家肌《はだ》で、権威を尊重する性質をもっている。だから、「であらねばならぬ」という句がいつもその唇にのぼる。合理論者の宇宙の腹帯はきつく結ばれていなくてはならないのである。ところがこれに反して徹底的なプラグマティストというものは、至極《しごく》のんきな無政府主義的な部類の人間である。もし彼がディオゲネスのように桶のなかに住まねばならないとしても、彼はたががゆるかろうが、桶板《おけいた》から日光が差し込もうが、さらに意に介《かい》しないことであろう。

ところで、このようなしまりのない宇宙の観念がかの典型的な合理論者たちに与える感じは、「出版の自由」がロシヤの検閲局の老練な役人に与える感じと同じものであろう。あるいは、「簡易化綴り字《かんいかつづじ》」が年輩《ねんぱい》の女教師に与える感じと同じであろう。その与える感じは、プロテスタント諸派のうごめきが法王党の監視人に与えるそれにも等しいであろう。かかる宇宙観は、政治上の「オポチュニズム」が旧式なフランスの合法派や神聖な民権の狂熱的な信者の日にそう映《うつ》ったように、背骨のないもの、原理を欠くもののように思われるであろう。

多元論的なプラグマティズムにとっては、真理はあらゆる有限な経験の内部で成長してゆく。これらの経験は互いに頼り合っているが、その全体は、そのような全体があるとすれば、何ものにも頼らない。すべての「住居《ホーム》」は有限なる経験のうちにあるが、有限なる経験そのものは住居をもたない。この流れの外にある何ものも流れのはけ口を固めることはできない。それはそれ自身のうちにある見込みと潜勢力に救いを期待しうるばかりである。

合理論者にとっては、このような世界は、足をのせるべき象も亀もつれずに空中をただよっている浮浪漂泊《ふろうひょうはく》の世界である。それは、索《ひ》きつける重力の中心もなく天空に投げ放たれた星群のごときものである。人生の他の諸領域において、確かにわれわれは比較的不安定の状態に住みなれてはいる。「国家」の権威や絶対的な「道徳法」の権威は便法に化してしまったし、神聖なる教会は「会堂」になり果てているのである。ところが哲学の教室内ではまだそうではない。そこでは、われわれがその真理の創造にあずかる宇宙とか、われわれのオポチュニズムやわれわれの個人的判断に委《ゆだ》ねられた世界などは、もってのほかなのである！　これにくらべると、アイルランドの自治法でさえ至福千年《しふく》の統治だといえよう。フィリッピン人が「自治に適し」ないように、そのような世界はわれわれに適しないのである。そのような世界は哲学的に尊敬さるべきものではないであろう。そのような世界は大部分の哲学教授の眼には、金具のないトランク、首輪のない犬なのである。

それなら、教授たちは、このしまりのない宇宙をひきしめるものがなんだとおっしゃるのであろうか。

彼らは有限なる多を支《ささ》え、これを括《くく》りつけ、これを統一し定着させる或る物だという。偶然にさらされない或る物、永遠にして変ることのない或る物だという。経験における可変的なものは不変なるものに基づいていなければならない。われわれの事実の世界、われわれの行動の世界の背後には、それと相対する固定した先在的な権利の世界がなければならない。つまり、この世に起こる一切のものは既にあの世に可能的に存在しているのであって、一滴の血も、極微《ごくみ》な一分子も、指定せられ、予定せられ、捺印《なついん》せられ、極印《ごくいん》せられていて、少しも変る見込みを与えられてはいないのである。この下界においてわれわれの理想につきまとう否定的なものも、絶対的な実在界においては否定されなくてはならない。この実在界のみがこの宇宙を堅固《けんご》なものにするのである。それこそ安らかな深底である。われわれは嵐の吹き荒《すさ》ぶ水面に生活している。しかしわれわれの錨《いかり》はその嵐にもちたえる。錨は水底の岩にしっかりと掛っているからである。それこそワーズワスの「限りなき激動の胸にひそめる永遠の平和」である。それこそ私がさきに諸君に読んできかせたヴィヴェカナンダの神秘的な一者である。これこそ大文字Rのついた実在（Reality)、無窮の要求をなす実在、敗滅ということの起こりえない実在である。これこそ原理の人々が、そして一般に第一講で軟《やわらか》い心と呼んだすべての人々が、要請《ようせい》せざるをえないと考えているものなのである。

そしてこれが、まさしくこれが、かの講義における硬《かた》い心の人々をして片意地《かたいじ》な抽象《ちゅうしょう》崇拝と呼ばしめるにいたらせた所以《ゆえん》なのである。硬い心の人はあくまで事実の人である。私の青年時代の旧友、ハーヴァードのすぐれた経験論者で硬い心の人に属するチョーンセー・ライトはつねにいった、ありのままの現象的事実の背後には何物もないと。合理論者は事実の背後に事実の根拠、事実の可能性があると主張するが、硬い心の経験論者たちは彼を非難していう、彼はただ事実の名と性質だけを取り上げ、これを事実の背後に据《す》えて事実を可能ならしめる本体だと考えているのであると。このような見せかけだけの根拠がよく引き合いに出されることは周知のことである。私はかつて外科《げか》手術に立ち合ったとき、傍で見ていた一人が医者に向って、なぜ患者《かんじゃ》はあんな深い息をするのか、と尋《たず》ねるのを聞いたことがある。「エーテルが呼吸を刺戟するからです」と医者は答えたが、質問者は、それで十分に説明がついたかのように、「そうですか」といった。しかしこの答は、ちょうど青酸加里《せいさんかり》は「毒」だから人を殺す、とか、「冬」だから今夜はたいへん寒い、とか、われわれは「五指の動物」だから五本の指をもっている、とかいったりするのと同じである。これらは事実を示す名に過ぎず、事実から取られたものでしかないが、それが事実に先《さき》だってあり事実を説明するものであるかのように取り扱われているに過ぎないのである。徹底的な硬い心の人から見ると、絶対的な実在などという軟い心の抱く概念は、まさしくこれと同じ型で作られているのである。それは、繰《く》り拡げられ引き伸された全現象を概括する名に過ぎないが、それがあたかも別個の唯一にして現象に先だつ本体ででもあるかのごとく取り扱われているのである。

人々の物の見方《みかた》にいかに違いがあるか、これでおわかりであろう。われわれの生きている世界は、あらゆる種類の仕方と程度で密着した無限の数の個々物の形で、散在し撒布《さんぷ》されて存在している。そして硬い心の人はそれらの個々物を全くそのあるがままに評価しようとする。彼らはこのような種類の世界に耐えることができる、彼らの気質がこの世界の不安定さによく適応しているからである。軟い心の人はそうでない。彼らはわれわれの生れ落ちたこの世界を後にして、「別のよりよき」世界にいこわずにいられぬのである、そしてこの世界では、個々物が一全体を形作り、そして全体が唯一者を形作っているが、この唯一者は論理的に各々の個物を予想し、これを内に包み込み、それを例外なく確保するとするのである。

われわれはプラグマティストとして根本的に硬い心の者でなければならないであろうか？ それとも、われわれは世界の絶対版を正当な仮説として取り扱うことができるであろうか？ それは確かに正当である、なぜかというに、われわれがそれを抽象的に解すると具体的に解するとにかかわらず、それは考えられるものだからである。

ここにそれを抽象的に解するというのは、それをわれわれの有限なる生の背後にすえるということで、それは「冬」という語を今夜の寒い天候の背後にすえるのと同様なのである。「冬」とは、一般に寒い天候という特徴をもった一定の日数をあらわす名に過ぎない、しかしこの名は何も寒さを保証しはしない。なぜかというに、寒暖計は明日急に七十度に上るかもしれないからである。それにもかかわらずこの語は、われわれの経験の流れのなかに飛び込んで泳いで行くためには有用な語なのである。それは或る蓋然的《がいぜんてき》なことどもを切り取り、また蓋然性のないことどもを示してくれる。諸君はこの語に教えられて麦藁帽子《むぎわらぼうし》を片づけ、防寒靴の包をとくことができるのである。この語は諸君が必要とする事物の要約なのである。それは自然の習慣の一部に名づけられたもので、その習慣の継続にたいして諸君に準備をさせる。それは経験から抽象された一定の道具であり、諸君が考慮を払わずにはすまぬ概念的な実在である、しかもこれによって諸君は感覚的な実在全体へ導き返されるのである。プラグマティストはこのような抽象物の実在を決して否定する者ではない。かかる抽象物は積立投資《つみたてとうし》されたそれだけの過去の経験なのである。

しかし世界の絶対版を具体的に解すると、この仮定の意味は異ってくる。合理論者たちはそれを具体的に解して、それを世界の有限版に対立させる。彼らはそれに特殊な性質を与える。それは完全な、完結したものである。かしこで知られる一切のものは、他の一切のものといっしょに知られるのである。無知が支配しているこの世界はそれとは遙かに違っている。かしこでは、要求があればまた満足が用意されている。ここではすべてが過程である。かの世界は時間の外にある。われわれの世界では可能性が通用するが、絶対的な世界では、あらぬものはすべて永遠の昔から不可能であり、あるものはすべて必然であって、可能性の範疇はそこでは全く適用されない。この世界では罪や恐怖が悔《く》いられる。あの全的な世界では悔いというものは通用しない。「時間的秩序のなかに悪が現存しているということこそ永遠なる秩序の完成の条件そのものである」からである。

重ねていうが、どちらの仮定もプラグマティストから見ると正当なのである。どちらもそれぞれ有用だからである。抽象的に解すると、すなわち冬という語のごとく、われわれを将来に向って定位させる過去の経験の備忘録だと解すれば、絶対的世界の概念はなくてはならぬものである。具体的に解しても、少くとも或る種の人々にとっては、それはまた不可欠のものである。なぜならば、それは彼らの宗教的生活を規定して、しばしば彼らの生活態度を改めさせ、かく生活態度を改めることによって、その生活態度に依存する外的秩序をも変更せしめるからである。

それだからわれわれは、方法的にいって、硬い心の人々に党《くみ》してわれわれの有限なる経験の彼《か》方《なた》にひとつの世界があるとする考え方を全く排斥するというわけにはゆかない。プラグマティズムにたいする誤解の一つは、これを実証主義的な硬い心と同一視して、プラグマティズムがあらゆる合理論的な概念を単なる駄弁《だべん》や誇大な身振りとして嘲笑《ちょうしょう》するもののように想像し、それが知的無政府状態そのものを好んで、あらゆる哲学教室の産物よりもむしろ、いわば全く野放しの、飼主《かいぬし》もなく首輪もつけていない野性《やせい》の狼《おおかみ》の世界をよりよきものと考えているかに想定することである。私はこれまでの講義において、柔軟《じゅうなん》に過ぎる諸形式の合理論にたいしてかなり手ひどく反《はん》駁《ばく》を加えてきたので、私はこのような誤解の起きることは覚悟してはいるのであるが、それにしても、ここに集まられた聴衆のなかにかかる誤解を抱かれる人のあまりに多いのを知って驚いていることを告白せざるをえない。と申すわけは、合理論的仮説といえども、諸君を経験のなかへ連れ戻して豊かな実《みの》りを結ばせる限り、私はこれを同時に弁護もしてきたのだからである。

現に今朝がた私は次のような質問の葉書を受け取った。「プラグマティストは必然的に完全な唯物論者《ゆいぶつろんじゃ》、不可知論者《ふかちろんじゃ》であるか？」それどころか、私の旧友の一人で、私をよりよく理解してくれているはずの友人が手紙を寄せて、私が唱《とな》えつつあるプラグマティズムはいっそう視野《しや》の広い形而上学的見解をことごとく閉め出してもっとも卑俗な自然主義にわれわれを堕《だ》さしめるものだといって非難しているのである。その手紙の二、三節を抜き出して読んでみよう。私の友はこう書いている。

「プラグマティズムにたいしてプラグマティックな駁論を加えるには、そうでなくてさえ狭い心をさらに狭くするという点を強調すればよいように僕には思われる。

「歯のうくような言辞やくだらぬ論議を棄てよ、という君の呼びかけには、もちろん、人の心にひびくものがある。しかし、人間は自己の言葉と思想がもつ直接の帰結やかかわりにたいして責任を負《お》うべきであると説かれるのは、有益でもあり人を鼓舞《こぶ》することでもあるが、それがまた遙か遠いかかわりや帰結に思いをはせる楽しみと利益を奪い取ることになるのには、僕は賛成できない。しかもこの特権を拒《こば》もうとするのがプラグマティズムの傾向なのだ。

「つづめていえば、プラグマティックな傾向の制限は、というより危険は、『自然科学』の不用意な追従者《ついしょうしゃ》たちの陥《おちい》ったそれに類するもののように僕には思われる。化学や物理学はすぐれてプラグマティックである。その信奉者たちの多くは、彼らの度量衡《どりょうこう》が提供するデータだけで満足しきって、哲学や形而上学のすべての学徒にたいし、誰彼《だれかれ》の別なく、この上ない憐《あわ》れみと軽蔑《けいべつ》を感じている。いかにも、あらゆるものが化学や物理学の言葉で——なんとか、そして「理論的に」——表現されうる、すなわち、全体の生命原理以外のあらゆるものならそれができるのだ。しかも彼らは、そのような原理を表現しようと試みてもなんらプラグマティックな益がない、というのである。つまり、そのような原理は——彼らには——なんのかかわりもないものなのだ。僕としては、自然主義者やプラグマティストの紛《まぎ》れもない多元論の彼方に、彼らのまるで興味をもたぬ論理的統一を見ることがわれわれにできないという説には、どうしても承服するわけにゆかない。」

私の第一および第二の講義を聞かれた以上、私の弁護しつつあるプラグマティズムについて、どうしてこのような考え方が可能であろうか。私は絶えず、プラグマティズムが硬い心と軟い心との調停者であることを明らさまに申し述べてきたはずである。もし事物に先立ってある世界という概念が、冬という語のように抽象的に解されようと、また絶対者の仮説として具体的に解されようと、とにかくわれわれの生活にとってなんらかの帰結をもつことが示されうるならば、それにには意味があるのである。もしこの意味がはたらくならば、それはプラグマティズムにとっては、あらゆる可能なる修正を通じて固守されねばならぬ或る真理をもっているといえるのである。

完全なものは永遠であり、本源的であり、もっとも実在的であるという絶対主義的仮説は、じつにはっきりした意味をもっている。そしてそれは宗教的にはたらくのである。それがどうはたらくか、その検討が次の、最後の講義の主題となるであろう。

第八講　プラグマティズムと宗教

前講を閉じるにあたって私は、私が第一講で硬い心と軟い心とを対立させ、両者の調停者としてプラグマティズムを唱《とな》えたのを諸君に想い起こしていただいた。硬い心は、宇宙の永遠なる完成版がわれわれの有限なる経験と共存しているとする軟い心の仮説を積極的に排斥する。

プラグマティックな原理に立つとき、われわれは生活に有用な帰結が流れ出てくる仮説ならばいかなる仮説でもこれを排斥することはできない。もろもろの普遍概念も、それが考慮されるべきものである以上は、プラグマティストにとって、特殊な諸感覚と同様に実在的なものでありうるのである。もしそれらの普遍概念がなんの用をもなさないならば、もちろんそれはなんら意味をもたず、また実在性をもってはいない。しかしもしそれがなんらかの有用性をもっているならば、それはその有用なだけの意味をもっているのである。そしてこの意味は、その有用性が人生の他のもろもろの有用さとよく合致する時、真となるであろう。

ところで、絶対者の有用性は人類宗教史の全歴程《ぜんれきてい》によって実証されている。永遠者の御手はそこに下されているのである。ヴィヴェカナンダの説くアートマン*の有用さを想い起こしていただきたい――そこからはなんら特殊なことがらを演繹《えんえき》することができないのであるから、その有用さはもちろん科学的なそれではない。それは全く情意的、精神的なものである。

ものごとを論ずるには、具体的な例を引合《ひきあい》に出すのがつねに最善の道である。それだから、私はウォールト・ホイットマンの「君に」と題する詩*の数節を読んでみることにしよう――ここに

「君」というのは、男であろうと女であろうと、誰であれこの詩を読む人もしくは聞く人を指している。

君が誰であろうと、いま私は私の手を君の上に置く、
君が私の詩となるように。
私は私の唇を君の耳につけて囁《ささや》く、
私は多くの男を、女を、そして男を、愛してきた、
しかし君ほどに愛した者はない。

ああ、私の歩《あゆ》みは鈍《にぶ》く、私の口は唖《おし》であった。
私は疾《と》くに君に進み寄るべきであったのだ。
私は君のほか何ごともしゃべっていてはならなかったのだ、
私は君のほか何ものも歌ってはならなかったのだ。

私はすべてを去り、来《きた》って君の讃歌を作ろう。
誰ひとり君を理解しはしなかった、しかし私は君を理解している。
誰ひとり君を至当に扱わなかった――君も君自身を至当に遇《ぐう》しなかった。
誰ひとり君を不完全と思わぬ者はなかった――ただ私ひとりが君を不完全と見ないばかりなのだ。

おお、私に君の栄光と偉大を歌うことができたら。

君は君が何であるかを知らなかった――君は君の生涯をまどろみつづけてきたのだ。

君のなしたことは、既に笑い草となって帰ってきつつある。


しかしその笑い草は君ではない。

笑い草の下に、そのなかに、私は君が隠れているのを見る。

私は君を、他の何人も追わなかったところに、追い求める。

沈黙、机、おしゃべり、夜、仕来《しきた》り、よしこのようなものが他の人々から、あるいは君自身から、君を隠そうとも、私から君を隠すことはない。

悪党づら、きょろきょろ目、いやな顔附《かおつき》、これらは、よし他の人々を失望させようとも、私を失望させることはない。

無作法《ぶさほう》な着物、だらしない態度、泥酔《でいすい》、貪欲《どんよく》、夭死《ようし》、これらすべてを私は切り棄てるのだ。


男や女に恵《めぐ》まれた天稟《てんぴん》で君のうちに刻《きざ》まれていないものはない。

男や女のもつ徳も美も、君に具《そな》わらぬものはない。

他の人々にある勇気や忍耐で、君のうちにないものはない。

君を待つことなくして他の人々を待ついかなる快楽もない。

君が誰であろうと、いかなる危険をもしりめに君自身を要求せよ！

東と西にのびるこの光景も、君に比《くら》べると、その精彩《せいさい》を失う。

これらの広大な牧場——これらの涯《はて》なき河——そのように君は広大にして涯しがないのだ。

君はそれらを支配する主人《あるじ》か主婦かなのだ。

自然、四大、苦痛、激情、壊滅《かいめつ》を支配する権利をみずからの手に握《にぎ》る主人《あるじ》か主婦かなのだ。

足械《あしかせ》は君の 踝《くるぶし》 から落ちる——君は尽《つ》きぬ満足を見出す。

老いてあろうと若くあろうと、男であれ女であれ、荒く、卑《いや》しく、他から指弾《しだん》されてあれ、
君のあるところのものは、何であれ、みずからを顕《あら》わすのだ。

生れ、生き、死に葬《ほうむ》られる、その過程を通じて、てだては備えられている、何ひとつ欠けるものもない。

憤怒《ふんぬ》、損失、野心《やしん》、無知、倦怠《けんたい》をくぐって、君のあるところのものはみずからの道を拓《ひら》いてゆく。


とにかく、まことに美しい、心をうつ詩である。しかしこれを解釈するのに二つの、ともに有用な仕方がある。

一つは一元論的な仕方、純粋な宇宙感情の神秘的な方法である。かの栄光も偉大も、君を傷つけるものどものただなかにあってさえ、絶対に、君のものである。君に何ごとが起ころうとも、君がどのように見えようとも、君の内面は安全である。君の真の存在原理をかえりみよ、その上

に寄りかかれ！　これこそかの有名な静寂《せいじゃく》主義、無関心主義の道である。その反対者たちは、これを精神の阿片《あへん》に比している。けれどもプラグマティズムはこの仕方を尊重しなければならぬ。これには巨大な歴史的弁証があるからである。

しかし、プラグマティズムはこの詩を解釈するも一つの仕方すなわち多元論的な仕方もまた尊重されねばならないと考える。あのように栄光を与えられ、讃歌のささげられた君は、現象的に解釈されるなら、諸君のよりよきもろもろの可能性を意味することもできるし、また諸君の犯《おか》した数々の失敗が君自身にあるいは他の人々に償《つぐな》う特殊な贖罪《しょくざい》をさえ意味することもできる。諸君が諸君みずからの乏しい生を、かの栄光の道づれなるがゆえに悦んで甘受しようとするほどまでに賞嘆しかつ愛する他の人々のもつもろもろの可能性にたいする諸君の忠誠を意味することもできる。少くとも諸君はかくもすばらしい全世界を観賞し、賞讃し、聴取することができるのである。諸君みずからのうちにある低いものを忘れよ、そして、ただ高きもののみを思え。この高きものと諸君の生を一つならしめよ。そうすれば、憤怒、損失、無知、倦怠《けんたい》をくぐって、諸君がみずからをしかくなすところのもの、諸君がもっとも深きところにおいてあるところのものは、それが何であれ、みずからの道をきり拓《ひら》いてゆくのである。

どちらの仕方で解釈するにしても、この詩はわれわれ自身にたいする信頼の心を促《うなが》してくれる。どちらの仕方も満足を与え、人間界の流転《るてん》を聖化する。ともに金色の背景に君の肖像を描くのである。しかし第一の仕方の背景は静的な一者であるが、第二の仕方においては、複数の可能性、全くの可能的なものを意味し、この可能という概念に含まれるあらゆる不安定さをもっている。

この詩のどちらの読み方も崇高さに欠くるところはないが、プラグマティックな気質にもっともよく一致するのは多元論的な読み方である。なぜかといえば、この読み方は無限に多い未来の経験の特殊相をわれわれの心にじかに暗示するからである。それはわれわれのうちにある一定の活動力を働かしめる。この第二の仕方は、第一の仕方に比《くら》べると、散文的で世俗的に見えるけれども、これを無慈悲な硬《かた》い心として非難することは誰にもできない。しかしながら、もしプラグマティストとして諸君がこの第二の読み方を積極的に推《お》し立てて、第一の読み方に反対されるならば、諸君はきっと誤解を招くにいたるであろう。諸君は高貴なる概念を否定するもの、もっとも悪い意味における硬い心に組するものとして非難されるであろう。

諸君はこの聴衆の一人が寄せられた手紙の数節を抜き出して私が前回の集りで読んだのを記憶しておられるであろう。いま私はそれに附け加えて更に一節を抜いて読んでみよう。それはわれわれの面している二者択一《たくいつ》を実現するにあたっての曖昧《あいまい》さを示しているが、このような態度はかなり一般にとられているのではないかと私は思う。

私の友の手紙にはこう書かれている。「私は多元論を信じます。私たちは、真理の探求において、涯《はて》しらぬ大海に漂《ただよ》う一つの小さな氷塊《ひょうかい》から他の氷塊へと飛び移って行くのだと私は信じます。そして私たちは私たちの一つ一つの行為によって新しい真理を可能ならしめ、旧い真理を不可能にしてゆくのだと私は考えるのです。人間めいめいが宇宙をよりよきものにする責任を負《お》っており、めいめいがこの責任を果さないならば、この世界はそれだけ未完成なままに放置されるのであろうと私は信じます。

「けれども同時に、私の子供たちが不治の病にかかって苦しんでいるとしても（実際はそうではありません）、私はよろこんでそれに堪えるつもりですし、また私自身が愚《おろ》かであることにも、しかもわが身の愚かさを知るだけの頭脳をもっているということにも、私はよろこんで堪えようと思います。ただしそれにはただ一つ条件があります。すなわち、想像としても推論としても、万物の合理的統一ということを構想することによって、私の行為と私の思想と私の思い煩《わず》らいとが世界のすべての他の現象によって補足されており、そして――このように補足されるとき――私の行為も思想も思い煩らいも、私自身のものとして私が是認し採用する一つの計画を形作っているのだと私は認めることができるということであります。私としましては、自然主義者やプラグマティストのあらわな多元論の彼方に、彼らが全く興味も寄せない論理的統一を見ることがわれわれにできないという説にはどうしても承服できません。」

このように美しく個人的信念を表白されると、聴く者の心はあたたまらずにはいない。しかし表白は聴く者の哲学的頭脳をどれだけ明晰《めいせき》にしてくれるであろうか？　この筆者が終始一貫《しゅうしいっかん》して好意を寄せているのは、世界詩の一元論的解釈なのか、それとも多元論的解釈なのであろうか？彼の思い煩《わず》らいはこのように補足されるとき贖《あがな》われる、と彼はいう。補足されるのは、すなわち、他の現象が供給してくれるすべての補償によってなのである。してみると明らかにここでこの筆者は経験の特殊相に面を向け、これを多元論的、改善論的に解釈しているのである。

ところが彼自身はうしろに面を向けているつもりでいる。彼は、口では彼のいわゆる事物の理性的統一を語りながらじつは絶えず事物の経験的統一化の可能性を考えているのである。同時にこの筆者は、プラグマティストは合理論の抽象的な一を批判するのであるから、具体的な多のうちに含まれている救いの可能性を信ずるという慰安の道を絶たれている、と想像している。簡単にいえば、彼は、世界の完成ということを必然的な原理と考えるか、単に可能的な究極目的と考えるか、この両者の間に区別をつけることができないのである。

この手紙の筆者は真のプラグマティストではあるが、自分でそれと気づかぬプラグマティストなのだと私は思う。彼は私が最初の講義で述べたような数多い哲学アマチュアの一人であるらしく私には思える。つまり彼は、自分たちがどうして同意したり異議をとなえたりするのか、ということについてあまり注意を払わずに、ただ万事が都合よく運ぶことを望んでいるのである。「万物の合理的統一」ということはいかにも人を奮い立たせる方式であるから、彼はこの方式を手放しでふりまわし、これと相容《あい》れないものとして多元論を抽象的に非難する（多元と統一という名前だけを見ると、両者は相容れぬからである）、けれども彼がこの方式によって具体的に考えているものは、まさにプラグマティックに統一され改善された世界なのである。われわれの多くはこのような本質的な曖昧《あいまい》さの域《いき》にとどまっている、そしてまたそれで済むのである。しかしことがらを明晰《めいせき》に考えようとすると、もう一歩を進める人があって然《しか》るべきであると思う。だから私は今から、この特殊な宗教上の問題に焦点を向けて、も少しことがらを識別してみたいと思う。

それでは、諸君のなかのこの君、この絶対的な実在の世界、道徳的霊感の源となり宗教的価値をもつこの統一は、一元論的に解すべきか、それとも多元論的に解すべきであろうか？　それは事物に先だってあるものなのか、それとも事物のなかにあるものなのか？　それは原理なのか目的なのか、絶対なのか究極《きゅうきょく》なのか、最初のものか最後のものか？　それは諸君に前方を見させるものか、それともうしろによりかからせるものなのか？　確かにこの両者はごっちゃにしてはいけない。両者は識別されると、それぞれ人生にたいして全く違った意味をもってくるからである。

このディレンマ全体が、プラグマティックに見ると、世界のもつもろもろの可能性の観念をとりまいているということにどうか注意していただきたい。知的には、合理論は絶対的な統一原理を推《お》し立て、これを多くの事実の可能性の根拠として要求する。情意的には、合理論はその原理を諸可能性の包含者、限定者、結末を善たらしめる保証者と見る。このように解すると、絶対者はすべての善《よ》きものを確実にし、すべての悪《あ》しきものを不可能にするもの（すなわち、永遠にわたって）であり、そして可能性の全範疇をよりいっそう確かな諸範疇に変えるものであるといえる。この点において、世界は救済されねばならぬしまたされるだろうと主張する人々と、世界は救済されるかもしれぬと信じて甘んじている人々との間に大きい宗教的な差異があることがわかる。合理論者の宗教と経験論者の宗教との全衝突《ぜんしょうとつ》は、してみると、可能性の効力に関しているのである。それだから、まずこの語に焦点を置かなくてはならない。「可能」という語は厳密には何を意味するのであろうか？　無反省《むはんせい》な人々には、この語はいわば存在の第三階級、すなわち存在よりは実在性が少く、非存在よりは実在性が多いという存在の状態、薄明の国、混成状態、実在物がときどき出たり入ったりしなければならぬ幽界のごとく思われている。

　このような概念はもちろんあまりに曖昧でえたいが知れず、とうていわれわれを満足させるものではない。他の場合におけると同じくこの場合にも、この語の意味を引き出す唯一の道は、それにプラグマティックな方法を適用することである。ひとつの事物が可能である、と諸君がいうとき、このいい方は別のいい方とどのような違いを作るであろうか？　少くとも次のような違いが生ずるのである。もし誰かがその事物を不可能だというなら、諸君は彼に反対することができるし、もし誰かがそれを現実的だというなら、諸君は彼に反対することができるし、またもし誰かがそれを必然的だというなら、諸君はまた彼に反対することができるのである。

しかしこのように反対をとなえることができるという特権はたいしたことではない。ひとつの事物が可能である、と諸君がいうとき、その主張は現実の事実の上でそれ以上の差異を作らないであろうか？

少くとも、もしこの諸君の断定が真であるとすれば、その可能なる事物を妨げうる何ものも現存していないことになる、という消極的な差異がでてくるのである。そこで、妨害物が実際にないということは、事物を不可能でないものに、したがって、ただそれだけのあるいは抽象的な意味で可能なものに、することであるといえる。

けれども大部分の可能なものはただそれだけのものではない、可能なものは具体的な根拠をもっている。あるいは、いわゆる十分に基礎づけられている。このことはプラグマティックにはどういう意味であろうか？　それは単に妨害的な条件が現在しないというにとどまらず、その可能なる事物を産《う》み出す或る条件が現実に存在しているということを意味している。かくして具体的に可能な一羽の雛《ひな》とは、(一) 雛の観念がなんら本質的な自己矛盾を含んでいないということ、(二) 少年とかいたちとか、あるいは他の敵があたりにいないということ、(三) 少くとも一個の現実的な卵が存在しているということ、を意味する。可能的な雛とは、現実の卵プラス現実に巣ごもる牝鶏《めんどり》もしくは人工孵卵器《ふらんき》のたぐい、を意味する。これら現実の諸条件が完成に近づくにつれて、雛はだんだんよりよく基礎づけられた可能性となる。条件が全く完備すると、雛は可能性であることをやめて、ひとつの現実的な事実に変ずるのである。

この考え方を世界の救済に適用してみよう。世界の救済が可能であるというのはプラグマティックにはどういうことをいうのであろうか？　それは世界救助の諸条件がいくつか現実に存在していることを意味している。その条件がより多く存在すればするだけ、妨害的条件はより少なくなる、救済の可能性がよりよく基礎づけられていればいるほど、救助の事実はより多く蓋然的となるのである。

可能性に関する予備的な注意はこれくらいでとどめておこう。

ところで、世界の救済というような問題にたいして、われわれの心が無関心で中立的でなければならないなどというとしたら、それは人生の精神そのものに矛盾することであろう。自分は中立だなどと称する人は、みずから愚者であり法螺《ほら》吹きであることを公言するようなものである、われわれはみなこの宇宙の不安全さをできるだけ少くしたいと望んでいる。われわれは、この世界があらゆる敵に曝《さら》され、生命を破壊するあらゆる悪気流に向って口を開けていると考えると、不幸であるし、また不幸であるはずである。それにもかかわらず、世界の救済を不可能なことと考える不幸な人々がいる。ペシミズムとして知られる教説はそういう人たちのものである。

これに反してオプティミズムは、世界の救済を必ず来るものと考える教説である。

これら二つの教説の中間に、改善論と呼ばれてよいものがある。しかしこれはこれまでひとつの教説というよりもむしろ人事に処するひとつの態度であると考えられてきた。オプティミズムはつねにヨーロッパ哲学における支配的な教説であった。ペシミズムはごく最近になってショーペンハウエルによって唱えられたばかりのもので、いまだ体系的な擁護者を少数しかもっていない。改善論は救済を必然的とも不可能とも説かない。それは救済をひとつの可能性として扱うが、この可能性は、救済の現実的な条件が数多くなるにつれて、次第に蓋然性の度を加えると考える。

プラグマティズムが改善論に傾かざるをえないのは明らかである。世界救済の若干の条件は現実に存在しているのであって、プラグマティズムはこの事実に眼をおおうわけにはゆかない。もし残りの条件があらわれてきたならば、救済は完成した実在となるであろう。もちろん、私はいまこれらの言葉をはなはだおおまかな意味で用いているのである。諸君は「救済」という語をいかようにも思いのままに解釈されてよいし、またこの救済ということを分布的に局所局所に起こる現象とも、あるいは危機にのぞんで全面的に生ずる現象とも、好むままに解してよいのである。

例えば、この部屋にいるわれわれの誰かがさまざまな理想を抱いていて、そのために生き、そのために働こうと志しているとしよう。もしそのような理想のどれかが実現されるならば、その実現された理想は世界の救済の一つの契機《けいき》となるであろう。しかしこれらの特殊な理想はただそれだけの抽象的な可能性なのではない。それは根拠づけられている、それは生きた可能性である。なぜなら、われわれがそれらの理想の生きた選手であり証人であるからである。そしてもし補足的な諸条件があらわれて附け加わってくるならば、われわれの理想は現実的なものとなるであろう。ではその補足的な条件とは何であるか？　それはまず、時が満ちるとわれわれに機会《チャンス》を、われわれが飛び込むことのできる機会《ギャップ》を与えてくれるような諸事物の混合であり、そしてつまりは、われわれの行為なのである。

それなら、われわれの行為がみずから進路をきり拓《ひら》くのであるかぎり、われわれの行為がその機会《ギャップ》に跳《と》び込むのであるかぎり、われわれの行為が世界の救済を創造するのではないであろうか？　もちろん、世界全体の救済を創造するとはいえないが、われわれの行為が及ぶだけの世界の範囲はこれをわれわれの行為が創造するのではあるまいか？

私はここに大胆《だいたん》な論断をあえてしよう。そしていかなる種類の合理論者や一元論者の徒が挙げて刃向ってこようとも、私はあえてたずねる、なぜそうではないのか？　われわれの行為、われわれの転換の場、そこでわれわれはみずからわれわれ自身を作りそして生長して行くのであるから、それはわれわれにもっとも近い世界の部分なのである。この部分についてこそわれわれの知識はもっともよく通じており完全なのである。なぜわれわれはそれを額面どおりに受け取ってはならないのか？　なぜそれがそう見えるとおりに世界の現実的な転換の場、生長の場でありえないのか――なぜ存在の工場であることができないのか。この工場においてこそ、われわれは事実をその生成過程において捉《とら》えるのであり、したがって、世界はそれ以外の仕方では、どこにも生長しえないのではないか。

　それは非合理だ！　とわれわれはいわれる。新しい存在が、他のものとは独立に、出まかせに附け加わってきたり加わらなかったりして局所局所にぽつんぽつんと現われてくるなどということは、ありうるわけがない。われわれの行為には理由がなければならないが、その理由がどこかに求められるとすれば、けっきょく、この全自然界の物質的な圧力ないしはその論理的な強制のほかに求められうるはずがない。生長あるいは生長と見えるものの真の動因はどこかにただ一つありうるばかりである、そして動因はこの全世界そのものなのである。もしそこに生長があるとするなら、世界は万遍《まんべん》なく生長すべきであって、単なる部分部分がそれだけで生長するなどということは非合理である。

　しかし、合理性ということを――また事物の理由ということをもち出して、事物は局部的にはあらわれえないと主張されるのであるが、それなら、いやしくも何かが生じて来ねばならぬというういかなる種類の究極理由がありうるというのか？　論理、必然性、範疇、絶対者、そのほか哲学工場全部の製造品をお気に召すままに持ち出されて結構であるが、およそ何ものかが存在しなければならぬという現実的な理由としては、誰かがそれのここにあることを欲するというただ一つの理由しか私には考えられないのである。それは要求されてあるのである、――どれほど小さい世界の部分であろうとそれをいわば救助するために要求されてあるのである。これが生きた理由なのであって、この理由にくらべると、物質的原因とか論理的必然性とかは幽霊みたいなものである。

簡単にいえば、ただ合理ずくめの世界などというものがあるとしたら、それは魔法帽子の世界、テレパシーの世界であろう。そこでなら、あらゆる欲望がたちどころに満《み》たされ、周囲の力とか媒介力《ばいかいりょく》とかを考慮したり宥《なだ》めたりする必要もありはしない。これこそ絶対者そのものの世界である。絶対者が現象界に向って「かくあれ!」と要求しさえすれば、全くその要求どおりの現象界が存在するのであって、その他の条件など何一ついりはしない。われわれの世界では、個人の願望が唯一の条件であるばかりである。個人個人がそれぞれ違った願望を抱いて現に生きているのである。だからめいめいで違うさまざまな願望がまずかなえられなくてはならない。このように実在は、多なるこの世界においては、あらゆる種類の抵抗のもとに生長し、和解に和解を重ねながらだんだんと、第二義的な意味で合理的形態と呼ばれてよいようなものに組織されてゆくしかないのである。われわれが魔法帽子型の組織に近づくのは、人生のごく僅かな部門に限られている。水が飲みたくなる、そこで栓口《せんこう》をまわす。コダックの写真が撮《と》りたいと思う、そこでボタンを押す。ひとに何か知らせたい、そこで電話をかける。旅行がしたい、そこで切符を買う。これらの場合、また同じような場合、われわれはただ欲しさえすればよいのである――すると、あとのことを果すように世界は合理的に組織されるのである。

しかしいま合理性ということについて述べたのは、いわばつけたしであり脱線であった。われわれの論議の中心は、世界というものは完璧《かんぺき》な姿で必然的に生長するのでなく、部分部分の寄与《きよ》によって少しずつ生長するものであるという世界の見方であった。この仮説を真面目《まじめ》に、生きたものと考えてみていただきたい。世界の創造者が創造に先だって諸君に向い、次のように問いかけたと想像してみてもらいたい。「私はこれから世界を造ろうと思うのだが、その世界は済度《さいど》されるかどうか確かでなく、その完成はただ条件つきなのだ、つまり創造にあずかる者めいめいが自己の『最善』をつくすという条件がついている。私は君にそういう世界の一員となる機会を与えよう。安全の保証はできないがね。全くの冒険なので、ほんとに危険を伴っている。がしかしやりとげられんものでもない。みんなが協力して働いてはじめて出来てくるという社会事業なのだ。君はこの一隊に加わろうと思うかね。君はあえてこの危険にぶつかって行けるかね、また他の参加者たちにそうできると思うかね。」

そのような世界に加わるようにと申し入れられたとして、どうも安全でないから、といって諸君はその申し入れをこばまねばならぬと本心から思うだろうか？　そのように根本的に多元的で非合理的な宇宙の一部分となるくらいなら、いっそのこと、悪魔の声でしばし目を覚《さま》されてしまったが、またもとの仮睡《かすい》へ戻った方がましだ、と諸君はいうであろうか？

もちろん、諸君が正常な人であるなら、そんなことをしようとは思われないであろう。われわれたいていの者にはそういう宇宙にうまく適応させてくれる弾力のある健全な心がそなわっている。だからわれわれはその申し入れを「では約束したぞ！　よし、確かに！」*と受けるだろう。

そのような宇宙は、われわれが実際に住んでいるこの世界そっくりのものであろう。そしてわれわれの老乳母《うば》たる自然にたいする誠実さがその申し入れをこばむことを許さぬに違いない。さし出されたこの世界こそ、われわれにとってはもっとも生き生きした意味で「合理的」であると思われるであろう。

だから、たいていの人ならこの提言を歓迎して創造者の作意にわれわれ自身の作意を加えて行くだろうと思う。けれども、なかにはそうすることを肯《がえ》んじない人もあろう。人間の集りのなかにはどこにでも病的な心の持ち主がいるとしたもので、そのような人たちには、安全を保てる見込みはただ敢闘することによってしかえられないといったような宇宙を前途に予想するなどは、おそらくなんら訴える力をもたないだろうからである。われわれは誰でも自分自身がいやになり空《むな》しい努力にあきはててがっかりしてしまう瞬間があるものである。われわれ自身の生命が打ちひしがれ、われわれはかの放蕩息子《ほうとうむすこ》の態度におちいってしまう。われわれはものごとに機会のあることを信じなくなる。われわれは一切を諦《あきら》めて父親の頸《くび》にすがりつくことのできるような宇宙を求め、あたかも一滴の水が河や海に融《と》け込むように、絶対の生命のなかへ吸い込まれたいと思う。

かかる平和と休息、すなわちこのような瞬間に希求される安心は、この有限なる経験界における不幸な出来事に心をかき乱されることのないという安心である。涅槃《ニルヴァナ》とは感覚の世界を織りなしている諸業の永遠な輪廻《りんね》から安全であることを意味する。ヒンズー教徒や仏教徒は、この境地を本来その心境としているから、ただ恐れることしか知らない。彼らは経験を積むことを恐れ、人生を恐れるのである。

このような性質の人々に宗教的一元論はその慰安《いあん》の言葉をもってのぞむ。「一切のものが必須《ひっす》であり欠くことのできぬものである——病《や》める魂と心をもつ汝でさえそうである。一切は神と一つであり、神とともに一切は善である。永遠の御手は下されており、この有限なる現象の世界において汝が失敗すると見えるか成功すると見えるかにはかかわらない。」人々が悲境のきわみに陥《おちい》るとき、絶望主義が唯一の救いとなることは疑う余地がない。多元論的道徳観は単に彼らの歯をがたがた打ち鳴らさせるばかりであり、彼らの胸のなかの心臓までも凍《こお》らせてしまう。

かくしてわれわれは二つのタイプの宗教が鋭く対照をなしているのを具体的に見るのである。先に用いた比較の用語を使って、われわれは絶対主義的形式は軟い心に訴え、多元論的形式は硬い心に訴えるということもできよう。多くの人々は多元論的形式を宗教的と呼ぶことを頭っから拒否するであろう。彼らはそれを道徳主義的と呼んで、宗教的という言葉を一元論的形式にのみ適用しようとするであろう。自己放棄という意味における宗教と、自己満足という意味における道徳とは、相容《あいい》れぬものとして、人間思想の歴史においていくたびとなく互いに矛《ほこ》を交《まじ》えてきたのである。

われわれはここに哲学の最後の問題に直面している。私は第四講において、一元論と多元論との二者択一は、われわれの心の考えうるもっとも深くかつもっとも重大な問題であると信ずるといった。このいずれかの選択は究極的なものなのか？　ただ一方だけが真でありうるのであろうか？　多元論と一元論とはほんとうに相容《あいい》れないものなのか？　そこで、もし世界がほんとうに多元論的に組み立てられているとしたら、もし世界がほんとうに分散的に存在し個々物の群から出来ているとしたら、世界は事実において、個々の行為の結果として、一部分ずつ救済されうるに過ぎないことになるであろう、そして世界の叙事《じょじ》詩《し》的《てき》歴史は、雑多を既にあらかじめ「吸収」しこれを永遠に「超克《ちょうこく》」している或る本質的な一というものによって締《し》めくくられては決していないことになるであろう。果してそうであろうか？　もしそうであるとしたら、われわれはどちらかの哲学を選びとるほかないであろう。われわれは両者にたいして「然《しか》り、然り」ということはできないであろう。可能な一方をとり、他方を「否」というほかないであろう。われわれは最後の失望を告白せざるをえないであろう。われわれは唯一の不可分な行為において、健全な心と病《や》める心とを同時にもちつづけることはできないからである。

もちろん人間であるからには、われわれは今日は健全な心でいても明日は病める心になることもありうる。また哲学のアマチュアというにすぎぬ以上、われわれはみずから一元論的多元論者と称しても、自由意志的決定論者と称しても、あるいはその他おもい浮ぶ調停的な種類のどのような名を自称しても、おそらく許されるであろう。しかし明晰《めいせき》と整合とを求め、真理と真理とを調和させようというプラグマティックな要求を感ずる哲学者である以上は、正直に軟い型の思想をとるか、それとも硬い型の思想をとるかの問題が起こらずにはすまないのである。とくに次の疑問はつねに私の胸にしみて感じられてきたのである。軟い心の要求はあまりに極端にすぎはしまいか？　世界が既にともかく全体的に救われているという考え方はあまりに甘きにすぎて支持しがたいのではあるまいか？　宗教的オプティミズムはあまりに牧歌的ではあるまいか？　一切が救われねばならないのか？　救済の仕事にたいしては少しの代償《だいしょう》も支払われなくてよいのか？　最後の言葉は甘美なのか？　宇宙においては一切が「然り、然り」なのであろうか？　人生の中核そのもののうちに「否」の事実があるのではないか？　人生は「厳粛《げんしゅく》」だとわれわれは考えているが、この事実そのものは、免《まぬか》れがたいさまざまな否《ノー》と喪失《そうしつ》とが人生の一部を形作っていることを、どこかに全くの犠牲があることを、そして永久に烈《はげ》しく苦いものが人生という杯《さかずき》の底につねに残るものだということを、意味しているのではあるまいか？

私はここでプラグマティストを代表するような口を利《き》くわけにはゆかない。私にいえることは、私自身のプラグマティズムは、どちらかといえば私が道徳主義的に傾く見解に加担《かたん》して全的和解という要求を棄てるのを少しも妨げないということだけである。このような態度をとることができるというのも、プラグマティズムが多元論を真面目な仮説として快《こころよ》く取り扱おうとする態度から出ることなのである。結局において、このような問題を決定するものはわれわれの信仰であって、われわれの論理ではない。だから私は、装《よそお》いをこらしたいかなる論理であろうと、それが私自身の信仰を拒否するような権利は、これを否定するものである。私には、この宇宙がほんとうに危険で冒険的なものであるからといって逃げ出したり「待った」と叫んだりはしないで、進んでそれを受け取れるような気がする。浮き沈みの多い人生にたいしてかの放蕩息子《ほうとうむすこ》の態度をとるのは、全人生にたいする正しい終局的な態度でないと私は考える。人生にはほんとうの敗北やほんとうの敗北者があり、あるところの一切のものが残らず保存されるものでないことは私もこれを認める。私は理想を信ずることができるが、この理想は終局的なものであって起原ではなく、抜萃《ばっすい》であって全体ではない。コップがあけられると、あとにはいつまでもかすが残るが、あけられたもののもつ可能性は、それを飲んで十分甘美なものなのである。

事実として数知れぬ人間は宇宙というものをこのように道徳主義的な叙事詩的な種類のものと想像して生きている、そして宇宙の分散した部分部分を一つ一つ数珠《じゅず》つなぎにすることに成功すれば、それで彼らの合理的要求を満《み》たすに足《た》りるものと思っているのである。ギリシア詞華集《しかしゅう》のなかに美しい訳詩があるが、このような心の状態を、つまり、失われたものが人間の自己であってさえなおその喪失《そうしつ》を贖《あがな》われないままに受容しようとする気持をいともみごとに表現していると思うので、いまお目にかけよう。

難破船《なんぱせん》の水夫は、わが身はこの岸辺《きしべ》に埋《うず》められながら、
帆かけて進めと汝らに命じている。
われらは失われたが、美しき帆船の数々は、
疾風《しっぷう》をついて進んで行った。

神の栄光のためには汝らは永劫《えいごう》の罰をも甘受《かんじゅ》するか、と問われて、「諾《だく》」と答えたかの清教徒たちはこのような客観的な寛《ひろ》い心の状態にあったのである。この世において悪からのがれる道は、悪を「止揚《しよう》」し、本質的な要素として悪を全体のなかに保存しておくことではなく、悪を「制圧」するにある。悪をことごとくふるい落し、悪を海中に捨ててこれを乗り越え、宇宙をして悪のありかと名前までも忘れるようにさせることである。

このようにして、「厳粛《げんしゅく》さ」の要素の取り除《のぞ》かるべくもないかかる激しい種類の宇宙を心から受け容《い》れることは全く可能なのである。かくする者は誰であれほんとうのプラグマティストであると私は思う。彼はいまだ確かめられないもろもろの可能性を信頼し、進んでそこに生きようとする。彼の抱く理想を実現するためには、必要とあれば、おのれ自身を賭《と》することもいとわない

のである。

ところでこのようなタイプの宇宙において、彼が信頼して協力する相手となるべき力は現実的に何であるか？　少くともわれわれの現実の宇宙が到達した存在の段階においては、それは彼の同胞たちである。しかしまた、われわれが考察してきた多元論的なタイプの宗教的人間がつねに信じてきたような超人的な力は存在しないのであろうか？　彼らが「神のほかに神はない」といったとき、彼らの言葉は一元論的にひびいたかもしれない、しかし人類の原始的な多神論はただ不完全にそして漠然と一神論に高まっていったに過ぎない。そして一神論そのものは、形而上学者たちが教室で教える題目《だいもく》ではなくて宗教的なものであったかぎりにおいては、つねに神をば、この大いなる世界の運命を作りなすすべての者らのただなかの唯一の救い主、同類中の第一人者、と見てきたのである。

私がこれまで数回にわたって講述《こうじゅつ》してきたところは、人間的な、人間本位的な方面に限られているので、諸君の多くは、プラグマティズムが方法的にかかる超人的なものを考慮の外におくものであるかのような印象を受けられたかもしれない。事実わたくしが絶対者に示した尊敬は僅かであった。しかもこの瞬間まで私は絶対者という以外に超人的な仮説をなんら持ち出さなかった。しかし私は諸君が、絶対者はその超人性ということのほか有神論的な神と何一つ共有するものでないことを十分に看取《かんしゅ》されることと信ずる。プラグマティズム的原理に立つと、神の仮説は、それがその語のもっとも広い意味で満足に働くならば、真なのである。神の仮説に伴うさまざまな困難はなお未解決のままに残るであろうが、この仮説がたしかに働いているということ、そして問題は、他のすべての働いている真理と満足に結びつくようこの仮説を作り上げ規定してゆくにある、ということは経験がこれを示している。私はこの最後の講義がまさに終ろうとする時にあらためて神学論などを始めるわけにはゆかない。しかし、かつて私は人間の宗教的経験に関する書物*を書いたことがあり、その書は大体において神の実在性を弁じたものと見なされていることを申し述べれば、おそらく諸君は私自身のプラグマティズムを無神論的な学説であるという攻撃から免《まぬが》れさせてくださるだろうと思う。私自身としては、われわれの人間的経験が宇宙に存する経験の最高の形式であるなどとは断じて信じていない。むしろ私は、宇宙全体にたいするわれわれの関係は、われわれの愛玩する犬や猫が全人間生活にたいする関係と全く同じものであると信じている。犬や猫はわれわれの画室や書斎に住んでいる。彼らはその情景の一部をなしてはいるが、その意義については何も感知しないのである。彼らは歴史の曲線の切線《せっせん》でしかない。この曲線の初めも終りも彼らの視野《しや》を全く越えている。そのようにわれわれも事物のより広大な生命の切線なのである。しかし犬や猫の理想の多くがわれわれの理想と符合《ふごう》するように、そして犬や猫はその事実について日ごと日ごとに生きた証拠《しょうこ》をもっているように、われわれもまた、宗教的経験が供給する証拠に基づいて、より高い力が存在し、われわれ自身の理想と同じ理想線上において世界を救おうとして働いていると信じてよいであろう。

多元論的ないしは単に改善論的なタイプの宗教もありうることを諸君が認容されるならば、プラグマティズムが宗教的と呼ばれうることを理解していただけると思う。しかし諸君がそのようなタイプの宗教で甘んじられるかどうかは、諸君自身で決定するほかない問題である。プラグマティズムは独断的な解答を後まわしにしなければならない。なぜかというに、結局においてどのタイプの宗教が最もよく働こうとしているかを、われわれはまだ確かには知らないからである。

人々のさまざまな過信、人々のさまざまな信仰上の冒険は、実際、証拠をもち込むために必要なものである。諸君はおそらく諸君自身の冒険をそれぞれされることであろう。もし諸君が徹底的に硬い心の人であるなら、混沌たる自然の感覚的事実だけで足りるであろうし、少しも宗教など必要としないであろう。もし諸君が徹底的に軟い心の人であるなら、諸君はより一元論的な形式の宗教に甘んじられるであろう、すなわち、必然ならぬ可能性を頼む多元論的形式の宗教は十分な安心を諸君に与えるとは思われないであろう。

しかしもし諸君が極端な徹底的な意味における硬い心の人でも軟い心の人でもなく、われわれの多くの者と同様に両者の混合であるならば、私が提出した多元論的、道徳主義的タイプの宗教は、諸君が見出したいと欲せられる一種の綜合的な宗教であるといってよかろう。一方においては生硬《せいこう》な自然主義、他方においては超越的な絶対主義、この二つの極端の間にあって、私があえて有神論のプラグマティックなあるいは改善論的なタイプと呼ぶものこそ、まさに諸君の要求せられるものであることを、諸君は見出されることであろう。

訳　註

九頁一行　チェスタトン Chesterton, G. K. イギリスの著述家。詩人として出発し、のちジャーナリストとして多くのエッセイや批評文や伝記的研究の類をものした。後年（一九二二年）カトリックに改宗した。『異端者《いたんしゃ》』(Heretics) は一九〇五年の作。

一〇頁一〇行　デューイ等を指す。

一〇頁一三行　パースを指している。

一六頁一一行　クリップル・クリーク Cripple Creek. アメリカのコロラド州中央部の都会、標高九六〇〇フィート、ゴールドラッシュで有名な世界有数の金産地。

一九頁一一行　ケアード兄弟というのは、ジョンおよびエドワードのこと（人名索引参照）。兄のジョンはスコットランドの神学者であり、弟のエドワードは哲学者。

二四頁四行　以下の引用は『弁神論』Essais de théodicée 第二章「神の善意と人間の自由と悪の起源とに関する試論」第一九節。

二四頁六行　Coelius Secundus Curio, "De amplitudine regri coelestis." クリオ (1530—69) はイタリアに生れたが、迫害されてスイスに逃れ新教に改宗、のちバーゼル大学の教授になった人。

二五頁一三行　右と同じ章の第七三節および第七四節からの引用。

二五頁一六行　十六世紀におけるイタリアの神学者ソキヌス Laelius Socinus (1525—67) およ

びその甥《おい》にあたる Faustus Socinus の説いた教理の信者。その教理は、人間の理性の能力を越えたものを否定し、したがってキリスト教の中核たるキリストの神性、三位一体、原罪《げんざい》の説などを不合理なものとして排斥した。

四九頁一行　デューイを指す。

四九頁二行　シラーを指す。

七一頁一九行　『人間悟性論』An essay concerning human understanding. 第二巻第二七章からの引用。

七七頁九行　ブラウニングの詩「恋人のいさかい」A Lover's Quarrel の第一七節からの自由な引用。

八七頁一五行　Mont-Pelée は西インド諸島マルチニク島の火山、一九〇二年に爆発。

一〇二頁三行　ここに「誘導線」と訳した原語は lines of *influence* である。influence はもちろん「影響」の意で、多くの場合そう訳したが、ここではこの訳語では意味が通じにくいように思われるので、「誘導」の訳語を用いた。

一〇二頁一五行　「シナの王妃」the Empress of China というのは楊貴妃《ようきひ》のことか？

一四七頁八行　「真理化」と訳した原語は veri-*fication* で、これまで「験証」と訳してき、また以下多くの場合そう訳されるものと同じである。veri- はラテン語の verus（真）から、-fication は facio（作る、なす）から来ており、両者の合成した「験証」を意味する verification の語を語原的に解して説いているわけである。この語の動詞形 verify も同じで、以下場合に応じて「真理化」または「験証」と訳してある。

一六二頁一三行　「豊富」（または「豊かさ」）と訳した原語は wealth である。すぐ前のレッシングの警句で「豊富者」（かねもち）と訳したのは、ドイツ語の die Reichsten で、ドイツ語の reich が英語の rich と wealthy の両方の意味をもつところから、レッシングが作った洒落《しゃれ》をとって、このような解釈が行われているのである。

一六四頁九行　「デンマークの思想家」というのは、セーレン・キルケゴールのことである。キルケゴールは、例えば『反復』で、そう説いている。

一七五頁二行　「種族の偶像」というのは、フランシス・ベイコンのいわゆる四つのイドラ（偶像）の一つ。ベイコンは、事実を正しく見るには見る者の心が正しくなくてはならないが、心を正しくするには、人の心に巣くいがちな偏見《へんけん》をまず取り除かねばならないとして、そのような偏見の四つを数えた。「洞窟の偶像」idola specus（「井の中の蛙《かわず》」式の偏見のこと）、「市場の偶像」idola fori（主として言葉にまつわる偏見で、言葉は「もの」をあらわす言葉であるのに、しばしばものを離れて言葉だけが権威をもってくる。そしてそのような空虚な言葉がたえず取り交《かわ》されているのが人々の集る市場であるところから、こう名づけられた）、「劇場の偶像」idola theatri（伝統的な教説は役者の演戯のようなものであるから、これを無批判的に受け取ってはならないとして、伝統的な学説、とくに神学上の教説をこう呼んだ）、この三つにたいして、宇宙の目的論などのごとき人間種族の全体が共通にもっている偏見を「種族の偶像」idola tribus と呼んだのである。

一七五頁九行　「大霊」Oversoul は、エマソンが「霊のなかの霊」として造った言葉。

一八三頁六行　サテュロス Satyros はバッカス神の従者で半人半獣の森の神。ヒュペリオン Hyperion は「上を行く者」すなわち、「われわれの頭上高く経《へ》めぐる者」の義で、ふつう「太陽神」のこと。サテュロスはあくまで下界にあって酒をのみ女を好む人間的な神であり、これに反してヒュペリオンは人間界を越えて天空に住む神であるところから、シラーの人間主義的な考え方とカントの超越論的な思想との比較に用いられたのであろう。

一八五頁一四行　「チャールズの戦車」Charles's Wain「大熊」the Great Bear「柄杓《ひしゃく》」the Dipper は、もちろん大熊星座中の七星、すなわち北斗《ほくと》七星のことである。「チャールズの戦車」はイギリス人の呼び方。アメリカ人は俗語で「柄杓」と呼んでいる。

一九八頁一三行　「アートマン」は霊を意味する梵語《ぼんご》で、宇宙霊ないし宇宙我《が》の意。

一九九頁一七行　以下の詩はホイットマンの『草の葉』Leaves of Grass 中の「渡り鳥」Birds of Passage という詩群の一つ、'To You' からの引用。

二一三頁一九行　Topp! Und Schlag auf Schlag! ゲーテの『ファウスト』第一部「書斎」の場、一六九七―八行の引用。ファウストがメフィストと契約を結ぶときの言葉である。つねに永遠なるものを求めて努力してやまないファウストを、メフィストはこの世の逸楽《いつらく》におぼれさせ、安逸な生活に引きずり下ろそうとして巧《たく》みに誘いかける。そんなえらそうなことをいったって、いまに腰を落ちつけてのんびりと世を渡りたくなる時が来ますよ、という誘いの言葉に、奮然としてファウストは、そんなことはありえない、自分がもしそういうふうにでもなったら命をくれようと答える。そしてそうなるかならぬか、そのような賭《かけ》ならむしろ自分の方から持ち出そう、といい切った言葉をすかさず、メフィストが Topp!「では約束したぞ!」と握手の手を指し出す。するとファウストは右手で握手して Und Schlag auf

Schlag！「よし、確かに！」と誓いながら更に左手を握り交《かわ》した手の上に重ねて命がけの契約を結ぶのである。

二二〇頁三行　『宗教的経験の諸相』The Varieties of Religious Experiences. 1902. を指している。

解　説

ウィリアム・ジェイムズ William James は一八四二年一月十一日、アメリカのニューヨーク市に生れた。父は定職《ていしょく》をもたず生涯を自由な宗教思想家としておくったヘンリ・ジェイムズ Henry James (1811―1882)、母はメアリ・ロバートソン・ウォルシュ Mary Robertson Walsh (1810―1882)、ウィリアムはこの両親の五人の子供の長男であった。彼の十五ヵ月後には、特異な小説家として知られる弟ヘンリ・ジェイムズ Henry James (1843―1916) が生れている。その家庭生活はお互いの愛情と信頼にもとづくきわめてなごやかな、そして自由なものであり、父ヘンリの子供たちにたいする愛は深かったが、決して溺愛《できあい》ではなく、子供たちが真に善を愛し、共感するがゆえに善を求めるような正しい人間となり、自由闊達《かったつ》な精神の持ち主となることを願い、この方針のもとに子供たちは教育され、家庭生活は設計された。父ヘンリがいくたびか居《きょ》を転じ、三たびまでも家族を伴って大西洋を渡りヨーロッパ各地を旅したのも、そのためであった。この遍歴の旅が、ウィリアムのうちに、視野《しや》の広い自由な立場からものごとを見、ひろい心で新しい経験をうけいれて行く傾向をはぐくみ、抽象的《ちゅうしょうてき》なものよりも具体的なものの個別的なものに向う性向をそだてていったように思われる。このようにしてウィリアムは学校教育というものを受けなかったが、しかし旅行と日常の生活は、学校が与えるより以上のものを、彼に与えたのである。ウィリアム・ジェイムズが、哲学者としては珍らしいコスモポリタン的な存在となりえたのも、また彼の哲学がいちはやく海を越えて世界的名声をかちえたのも、そのような教育のたまものであったであろう。

一八六〇年、ボンに滞在中、十八歳のジェイムズは画家として立つ決心をし、ためにジェイムズ一家はアメリカに帰り、ウィリアムはハントについて絵を学んだが、やがてへたな画家として終るみじめな生涯に見きりをつけ、翌一八六一年には、ハーヴァード大学の理学部に入学し、化学を勉強することになった。これが学問研究への門出《かどで》となり、ここにウィリアムは生涯を通じてハーヴァード大学に結ばれることになった。彼は画家を断念しはしたけれども、画家的資質《ししつ》は終生これを失わなかった。個々の事物を具体的に叙述《じょじゅつ》する才能、多様な現象《げんしょう》を多様なままに受容《じゅよう》し享受《きょうじゅ》する傾向は、ジェイムズの哲学のいちじるしい特徴であって、これは哲学における画家的資質のあらわれとも見られる。彼の「根本的経験論」も、また「多元的《たげんてき》宇宙観」も、画家の目の所産ともいえるであろう。

ハーヴァードにおける研究は、化学から比較解剖学《かいぼうがく》および生理学に移り、一八六四年には医学部に転じた。あたかもこの時、生物学の教授ルイ・アガッシ Louis Agassiz を隊長とするアマゾン河流域の学術探検隊の組織されるにあたり、ジェイムズはこれに加わった。およそ一年にわたるこの探検旅行は、採集とか分類とかの仕事を好まぬジェイムズには積極的な収穫をもたらさなかったが、アガッシ教授その人において、あらゆる抽象論者《ちゅうしょうろんしゃ》と、世界の具体的な充溢《じゅういつ》の光のなかに生きる人々との違いをまざまざと見せられたということ、そしてその仕事の不向《ふむ》きさを知ることによってかえって自己の思索家的《しさくかてき》な素質を発見し、哲学を研究しようという気持をいだかせるにいたったという消極的な意味において、この探検への参加は彼の生涯においてきわめて大きい意義をもった。

帰国後さらに医学の研究にしたがい、一八六九年に医学の学位をえたが、その間に生理学の勉強を兼ねて療養のためドイツにおもむいている。六六年の秋から、ジェイムズは不眠、消化不良、眼疾《がんしつ》、背中の痛み、憂鬱などになやまされており、彼は外遊という環境の変化によってそれらの病の治癒《ちゆ》を期待したのである。しかし予期した効果もなく、ジェイムズは一八六八年十一月帰国したが、この一年半の外遊のあいだに、心理学への関心が高まり、さらに哲学への関心が頭をもたげたのであった。そして大学卒業後、一八六九年から七二年までの四年にわたる病弱と憂鬱症の時期がこの関心を決定的なものにし、ここにジェイムズは心理学者、哲学者としての道を歩みはじめる。のちにジェイムズが『宗教的経験の諸相』の第六・七講「病《や》める魂」のうちにフランスの一憂鬱病患者の手記として翻訳引用している生の不安の体験は、まがいもなく一八七〇年代のジェイムズ自身のこの精神的危機の体験の記録なのであり、この危機がそこからの脱出として哲学を求めさせたのである。このような状況において求められる哲学は、むろん単に理論的な哲学ではありえない。それはむしろ生き方にかかわる実践的、行動的な性格の哲学でなければならず、知性よりも信念を重んずる哲学でなければならなかった。しかしかかる哲学が可能となるためには、人間の意志の自由が確立されねばならない。この点でジェイムズに光明を与えたのは、ルヌーヴィエ Charles Renouvier の自由意志説であった。「私の最初の自由意志の行為は、自由意志を信ずることであるであろう」とその日記には書かれている。私たちはここにジェイムズの哲学の基調を見ることができる。彼の哲学は彼自身の精神的危機における救いとして要求され、はじめから離れがたく生と結びついていたのである。したがって宇宙と人間の運命は単に知的な問題であるにとどまらず、死活《しかつ》にかかわる問題であり、哲学はジェイムズにとって傍観者的なひややかな真理の探求ではなく、生活の基底そのものであった。いいかえると、哲学は彼が生きて行くための信仰ないし信念であった。

一八七二年、ジェイムズはハーヴァード・カレッジの生理学講師に任命され、その後三十五年間の長きにおよぶハーヴァードの教壇《きょうだん》生活がはじまる。すなわち、一八七六年には生理学助教授、一八八〇年に哲学助教授、八五年には哲学教授に任ぜられ、それから二十二年ののち一九〇七年、六十五歳にしてジェイムズはハーヴァード大学を引退するが、その間に、一八九〇年には劃期的《かっきてき》な不朽の名著『心理学の原理』*Principles of Psychology* をあらわして心理学者として学界に不動の地位を占めた。しかしこの書の完成はむしろ哲学的関心を強める結果となり、一八九七年には心理学教授の地位をミュンスターベルクにゆずってみずからは哲学に専念するにいたった。宗教学上の名著『宗教的経験の諸相』*Varieties of Religious Experiences*（1901—1902）は、この時期における、心理学から哲学への過渡期《かとき》を記念する労作であり、エディンバラ大学の招聘《しょうへい》によって講じたギフォード講演にもとづくものである。この講演は空前《くうぜん》の成功をおさめたと伝えられているが、この書物もおどろくべき売れゆきを示し、一九〇六年にはアボージ Fr. Abauzit によるフランス訳が、翌一九〇七年にはヴォッバーミン G. Wobbermin のドイツ訳が出版され、ジェイムズの名はこれによってヨーロッパの学界にとみに喧伝《けんでん》されるにいたった。副題《ふくだい》に「人間性の研究」としるされているように、ジェイムズにとって宗教は、人間の本性にねざす根本的な経験の事実であった。経験主義者としてこの人生における具体的な事実を尊ぶジェイムズは、同時に目に見えないもの、超越的なものへの強い憧憬《どうけい》をうちに蔵する人であった。だから彼は宗教のために科学をささげることができなかったと同様に、また科学のために宗教をささげることもできなかった。自然科学の経験も宗教の経験も同じように彼の世界観を規定すべき権利をもっていたのである。どちらも人生の具体的な経験の事実であり、経験の対象《たいしよう》となりえないものはこれを事実と認めてはならないとともに、また、およそ経験の対象たりうるものはすべて現実的なものと認められねばならないからである。このような見方《みかた》こそ、ジェイムズが「根本的経験論」と呼んだものにほかならないのである。

ジェイムズはその心理学において祈りの必然性を説いて「われわれはただ祈らずにいられないから祈るのである。いかに科学が反対しようとも……ひとは永久に祈りつづけるであろう」と書いているが、彼は祈ることのできる哲学者であった。ジェイムズが『プラグマティズム』において、経験的でない宗教哲学をしりぞけるとともに宗教的でない経験論の哲学をもしりぞけ、経験論の立場に立ちながら合理論者のごとく宗教的な立場をとっているゆえんも、ここにあるのである。私たちはジェイムズのこの一面を忘れてはならないであろう。

一九〇〇年以後の最後の十年は、一般の講演に、大学の講義に、あるいは専門雑誌への寄稿《きこう》に、ジェイムズ自身の哲学体系の建設につとめられた。しかし一八九八年の夏、アディロンダックスの山中で招いた病《やまい》は、体系の完成をゆるさず、わずかに『プラグマティズム』(一九〇七年)、『真理の意味』(一九〇九年) *The Meaning of Truth.* および『多元的宇宙《たげんてき》』(一九〇九年) *A Pluralistic Universe.* を生前にあらわし、『哲学の諸問題』(一九一一年) *Some Problems of Philosophy.*『追憶《ついおく》と研究』*Memories and Studies.*『根本的経験論集』(一九一二年) *Essays in Radical Empiricism.* 等の論集として知られる諸論稿をのこして、一九一〇年八月二十六日、六十八歳の生涯を終ったのであった。

ここに訳出された『プラグマティズム』*Pragmatism* は、ことわるまでもなく、ジェイムズの代表的な哲学的著作の一つである。この書の成り立ちについては、ジェイムズみずから序文にしるしているし、その思想の系譜《けいふ》についても、それがパースに由来することが明らかに述べられている（第二章）が、こんにち明らかにされている若干《じゃっかん》のことがらを、附記しておこう。

一八六、七〇年代のはじめに、マサチューセッツ州のケンブリッジに、数人の会員からなる「形而上学《けいじじょうがく》クラブ」なるものがあった。パース Charles Sanders Peirce (1839—1914)、ライト Chauncey Wright、グリーン N. S. J. Green、ジェイムズ W. James 等がそのメンバーであった。このクラブについて、パースは一つの書簡で、「六〇年代に私は『形而上学クラブ』というささやかなクラブを作りました。……プラグマティズムの名前と学説とがはじめて光を見たのはこのクラブにおいてでした。」と書き、またジェイムズは、この当時を、そしてその当時のパースを追想してであろう、一八九八年のカリフォルニア講演「哲学的概念と実際的結果」において、「私は諸君とともに、真理の追求へと出発するいちばん近い方向を定めたいと思う。この方向は何年か前に一人のアメリカの哲学者によって私に示された。……それはチャールズ・S・パース氏である。その哲学者としての存在さえも、諸君の多くはご存じないといっていいであろう。しかし彼は現代の思想家のうちでもっとも独創的《どくそうてき》な一人である。そしてそのプラクティカリズム practicalism——あるいはプラグマティズム pragmatism といってもよい、というのは、七〇年代のはじめに、私がはじめて、ケンブリッジにおいて彼が彼の原理を述べるのをきいたときには、彼はプラグマティズムと呼んだからである——の原理こそは、私にとって鍵《かぎ》あるいは羅針盤《らしんばん》であり、私たちは、それに従ってゆけば、真理の道からそれることがないとの確信を強めるにいたった。」と述べている。これはパースのジェイムズに与えた影響の大きさを示す言葉であるとともに、これによって、パースがプラグマティズムの原理をはじめてとなえたというばかりでなく、プラグマティズムという言葉そのものもパースの造語《ぞうご》にかかるものであったことが知られる。

ジェイムズがパースのプラグマティズムをどのように受けとったかは、この書『プラグマティズム』に明らかである。すなわちジェイムズはそれを哲学の一つの方法として受けとり、さらに一つの真理論として発展させたのであった。しかし、これはパースのプラグマティズムの思想の一面をことさらに強調したものでしかなかった。だから、一九〇五年、パースは一つの手紙で、「ジェイムズはみずからプラグマティストと称しており、そして疑いもなく彼はこの問題についての彼のもろもろの観念を私からひき出したのですが、しかし彼のプラグマティズムと私のそれとの間には、きわめて本質的な差異《さい》があります。」と書き、また同じ年に草《そう》された「プラグマティズムとは何か」という論文には「筆者は、自分の子供『プラグマティズム』がこれほどまで増長《ぞうちょう》したのを見て、その子に別れのキスをしてより高い運命の手にゆだねるべき時がきたことを感ずる。と同時に、本来の定義をあらわすというその目的にかなうように、筆者は『プラグマティシズム』Pragmaticism という語の誕生を告げたい。この語ははなはだみにくいので、人さらいどもにさらわれる心配はない。」と述べて、彼のプラグマティズムが彼の意図《いと》するものとはちがった方向に発展し、濫用《らんよう》されつつあるのをなげいているのである。ではパースのプラグマティズムとジェイムズのプラグマティズムとの間にはいかなる本質的な違いがあったのか、いまはこの問題に立ち入ることはできないが、その主要な一つは、パースにおいて科学的論理学の一つの方法として提唱《ていしょう》されたものが、ジェイムズによって、哲学の広い領域《りょういき》にもちこまれ、哲学上のもろもろの相対立《あいたいりつ》する学説を調停《ちょうてい》する一つの独自な方法であるとともに、さらに一つの真理の理論にまで拡張され、一つの哲学思想にまで発展したところに見出されるであろう。こんにちのプラグマティズムがあくまでも一つの科学的論理学として自己を主張しているのは、ジェイムズにおいて一般哲学化されたものを、パースによってとなえられた本来のプラグマティズムの精神にひきもどそうとするものともいえるのである。しかしジェイムズのプラグマティズムは、彼みずからその創始者《そうししゃ》たるの功績をパースに帰《き》してはいるけれども、どこまでもジェイムズ自身のものであり、彼の人格に深くねざしながら独自の発展をとげていると見らるべきであろう。

こんにち、アメリカの哲学といえばただちにプラグマティズムを思うのがふつうであるが、そのプラグマティズムといえばおのずからジェイムズの名が思い出され、またジェイムズときけば、なによりもまずプラグマティズムが連想されるのである。それほど両者は離れがたく結びついている。専門学者たちの主張するように、ジェイムズのプラグマティズムは彼がパースの思想を誤解したところに成り立っており、それゆえに、論理実証主義の方向に発展しているこんにちのプラグマティズムとはほとんど関係がないと認められるにしても、それにもかかわらず、プラグマティズムとして知られる哲学上の運動は、疑いもなくジェイムズのこの講演によって、この書物によって強力におし出されたのであって、アメリカの哲学は、このジェイムズから、ヨーロッパの哲学とは独立な歩みを歩みはじめたといえるのである。その教養において、好みにおいて、また交友において、まったくのコスモポリタンであるジェイムズが、そのプラグマティズム的志向のために、期せずしてアメリカ哲学の創始者となりえたのである。フルールノアはジェイムズの哲学の特徴としてプラグマティズム、根本的経験論、多元論、偶然論（Tychism）、改善論（Meliorism）、道徳主義（Moralism）有神論、等を数えているが、これらの思想がジェイムズにおいてどのように関連しあっているかの具体的な実例を、読者はこの書のうちに見られることであろう。そしてここに数えられたような、ジェイムズの思想のうちに含まれるこれらいくつかの特徴がアメリカ人の生活態度やものの考え方を端的《たんてき》に示すものであるとすれば、ジェイムズが最初のアメリカ的哲学者と呼ばれるのもまた当然なことであろう。事実、二十世紀のアメリカの思潮において、ジェイムズの哲学と心理学によってまったく刺戟《しげき》され影響されることなしに生れたといえるものは、ほとんどないといっていい。それだからこそ、こんにちにおいてもなおジェイムズはもっとも広く愛読されているのであろう。

この翻訳のテキストには、ペリー Ralph Barton Perry の編集になる一九四八年版（この版には、『真理の意味』から四章が抜萃《ばっすい》、収録されている）を用いた。旧版の扉にしるされていたPopular Lecture on Philosophy（哲学に関する一般講演）の文字は、この新版では削除《さくじょ》されている。

原文では、ラテン語、フランス語、ドイツ語、などの他国語がしばしば用いられているが、それらの外国語は、聴衆にそのままで理解されることを予想して用いられているものと思われるので、一、二の場合のほかは英文と区別せずに訳出し、また原語を挿入《そうにゅう》することもしなかった。また訳者はこの書物が講演であることを特に意識して訳出することもしなかった。

こんどこの訳書が岩波文庫に加えられるにあたり、訳者は全般にわたり改刪《かいさん》の筆を加えたが、なお意に満《み》たぬところがあまりにも多い。この名著をそれにふさわしい訳書とするために、識者の教示を期待してやまない。

一九五七年四月

訳　者

マッハ　Mach, Ernst (1838〜1916)　48, 140, 161
マーティノー　Martineau, James (1805〜1900)　20
ミル　Mill, John Stuart (1806〜73)　6, 34
ミロー　Milhaud, Caston (1858〜1918)　8, 48

や　行

ユークリッド　Euclid (Eukleides) (B. C. 306〜283)　47, 126, 163

ら　行

ライト　Wright, Chauncey (1830〜75)　193
ライプニツ　Leibniz, Gottfried Wilhelm (1646〜1716)　23, 24, 26
ラッド　Ladd, George Trumbull (1842〜1921)　20
ラムゼー　Ramsay, Sir William (1852〜1916)　52
リッケルト　Rickert, Heinrich (1863〜1936)　167, 173
リュイッサン　Ruyssen　48
ル・ロワ　Le Roy, Edouard (1870〜1954)　8
レッシング　Lessing, Gotthold Ephraim (1729〜81)　161
ロイス　Royce, Josiah (1855〜1916)　19, 28, 107, 110
ロック　Locke, John (1632〜1704)　13, 34, 42, 72, 135, 138
ロックフェラー　Rockefeller, John Davison (1839〜1937) 162
ロッツェ　Lotze, Rudolph Hermann (1817〜81)　188

わ　行

ワーズワス　Wordsworth, William (1770〜1850)　83, 193

バークリー　Berkeley, George (1685～1753)　42, 70, 72, 134, 136, 138, 142, 171
バルフア　Balfour, Auther James (1848～1930)　81
ヒューム　Hume, David (1711～76)　42, 71, 72, 133, 136, 138
ピアソン　Pearson, Karl (1857～1936)　48
ファラデー　Faraday, Michael (1791～1867)　136, 137
フラートン　Fullerton, George Stuart (1859～1925)　91
フランクリン　Franklin, William Suddards (1863～1930)　42
プトレミー　Ptolemaeus, Claudius (127～151)　163
プラトン　Platon (B. C. 427～347)　13, 34
ブラウニング　Browning, Robert (1812～89)　77
ブラッドレー　Bradley, Francis Herbert (1846～1924)　28, 107, 183; 189
ブロンデル　Blondel, Maurice (1876～1939)　8
ヘーゲル　Hegel, Georg Wilhelm Friedrich (1770～1831) 13, 34, 136, 138
ヘッケル　Haeckel, Ernst (1834～1919)　18
ベランジェ　A. Bellanger　98
ベルグソン　Bergson, Henri (1859～1941)　183
ホイットマン　Whitman, Walt (1819～92)　32, 199
ホウィソン　Howison, George Holmes (1834～1916)　40
ホジソン　Hodgson, Shadworth Hollway (1832～1912)　43
ホッブス　Hobbes Thomas (1588～1679)　25
ポアンカレ　Poincaré, Henri (1853～1912)　48
ボーズンキット　Bosanquet, Bernard (1848～1923)　19

ま　行

マイアーズ　Myers, Frederick William Henry (1843～1901) 186, 188
マックスウェル　Maxwell, James Clerk (1831～79)　144, 159
マックタガート　McTaggart, Ellis (1866～1925)　91

ジークヴァルト Sigwart, Christoph von (1830～1904) 48
ジョアヒム Joachim, Harold Henry (1868～) 173
スウィフト Swift, Morrison I. 27
ストロング Strong, Charles Augustus (1862～1940) 183
スピノザ Spinoza, Burch de (1632～77) 34
スペンサー Spencer, Herbert (1820～1903) 13, 18, 35, 74, 79, 82
ソクラテス Sokrates (B. C. 470～399) 42
ソロモン Solomon (B. C. c. 1000…) 44

た 行

ダーウィン Darwin, Charles Robert (1809～82) 85, 134
ダンテ Dante, Alighiori (1265～1321) 83
チェスタトン Chesterton, Gilbert Keith (1874～1936) 9
テイラー Taylor, Alfred Edward (1869～1945) 167, 179
ディオゲネス Diogenes (B. C. 412?～323?) 191
デカルト Descartes, René (1596～1650) 125, 139
デモクリトス Demoklitos (B. C. c. 460～360) 134, 142
デューイ Dewey, John (1859～1952) 7, 48, 53, 55, 61, 144, 171, 172, 183
デュエーム Duhem, Pierre Maurice Marie (1861～1916) 48, 140
ド・サイイ De Sailly 8
ドールトン Dolton, John (1766～1844) 136

は 行

ハイマンス Heymans, Gerard (1857～1930) 183
ハックスレー Huxley, Thomas (1825～95) 73, 92
パース Peirce, Charles Sanders (1839～1914) 39
パピニ Papini, Giovanni (1881～1956) 8, 45, 64, 119, 189
バウン Bowne, Borden Parker (1847～1910) 20

人名索引

あ　行

アリストテレス　Aristoteles (B. C. 384～322)　42, 162, 163
アルキメデス　Archimedes (B. C. 287～212)　142
アンペール　Ampère, André Marie (1775～1836)　137
ヴィヴェカナンダ　Vivekananda, Swami (1862～1902)　114, 115, 193, 199
エマソン　Emerson, Ralph Waldo (1803～83)　171
オイケン　Eucken, Rudolf (1846～1926)　188
オストヴァルト　Ostwald, Friedrich Wilhelm (1853～1932)　40, 48, 140

か　行

カエサル　Caesar, Gaius Julius (B. C. 100～44)　157, 187
カーネギー　Carnegie, Andrew (1835～1919)　162
カント　Kant, Immanuel (1724～1804)　126, 131, 138, 183
ガリレオ　Galileo, Galilei (1564～1642)　136, 137, 139, 142
グリーン　Green, Thomas Hill (1836～82)　19, 180
ケアード　Caird, Edward (1835～1908)　19, 34, 180
ケアード　Caird, John (1820～98)　19
ケプラー　Kepler, Johann (1571～1630)　47
コエリウス　Coelius Secundus Curio　24

さ　行

サンタヤナ　Santayana, George (1863～1952)　129
ショーペンハウエル　Schopenhauer, Arthur (1788～1860)　209
シラー　Schiller, Ferdinand Caninng Scott (1864～1937)　8, 48, 53, 54, 55, 61, 119, 144, 171, 172, 177, 178, 182, 183

プラグマティズム　W. ジェイムズ著

1957年5月25日　第1刷発行
2006年11月15日　第39刷発行

訳　者　桝《ます》田《だ》啓三郎《けいざぶろう》

発行者　山口昭男

発行所　株式会社 岩波書店
〒101-8002 東京都千代田区一ツ橋 2-5-5

案内 03-5210-4000　販売部 03-5210-4111
文庫編集部 03-5210-4051
http://www.iwanami.co.jp/

印刷・精興社　製本・中永製本

ISBN 4-00-336401-5　　Printed in Japan

読書子に寄す

——岩波文庫発刊に際して——

岩波茂雄

真理は万人によって求められることを自ら欲し、芸術は万人によって愛されることを自ら望む。かつては民を愚昧ならしめるために学芸が最も狭き堂宇に閉鎖されたことがあった。今や知識と美とを特権階級の独占より奪い返すことはつねに進取的なる民衆の切実なる要求である。岩波文庫はこの要求に応じそれに励まされて生まれた。それは生命ある不朽の書を少数者の書斎と研究室とより解放して街頭にくまなく立たしめ民衆に伍せしめるであろう。近時大量生産予約出版の流行を見る。その広告宣伝の狂態はしばらくおくも、後代にのこすと誇称する全集がその編集に万全の用意をなしたるか。千古の典籍の翻訳企図に敬虔の態度を欠かざりしか。さらに分売を許さず読者を繋縛して数十冊を強うるがごとき、はたしてその揚言する学芸解放のゆえんなりや。吾人は天下の名士の声に和してこれを推挙するに躊躇するものである。このときにあたって、岩波書店は自己の責務のいよいよ重大なるを思い、従来の方針の徹底を期するため、すでに十数年以前より志して来た計画を慎重審議この際断然実行することにした。吾人は範をかのレクラム文庫にとり、古今東西にわたって文芸・哲学・社会科学・自然科学等種類のいかんを問わず、いやしくも万人の必読すべき真に古典的価値ある書をきわめて簡易なる形式において逐次刊行し、あらゆる人間に須要なる生活向上の資料、生活批判の原理を提供せんと欲する。この文庫は予約出版の方法を排したるがゆえに、読者は自己の欲する時に自己の欲する書物を各個に自由に選択することができる。携帯に便にして価格の低きを最主とするがゆえに、外観を顧みざるも内容に至っては厳選最も力を尽くし、従来の岩波出版物の特色をますます発揮せしめようとする。この計画たるや世間の一時の投機的なるものと異なり、永遠の事業として吾人は微力を傾倒し、あらゆる犠牲を忍んで今後永久に継続発展せしめ、もって文庫の使命を遺憾なく果たさしめることを期する。芸術を愛し知識を求むる士の自ら進んでこの挙に参加し、希望と忠言とを寄せられることは吾人の熱望するところである。その性質上経済的には最も困難多きこの事業にあえて当たらんとする吾人の志を諒として、その達成のため世の読書子とのうるわしき共同を期待する。

昭和二年七月

《哲学・教育》

- ソクラテスの弁明・クリトン　プラトン　久保勉訳
- ゴルギアス　プラトン　加来彰俊訳
- 饗宴　プラトン　久保勉訳
- テアイテトス　プラトン　田中美知太郎訳
- パイドロス　プラトン　藤沢令夫訳
- メノン　プラトン　藤沢令夫訳
- 国家　全二冊　プラトン　藤沢令夫訳
- プロタゴラス　プラトン　藤沢令夫訳
- パイドン ―魂の不死について　プラトン　岩田靖夫訳
- クセノフォーン ソークラテースの思い出　佐々木理訳
- アリストテレス ニコマコス倫理学　全二冊　高田三郎訳
- アリストテレス 形而上学　全二冊　出隆訳
- アリストテレス 弁論術　戸塚七郎訳
- アリストテレース 詩学 ホラーティウス 詩論　松本仁助・岡道男訳
- アリストテレース 動物誌　全二冊　島崎三郎訳

- 人生の短さについて 他二篇　セネカ　茂手木元蔵訳
- 怒りについて 他一篇　セネカ　茂手木元蔵訳
- 人さまざま　テオプラストス　森進一訳
- 老年について　キケロー　中務哲郎訳
- 友情について　キケロー　中務哲郎訳
- 弁論家について　キケロー　大西英文訳
- キケロー弁論集　小川・谷 山沢訳
- 方法序説　デカルト　谷川多佳子訳
- 哲学原理　デカルト　桂寿一訳
- 精神指導の規則　デカルト　野田又夫訳
- 知性改善論　スピノザ　畠中尚志訳
- スピノザ エチカ（倫理学）　全二冊　畠中尚志訳
- スピノザ 国家論　畠中尚志訳
- デカルトの哲学原理 ―附 形而上学的思想　スピノザ　畠中尚志訳
- ニュー・アトランティス　ベーコン　川西進訳
- 人知原理論　ジョージ・バークリ　大槻春彦訳

- エミール　全三冊　ルソー　今野一雄訳
- 孤独な散歩者の夢想　ルソー　今野一雄訳
- 人間不平等起原論　ルソー　本田・平岡訳
- 社会契約論　ルソー　桑原・前川訳
- ラモーの甥　ディドロ　本田・平岡訳
- 道徳形而上学原論　カント　篠田英雄訳
- 啓蒙とは何か 他四篇　カント　篠田英雄訳
- 純粋理性批判　全三冊　カント　篠田英雄訳
- カント 実践理性批判　波多野・宮本 篠田訳
- 判断力批判　全二冊　カント　篠田英雄訳
- 永遠平和のために　カント　宇都宮芳明訳
- プロレゴメナ　カント　篠田英雄訳
- シュライエルマッハー 独白　木場深定訳
- 哲学入門　ヘーゲル　武市健人訳
- ヘーゲル政治論文集　全二冊　金子武蔵 上妻精訳
- 歴史哲学講義　全二冊　ヘーゲル　長谷川宏訳

自殺について 他四篇　ショウペンハウエル　斎藤信治訳
読書について 他二篇　ショウペンハウエル　斎藤忍随訳
知性について 他四篇　ショウペンハウエル　細谷貞雄訳
将来の哲学の根本命題 他二篇　フォイエルバッハ　松村・和田訳
反復　キルケゴール　桝田啓三郎訳
死に至る病　キェルケゴール　斎藤信治訳
西洋哲学史 全二冊　シュヴェーグラー　谷川・松村訳
眠られぬ夜のために 全二冊　ヒルティ　草間・大和訳
幸福論 全三冊　ヒルティ　草間・大和訳
悲劇の誕生　ニーチェ　秋山英夫訳
ツァラトゥストラはこう言った 全二冊　ニーチェ　氷上英廣訳
道徳の系譜　ニーチェ　木場深定訳
善悪の彼岸　ニーチェ　木場深定訳
この人を見よ　ニーチェ　手塚富雄訳
プラグマティズム　W・ジェイムズ　桝田啓三郎訳
純粋経験の哲学　W・ジェイムズ　伊藤邦武編訳

デカルト的省察　フッサール　浜渦辰二訳
社会学の根本問題 ―個人と社会　ジンメル　清水幾太郎訳
笑い　ベルクソン　林達夫訳
思想と動くもの　ベルクソン　河野与一訳
時間と自由　ベルクソン　中村文郎訳
人間認識起源論 全二冊　コンディヤック　古茂田宏訳
ラッセル幸福論　安藤貞雄訳
存在と時間 全三冊　ハイデガー　桑木務訳
哲学の改造　ジョン・デューウィ　清水幾太郎・禮子訳
学校と社会　デューイ　宮原誠一訳
民主主義と教育 全二冊　デューイ　松野安男訳
我と汝・対話　マルティン・ブーバー　植田重雄訳
アラン幸福論　神谷幹夫訳
四季をめぐる51のプロポ　アラン　神谷幹夫訳
アラン定義集　神谷幹夫訳
日本の弓術　オイゲン・ヘリゲル　柴田治三郎訳

天才の心理学　E・クレッチュマー　内村祐之訳
似て非なる友について 他三篇　プルタルコス　柳沼重剛訳
ことばのロマンス ―英語の語源　ウィークリー　寺澤・出淵訳
ヴィーコ学問の方法　上村忠男・佐々木力訳
ソクラテス以前以後　F・M・コーンフォード　山田道夫訳
ハリネズミと狐 ―『戦争と平和』の歴史哲学　バーリン　河合秀和訳
言語 ―ことばの研究序説　エドワード・サピア　安藤貞雄訳
連続性の哲学　パース　伊藤邦武編訳
論理哲学論考　ウィトゲンシュタイン　野矢茂樹訳
自由と社会的抑圧　シモーヌ・ヴェイユ　冨原眞弓訳
フランス革命期の公教育論　コンドルセ他　阪上孝編訳
隠者の夕暮 シュタンツだより　ペスタロッチー　長田新訳

《東洋思想》

易経 全二冊　高田真治・後藤基巳訳
論語　金谷治訳注
孟子 全二冊　小林勝人訳注

荘子 全四冊　金谷治訳注

新訂 孫子　金谷治訳注

韓非子 全四冊　金谷治訳注

史記列伝 全五冊　小川・今鷹・福島訳

千字文　小川環樹・木田章義注解

大学・中庸　金谷治訳注

仁学 ―清末の社会変革論　譚嗣同　西・坂元訳注

章炳麟集 ―清末の民族革命思想　西順蔵・近藤邦康編訳

意識と本質 ―精神的東洋を索めて　井筒俊彦

真の独立への道 (ヒンド・スワラージ)　M・K・ガーンディー　田中敏雄訳

ユトク伝 ―チベット医学の教えと伝説　中川和也訳

インド思想史　J・ゴンダ　鎧淳訳

《経済・社会》

国富論 全四冊　アダム・スミス　水田洋監訳　杉山忠平訳

道徳感情論 全二冊　アダム・スミス　水田洋訳

法学講義　アダム・スミス　水田洋訳

コモン・センス 他三篇　トーマス・ペイン　小松春雄訳

戦争論 全三冊　クラウゼヴィッツ　篠田英雄訳

自由論　J・S・ミル　塩尻・木村訳

女性の解放　J・S・ミル　大内兵衛・大内節子訳

ユダヤ人問題によせて ヘーゲル法哲学批判序説　カール・マルクス　城塚登訳

経済学・哲学草稿　マルクス　城塚・田中訳

新編輯版 ドイツ・イデオロギー　マルクス・エンゲルス　廣松・小林訳

共産党宣言　マルクス エンゲルス　大内・向坂訳

賃労働と資本　マルクス　長谷部文雄訳

賃銀 価格および利潤　マルクス　長谷部文雄訳

マルクス 資本論 全九冊　エンゲルス編　向坂逸郎訳

ロシア革命史 全五冊　トロツキー　藤井一行訳

トロツキー わが生涯 全二冊　森田成也　志田昇訳

空想より科学へ　エンゲルス　大内兵衛訳

改訳 婦人論 全二冊　ベーベル　草間平作訳

帝国主義　レーニン　宇高基輔訳

シュムペーター 経済発展の理論 全二冊　塩野谷・中山・東畑訳

ロシヤにおける革命思想の発達について　ゲルツェン　金子幸彦訳

古代社会 全二冊　L・H・モルガン　青山道夫訳

有閑階級の理論　ヴェブレン　小原敬士訳

理解社会学のカテゴリー　マックス・ウェーバー　林道義訳

社会科学と社会政策にかかわる認識の「客観性」　マックス・ヴェーバー　富永・立野・折原訳

プロテスタンティズムの倫理と資本主義の精神　マックス・ヴェーバー　大塚久雄訳

職業としての学問　マックス・ウェーバー　尾高邦雄訳

社会学の根本概念　マックス・ヴェーバー　清水幾太郎訳

職業としての政治　マックス・ヴェーバー　脇圭平訳

古代ユダヤ教 全三冊　マックス・ヴェーバー　内田芳明訳

宗教生活の原初形態 全二冊　デュルケム　古野清人訳

金枝篇 全五冊　フレイザー　永橋卓介訳

マッカーシズム　R・H・ローヴィア　宮地健次郎訳

世論 全二冊　リップマン　掛川トミ子訳

産業者の教理問答 他一編　サン＝シモン　森博訳

《歴史・地理》

- 新訂 魏志倭人伝・後漢書倭伝・宋書倭国伝・隋書倭国伝 —中国正史日本伝1　石原道博編訳
- 新訂 旧唐書倭国日本伝・宋史日本伝・元史日本伝 —中国正史日本伝2　石原道博編訳
- ヘロドトス 歴史　全三冊　松平千秋訳
- ガリア戦記　カエサル　近山金次訳
- タキトゥス ゲルマーニア　泉井久之助訳註
- 元朝秘史　全二冊　小澤重男訳
- 古代への情熱　シュリーマン　村田数之亮訳
- ハリス 日本滞在記　全三冊　坂田精一訳
- 一外交官の見た明治維新　全二冊　アーネスト・サトウ　坂田精一訳
- 武家の女性　山川菊栄
- インディアスの破壊についての簡潔な報告　ラス・カサス　染田秀藤訳
- コロンブス航海誌　林屋永吉訳
- 偉大なる道 —朱徳の生涯とその時代　全二冊　アグネス・スメドレー　阿部知二訳
- 洞窟絵画から連載漫画へ —人間コミュニケーションの万華鏡　ホグベン　寿岳・林・平田・南訳
- 魔女　全二冊　ミシュレ　篠田浩一郎訳
- クリオの顔 —歴史随想集　E・H・ノーマン　大窪愿二編訳
- ローマ皇帝伝　全二冊　スエトニウス　国原吉之助訳
- ある歴史家の生いたち —古史辨自序　顧頡剛　平岡武夫訳
- 三国史記倭人伝 他六篇 —朝鮮正史日本伝1　佐伯有清編訳
- 高麗史日本伝 —朝鮮正史日本伝2　全二冊　武田幸男編
- 紫禁城の黄昏　R・F・ジョンストン　入江・春名訳
- シルクロード　全二冊　ヘディン　福田宏年訳
- さまよえる湖　全二冊　ヘディン　福田宏年訳
- 十八世紀パリ生活誌　全二冊　メルシエ　原宏編訳
- 北槎聞略 —大黒屋光太夫ロシア漂流記　桂川甫周　亀井高孝校訂
- ナポレオン言行録　O・オブリ編　大塚幸男訳
- ヨーロッパ文化と日本文化　ルイス・フロイス　岡田章雄訳注
- 十八世紀ヨーロッパ監獄事情　ジョン・ハワード　川北・森本訳
- 東京に暮す —一九二八～一九三六　キャサリン・サンソム　大久保美春訳
- 増補 幕末百話　篠田鉱造
- 明治百話　全二冊　篠田鉱造
- トゥバ紀行　メンヒェン＝ヘルフェン　田中克彦訳
- ガレー船徒刑囚の回想　ジャン・マルテーユ　木崎喜代治訳
- 日本アルプスの登山と探検　ウエストン　青木枝朗訳
- ある出稼石工の回想　マルタン・ナド　喜安朗訳
- 西洋事物起原　全四冊　ヨハン・ベックマン　特許庁内技術史研究会訳
- 植物巡礼 —プラント・ハンターの回想　F・キングドン-ウォード　塚谷裕一訳
- ツアンポー峡谷の謎　F・キングドン-ウォード　金子民雄訳
- モンゴルの歴史と文化　ハイシッヒ　田中克彦訳
- 歴史序説　全四冊　イブン＝ハルドゥーン　森本公誠訳
- ムガル帝国誌　全二冊　ベルニエ　関・倉田訳
- アレクサンドロス大王東征記 —付インド誌　全二冊　アッリアノス　大牟田章訳
- 雍州府志 —近世京都案内　全二冊(下未刊)　黒川道祐　宗政五十緒校訂
- クック 太平洋探検　全五冊　増田義郎訳

《自然科学》

- ヒポクラテス 古い医術について 他八篇　小川政恭訳
- アリストテレース 動物誌　全二冊　島崎三郎訳

動物の心臓ならびに血液の運動に関する解剖学的研究　ハーヴェイ　暉峻義等訳

種の起原　全二冊　ダーウィン　八杉龍一訳

完訳ファーブル昆虫記　全十冊　山田吉彦　林達夫訳

大脳半球の働きについて　―条件反射学　全二冊　パヴロフ　川村浩訳

メンデル雑種植物の研究　岩槻邦男　須原準平訳

アインシュタイン相対性理論　内山龍雄訳・解説

因果性と相補性　―ニールスボーア論文集1　山本義隆編訳

量子力学の誕生　―ニールスボーア論文集2　山本義隆編訳

ハッブル銀河の世界　戎崎俊一訳

パロマーの巨人望遠鏡　全二冊　D・O・ウッドベリー　関・湯澤・成相訳

生物から見た世界　ユクスキュル・クリサート　日高・羽田訳

《法律・政治》

人権宣言集　高木・末延　宮沢編

君主論　マキアヴェッリ　河島英昭訳

リヴァイアサン　全四冊　ホッブズ　水田洋訳

哲学者と法学徒との対話　―イングランドのコモン・ローをめぐる　ホッブズ　田中・重森・新井訳

モンテスキュー法の精神　全三冊　野田・稲本・上原　田中・三辺・横田地訳

市民政府論　ロック　鵜飼信成訳

フランス二月革命の日々　―トクヴィル回想録　喜安朗訳

犯罪と刑罰　ベッカリーア　風早・五十嵐訳

ヴァジニア覚え書　T・ジェファソン　中屋健一訳

権利のための闘争　イェーリング　村上淳一訳

法における常識　P・G・ヴィノグラドフ　末延・伊藤訳

近代国家における自由　H・J・ラスキ　飯坂良明訳

ザ・フェデラリスト　A・ハミルトン、J・ジェイ、J・マディソン　斎藤・中野訳

外交談判法　カリエール　坂野正高訳

フランス革命についての省察　エドマンド・バーク　中野好之訳

《音楽・美術》

ベートーヴェンの生涯　ロマン・ロラン　片山敏彦訳

モーツァルトの手紙　―その生涯のロマン　柴田治三郎編訳

美術の都　澤木四方吉

レオナルド・ダ・ヴィンチの手記　全二冊　杉浦明平訳

ゴッホの手紙　全三冊　硲伊之助訳

ビゴー日本素描集　清水勲編

続ビゴー日本素描集　清水勲編

ワーグマン日本素描集　清水勲編

ヨーロッパのキリスト教美術　―12世紀から18世紀まで　エミール・マール　柳宗玄・荒木成子訳

岡本一平漫画漫文集　清水勲編

うるしの話　松田権六

《東洋文学》

- 杜詩 全八冊 —— 鈴木虎雄訳註
- 杜甫詩選 —— 黒川洋一編
- 李白詩選 —— 松浦友久編訳
- 蘇東坡詩選 —— 小川環樹・山本和義選訳
- 陶淵明全集 全二冊 —— 松枝茂夫・和田武司訳注
- 唐詩選 全三冊 —— 前野直彬注解
- 唐詩概説 —— 小川環樹
- 完訳 三国志 全八冊 —— 小川環樹・金田純一郎訳
- 金瓶梅 全十冊 —— 小野忍・千田九一訳
- 完訳 水滸伝 全十冊 —— 吉川幸次郎・清水茂訳
- 西遊記 全十冊 —— 中野美代子訳
- 杜牧詩選 —— 松浦友久・植木久行編訳
- 菜根譚 —— 今井宇三郎訳注
- 阿Q正伝・狂人日記 他十二篇 —— 魯迅 竹内好訳
- 朝花夕拾 —— 魯迅 松枝茂夫訳
- 魯迅評論集 —— 竹内好編訳
- 結婚狂詩曲(囲城) 全二冊 —— 銭鍾書 荒井・中島訳
- 中国名詩選 全三冊 —— 松枝茂夫編
- 聊斎志異 全二冊 —— 蒲松齢 立間祥介編訳
- 公女マーラヴィカーとアグニミトラ王 他一篇 —— カーリダーサ 大地原豊訳
- バガヴァッド・ギーター —— 上村勝彦訳
- アイヌ神謡集 —— 知里幸恵編訳
- サキャ格言集 —— 今枝由郎訳

《ギリシア・ラテン文学》

- ホメロス イリアス 全二冊 —— 松平千秋訳
- ホメロス オデュッセイア 全二冊 —— 松平千秋訳
- イソップ寓話集 —— 中務哲郎訳
- アイスキュロス アガメムノーン —— 久保正彰訳
- アンティゴネー —— ソポクレース 呉茂一訳
- ソポクレス オイディプス王 —— 藤沢令夫訳
- タウリケーのイーピゲネイア —— エウリーピデース 久保田忠利訳
- アポロドーロス ギリシア神話 —— 高津春繁訳
- アエネーイス 全二冊 —— ウェルギリウス 泉井久之助訳
- アベラールとエロイーズ —愛と修道の手紙 —— 畠中尚志訳
- オウィディウス 変身物語 —— 中村善也訳
- サテュリコン —古代ローマの風刺小説 —— ペトロニウス 国原吉之助訳
- ギリシア・ローマ神話 —— ブルフィンチ 野上弥生子訳
- ギリシア・ローマ名言集 —— 柳沼重剛編
- ギリシア恋愛小曲集 —— 中務哲郎訳
- ギリシア・ローマ古典文学案内 —— 高津春繁・斎藤忍随

《イギリス文学》

- ユートピア —— トマス・モア 平井正穂訳
- 完訳 カンタベリー物語 全三冊 —— チョーサー 桝井迪夫訳
- ヴェニスの商人 —— シェイクスピア 中野好夫訳
- ジュリアス・シーザー —— シェイクスピア 中野好夫訳
- お気に召すまま —— シェイクスピア 阿部知二訳
- 十二夜 —— シェイクスピア 小津次郎訳

ハムレット　シェイクスピア　野島秀勝訳
オセロウ　シェイクスピア　菅泰男訳
リア王　シェイクスピア　野島秀勝訳
マクベス　シェイクスピア　木下順二訳
ソネット集　シェイクスピア　高松雄一訳
ロミオとジューリエット　シェイクスピア　平井正穂訳
リチャード三世　シェイクスピア　木下順二訳
対訳シェイクスピア詩集　—イギリス詩人選(1)　柴田稔彦編
失楽園　全二冊　ミルトン　平井正穂訳
ロビンソン・クルーソー　全二冊　デフォー　平井正穂訳
モル・フランダーズ　全二冊　デフォー　伊澤龍雄訳
桶物語・書物戦争　他一篇　スウィフト　深町弘三訳
ガリヴァー旅行記　スウィフト　平井正穂訳
墓畔の哀歌　グレイ　福原麟太郎訳
対訳ブレイク詩集　—イギリス詩人選(4)　松島正一編
ワーズワース詩集　田部重治選訳

対訳ワーズワス詩集　—イギリス詩人選(3)　山内久明編
高慢と偏見　全二冊　ジェーン・オースティン　富田彬訳
説きふせられて　ジェーン・オースティン　富田彬訳
エマ　全二冊　ジェーン・オースティン　工藤政司訳
ジェイン・オースティンの手紙　新井潤美編訳
イノック・アーデン　テニスン　入江直祐訳
対訳テニスン詩集　—イギリス詩人選(5)　西前美巳編
虚栄の市　全五冊　サッカリー　中島賢二訳
デイヴィッド・コパフィールド　全五冊　ディケンズ　石塚裕子訳
ディケンズ短篇集　小池滋　石塚裕子訳
ボズのスケッチ　短篇小説篇全二冊　ディケンズ　藤岡啓介訳
鎖を解かれたプロメテウス　シェリー　石川重俊訳
ジェイン・エア　全二冊　シャーロット・ブロンテ　遠藤寿子訳
嵐が丘　全二冊　エミリー・ブロンテ　河島弘美訳
エゴイスト　全二冊　メレディス　朱牟田夏雄訳
サイラス・マーナー　G・エリオット　土井治訳

アルプス登攀記　全二冊　ウィンパー　浦松佐美太郎訳
アンデス登攀記　全二冊　ウィンパー　大貫良夫訳
テス　全二冊　ハーディ　井上・石田訳
ハーディ短篇集　井出弘之編訳
宝島　スティーヴンスン　阿部知二訳
ジーキル博士とハイド氏　スティーヴンスン　海保眞夫訳
怪談　—不思議なことの物語と研究　ラフカディオ・ハーン　平井呈一訳
心　—日本の内面生活の暗示と影響　ラフカディオ・ハーン　平井呈一訳
サロメ　ワイルド　福田恆存訳
ヘンリ・ライクロフトの私記　ギッシング　平井正穂訳
闇の奥　コンラッド　中野好夫訳
密偵　コンラッド　土岐恒二訳
西欧人の眼に　全二冊　コンラッド　中島賢二訳
コンラッド短篇集　中島賢二訳
月と六ペンス　モーム　行方昭夫訳
読書案内　モーム　西川正身訳

世界の十大小説 全二冊　モーム　西川正身訳
人間の絆 全三冊　モーム　行方昭夫訳
ダブリンの市民　ジョイス　結城英雄訳
マンスフィールド短篇集 幸福・園遊会 他十七篇　崎山正毅 伊澤龍雄訳
恋愛対位法 全二冊　ハックスリ　朱牟田夏雄訳
悪口学校　シェリダン　菅泰男訳
オーウェル評論集　小野寺健編訳
カタロニア讃歌　ジョージ・オーウェル　都築忠七訳
対訳キーツ詩集 —イギリス詩人選(10)　宮崎雄行編
ギャスケル短篇集　松岡光治編訳
20世紀イギリス短篇集　小野寺健編訳
オルノーコ 美しい浮気女　アフラ・ベイン　土井治訳
ローソン短篇集　伊澤龍雄編訳
イギリス名詩選　平井正穂編
タイム・マシン 他九篇　H・G・ウェルズ　橋本槇矩訳
透明人間　H・G・ウェルズ　橋本槇矩訳

解放された世界　H・G・ウェルズ　浜野輝訳
さらば古きものよ 全二冊　ロバート・グレーヴズ　工藤政司訳
完訳ナンセンスの絵本　エドワード・リア　柳瀬尚紀訳
灯台へ　ヴァージニア・ウルフ　御輿哲也訳
世の習い　コングリーヴ　笹山隆訳
中世騎士物語　ブルフィンチ　野上弥生子訳

《アメリカ文学》

フランクリン自伝　松本慎一 西川正身訳
アルハンブラ物語 全二冊　アーヴィング　平沼孝之訳
完訳緋文字　ホーソーン　八木敏雄訳
ホーソーン短篇小説集　坂下昇編訳
黒猫・モルグ街の殺人事件 他五篇　ポオ　中野好夫訳
対訳ポー詩集 —アメリカ詩人選(1)　加島祥造編
森の生活(ウォールデン) 全二冊　H・D・ソロー　飯田実訳
白鯨 全三冊　メルヴィル　八木敏雄訳
ビリー・バッド　メルヴィル　坂下昇訳

幽霊船 他一篇　メルヴィル　坂下昇訳
草の葉 全三冊　ホイットマン　酒本雅之訳
対訳ホイットマン詩集 —アメリカ詩人選(2)　木島始編
対訳ディキンソン詩集 —アメリカ詩人選(3)　亀井俊介編
不思議な少年　マーク・トウェイン　中野好夫訳
王子と乞食　マーク・トウェイン　村岡花子訳
人間とは何か　マーク・トウェイン　中野好夫訳
ハックルベリー・フィンの冒険 全二冊　マーク・トウェイン　西田実訳
新編悪魔の辞典　ビアス　西川正身編訳
ビアス短篇集　大津栄一郎編訳
ねじの回転 デイジー・ミラー　ヘンリー・ジェイムズ　行方昭夫訳
赤い武功章 他三篇　クレイン　西田実訳
本町通り 全三冊　シンクレア・ルイス　斎藤忠利訳
熊 他三篇　フォークナー　加島祥造訳
日はまた昇る　ヘミングウェイ　谷口陸男訳
ヘミングウェイ短篇集 全二冊　谷口陸男編訳

オー・ヘンリー傑作選　大津栄一郎訳

フィッツジェラルド短篇集　佐伯泰樹編訳

アメリカ名詩選　亀井俊介・川本皓嗣編

20世紀アメリカ短篇選　全二冊　大津栄一郎編訳

開拓者たち　全二冊　クーパー　村山淳彦訳

《南北欧文学その他》

ダンテ　神曲　全三冊　山川丙三郎訳

パロマー　カルヴィーノ　和田忠彦訳

愛神の戯れ　―牧歌劇『アミンタ』　トルクァート・タッソ　鷲平京子訳

故郷　パヴェーゼ　河島英昭訳

シチリアでの会話　ヴィットリーニ　鷲平京子訳

ドン・キホーテ　全六冊　セルバンテス　牛島信明訳

人の世は夢　サラメアの村長　カルデロン　高橋正武訳

緑の瞳・月影　他十二篇　ベッケル　高橋正武訳

エスピノーサ　スペイン民話集　三原幸久編訳

エル・シードの歌　長南実訳

プラテーロとわたし　J・R・ヒメーネス　長南実訳

完訳アンデルセン童話集　全七冊　大畑末吉訳

即興詩人　全二冊　アンデルセン　大畑末吉訳

絵のない絵本　アンデルセン　大畑末吉訳

アンデルセン自伝　―わが生涯の物語　大畑末吉訳

イプセン　人形の家　原千代海訳

ポルトガリヤの皇帝さん　ラーゲルレーヴ　イシガオサム訳

巫《み》女《こ》　ラーゲルクヴィスト　山下泰文訳

クオ・ワディス　全三冊　シェンキェーヴィチ　木村彰一訳

ロボット（R・U・R）　チャペック　千野栄一訳

オルトゥタイ　ハンガリー民話集　徳永・石本・岩崎・粂　編訳

尼僧ヨアンナ　イヴァシュキェヴィッチ　関口時正訳

完訳千一夜物語　全十三冊　豊島・渡辺・佐藤・岡部訳

ルバイヤート　オマル・ハイヤーム　小川亮作訳

アブー・ヌワース　アラブ飲酒詩選　塙治夫編訳

ペドロ・パラモ　ファン・ルルフォ　杉山・増田訳

伝奇集　J・L・ボルヘス　鼓直訳

フエンテス短篇集　アウラ・純な魂　他四篇　木村榮一訳

《ドイツ文学》

ニーベルンゲンの歌 全二冊 ／ 相良守峯訳
若きウェルテルの悩み ／ ゲーテ 竹山道雄訳
ヴィルヘルム・マイスターの修業時代 全三冊 ／ ゲーテ 山崎章甫訳
ヴィルヘルム・マイスターの遍歴時代 全三冊 ／ ゲーテ 山崎章甫訳
イタリア紀行 全三冊 ／ ゲーテ 相良守峯訳
ファウスト 全二冊 ／ ゲーテ 相良守峯訳
ゲーテとの対話 全三冊 ／ エッカーマン 山下肇訳
美と芸術の理論 ―カリアス書簡 ／ シラー 草薙正夫訳
ヴァレンシュタイン ／ シラー 濱川祥枝訳
ヘルダーリン詩集 ／ 川村二郎訳
青い花 ／ ノヴァーリス 青山隆夫訳
完訳グリム童話集 全五冊 ／ 金田鬼一訳
影をなくした男 ／ シャミッソー 池内紀訳
ドイツ古典哲学の本質 ／ ハイネ 伊東勉訳

森の小道・二人の姉妹 ／ シュティフター 山崎章甫訳
みずうみ 他四篇 ／ シュトルム 関泰祐訳
地霊・パンドラの箱 ―ルル二部作 ／ F・ヴェデキント 岩淵達治訳
ブッデンブローク家の人びと 全三冊 ／ トーマス・マン 望月市恵訳
トオマス・マン短篇集 ／ 実吉捷郎訳
魔の山 全二冊 ／ トーマス・マン 関・望月訳
トニオ・クレエゲル ／ トオマス・マン 実吉捷郎訳
ヴェニスに死す ／ トオマス・マン 実吉捷郎訳
講演集 ドイツとドイツ人 他五篇 ／ トーマス・マン 青木順三訳
青春彷徨 ／ ヘルマン・ヘッセ 関泰祐訳
車輪の下 ／ ヘルマン・ヘッセ 実吉捷郎訳
青春はうるわし 他三篇 ／ ヘッセ 関泰祐訳
デミアン ／ ヘルマン・ヘッセ 実吉捷郎訳
マリー・アントワネット 全二冊 ／ シュテファン・ツワイク 高橋・秋山訳
ジョゼフ・フーシェ ／ シュテファン・ツワイク 高橋・秋山訳
変身・断食芸人 ／ カフカ 山下肇 萬里訳

審判 ／ カフカ 辻瑆訳
カフカ短篇集 ／ 池内紀編訳
カフカ寓話集 ／ 池内紀編訳
ガリレイの生涯 ／ ブレヒト 岩淵達治訳
肝っ玉おっ母とその子どもたち ／ ブレヒト 岩淵達治訳
ドイツ炉辺ばなし集 ／ ヘーベル 木下康光編訳
短篇集 死神とのインタヴュー ／ ノサック 神品芳夫訳
ドイツ名詩選 ／ 生野幸吉 檜山哲彦編
蝶の生活 ／ シュナック 岡田朝雄訳
暴力批判論 他十篇 ―ベンヤミンの仕事1 ／ ヴァルター・ベンヤミン 野村修編訳
ボードレール 他五篇 ―ベンヤミンの仕事2 ／ ヴァルター・ベンヤミン 野村修編訳
黒い蜘蛛 ／ ゴットヘルフ 山崎章甫訳
メルヒェン集 盗賊の森の一夜 ／ ハウフ 池田香代子訳
増補ドイツ文学案内 ／ 手塚富雄 神品芳夫

《フランス文学》

トリスタン・イズー物語 ／ ベディエ編 佐藤輝夫訳

日月《じつげつ》両世界旅行記	シラノ・ド・ベルジュラック	赤木昭三訳
嘘つき男 舞台は夢	コルネイユ	岩瀬・井村訳
ラ・ロシュフコー箴言集		二宮フサ訳
フェードル アンドロマック	ラシーヌ	渡辺守章訳
ドン・ジュアン	モリエール	鈴木力衛訳
タルチュフ	モリエール	鈴木力衛訳
孤客(ミザントロオプ)	モリエール	辰野隆訳
完訳 ペロー童話集		新倉朗子訳
クレーヴの奥方 他二篇	ラファイエット夫人	生島遼一訳
カンディード 他五篇	ヴォルテール	植田祐次訳
哲学書簡	ヴォルテール	林達夫訳
マノン・レスコー	アベ・プレヴォ	河盛好蔵訳
孤独な散歩者の夢想	ルソー	今野一雄訳
危険な関係 全二冊	ラクロ	伊吹武彦訳
美味礼讃 全二冊	ブリア＝サヴァラン	関根・戸部訳
赤と黒 全二冊	スタンダール	桑原・生島訳
パルムの僧院 全二冊	スタンダール	生島遼一訳
知られざる傑作 他五篇	バルザック	水野亮訳
谷間のゆり	バルザック	宮崎嶺雄訳
ゴリオ爺さん 全二冊	バルザック	高山鉄男訳
レ・ミゼラブル 全四冊	ユーゴー	豊島与志雄訳
死刑囚最後の日	ユーゴー	豊島与志雄訳
モンテ・クリスト伯 全七冊	デュマ	山内義雄訳
三銃士 全二冊	デュマ	生島遼一訳
カルメン	メリメ	杉捷夫訳
愛の妖精(プチット・ファデット)	ジョルジュ・サンド	宮崎嶺雄訳
戯れに恋はすまじ	ミュッセ	新道誠一訳
ボオドレール 悪の華		鈴木信太郎訳
ボヴァリー夫人 全二冊	フローベール	伊吹武彦訳
椿姫	デュマ・フィス	吉村正一郎訳
風車小屋だより	ドーデー	桜田佐訳
シルヴェストル・ボナールの罪	アナトール・フランス	伊吹武彦訳
氷島の漁夫	ピエール・ロチ	吉氷清訳
ノア・ノア ―タヒチ紀行	ポール・ゴーガン	前川堅市訳
脂肪のかたまり	モーパッサン	高山鉄男訳
モーパッサン短篇選		高山鉄男編訳
地獄の季節	ランボオ	小林秀雄訳
にんじん	ルナアル	岸田国士訳
ジャン・クリストフ 全四冊	ロマン・ローラン	豊島与志雄訳
トルストイの生涯	ロマン・ロラン	蛯原徳夫訳
ベートーヴェンの生涯	ロマン・ロラン	片山敏彦訳
狭き門	アンドレ・ジイド	川口篤訳
レオナルド・ダ・ヴィンチの方法	ポール・ヴァレリー	山田九朗訳
ムッシュー・テスト	ポール・ヴァレリー	清水徹訳
シラノ・ド・ベルジュラック	ロスタン	辰野・鈴木訳
恐るべき子供たち	コクトー	鈴木力衛訳
地底旅行	ジュール・ヴェルヌ	朝比奈弘治訳
八十日間世界一周	ジュール・ヴェルヌ	鈴木啓二訳

プロヴァンスの少女　ミストラル　杉冨士雄訳
結婚十五の歓び　新倉俊一訳
知性の愁い —アナトール・フランスとの対話　ニコラ・セギュール　大塚幸男訳
家なき娘　全二冊　エクトル・マロ　津田穣訳
オランダ・ベルギー絵画紀行 —昔日の巨匠たち　全二冊　フロマンタン　高橋裕子訳
牝猫　コレット　工藤庸子訳
シェリ　コレット　工藤庸子訳
フランス短篇傑作選　山田稔編訳
シュルレアリスム宣言・溶ける魚　アンドレ・ブルトン　巖谷國士訳
ナジャ　アンドレ・ブルトン　巖谷國士訳
フランス名詩選　安藤元雄・入沢康夫・渋沢孝輔編
グラン・モーヌ　アラン＝フルニエ　天沢退二郎訳
狐物語　鈴木・福本・原野訳
幼なごころ　ヴァレリー・ラルボー　岩崎力訳
増補フランス文学案内　渡辺一夫　鈴木力衛

《ロシア文学》

オネーギン　プーシキン　池田健太郎訳
スペードの女王・ベールキン物語　プーシキン　神西清訳
プーシキン詩集　金子幸彦訳
狂人日記　他二篇　ゴーゴリ　横田瑞穂訳
処女地　ツルゲーネフ　湯浅芳子訳
ロシヤは誰に住みよいか　ネクラーソフ　谷耕平訳
二重人格　ドストエフスキー　小沼文彦訳
罪と罰　全三冊　ドストエフスキー　江川卓訳
白痴　全二冊　ドストエーフスキイ　米川正夫訳
悪霊　全二冊　ドストエーフスキイ　米川正夫訳
カラマーゾフの兄弟　全四冊　ドストエーフスキイ　米川正夫訳
アンナ・カレーニナ　全三冊　トルストイ　中村融訳
民話集 人はなんで生きるか　他四篇　トルストイ　中村白葉訳
民話集 イワンのばか　他八篇　トルストイ　中村白葉訳
イワン・イリッチの死　トルストイ　米川正夫訳
復活　全二冊　トルストイ　中村白葉訳
ワーニャおじさん　チェーホフ　小野理子訳
可愛い女・犬を連れた奥さん　他一篇　チェーホフ　神西清訳
桜の園　チェーホフ　小野理子訳
ゴーリキー短篇集　上田進・横田瑞穂訳編
どん底　ゴーリキイ　中村白葉訳
静かなドン　全八冊　ショーロホフ　横田瑞穂訳
ゴロヴリョフ家の人々　全二冊　シチェードリン　湯浅芳子訳
何をなすべきか　全二冊　チェルヌイシェーフスキイ　金子幸彦訳
アファナーシェフ ロシア民話集　中村喜和編訳
シベリア民話集　斎藤君子編訳
プラトーノフ作品集　原卓也訳
悪魔物語・運命の卵　ブルガーコフ　水野忠夫訳
新版 ロシア文学案内　藤沼貴・小野理子・安岡治子

岩波文庫の最新刊

林 晋、八杉満利子 訳・解説
ゲーデル **不完全性定理**
数学の定理でありながら、哲学、心理学、現代思想、情報科学などの研究者をひきつけ、様々な影響を与えた不完全性定理論文。その意義と内容を丹念に解説する。
〔青九四四-一〕 定価七三五円

プーシキン／池田健太郎訳
オネーギン
〈余計者〉の原型と言われる、バイロン的な主人公オネーギン。純情可憐な少女タチヤーナ。ロシア文学史上に燦然と輝く韻文小説の金字塔。散文訳。改版。
〔赤六〇四-一〕 定価五八八円

トルストイ／藤沼貴訳
戦争と平和㈥
一八一二年初冬。敗走するフランス軍捕虜隊にパルチザンが突入した朝、ペーチャは若い命を散らし、ピエールは解放へ。人間の運命、戦争とは平和とは？ 新訳、完結！ 〔赤六一八-六〕 定価九八七円

オリーヴ・シュライナー／大井真理子、都築忠七訳
アフリカ農場物語㊦
広大なケープ植民地に満ち満ちる閉塞感。それに抗うリンダルの気高くも絶望的な闘い。南アフリカに息づく人々を鮮烈に描いた珠玉の物語。（全二冊）
〔赤八〇〇-二〕 定価七九八円

今月の重版再開

水島直文、橋本政宣編注
橘曙覧《たちばなのあけみ》全歌集
〔黄二七四-一〕 定価一〇五〇円

モリエール／鈴木力衛訳
守銭奴
〔赤五一二-七〕 定価五二五円

柳田国男
蝸牛考
〔青一三八-七〕 定価六三〇円

アリストテレス 村川堅太郎訳
アテナイ人の国制
〔青六〇四-七〕 定価八四〇円

岩波文庫の最新刊

ビューヒナー／岩淵達治訳
ヴォイツェク ダントンの死 レンツ

二三歳と四カ月で夭折したドイツの自然科学者・劇作家ゲオルク・ビューヒナー（一八一三―一八三七）。時代に先駆けた〈規格外〉の戯曲二篇と短篇小説一篇。

〔赤四六九-一〕 定価八四〇円

パヴェーゼ／河島英昭訳
美しい夏

都会で働く二人の女の孤独な青春を描いた、ファシズム体制下の一九四〇年著者三一歳の作品。四九年にようやく刊行されイタリア最高の文学賞ストレーガ賞を受賞。

〔赤七一四-二〕 定価五八八円

テオフィル・ゴーチエ／井村実名子訳
モーパン嬢（上）

画家で詩人の青年を虜《とりこ》にした騎士の正体は？ 破格の小説技法と華麗な描写、熱烈な二重の愛の物語。〈序文〉は名高い芸術至上主義《ラール・プール・ラール》宣言書。解説を付す。（全二冊）

〔赤五七四-五〕 定価七三五円

インカ・ガルシラーソ・デ・ラ・ベーガ／牛島信明訳
インカ皇統記（三）

インカ帝国の全貌を記す壮大な年代記。第三巻には、第九代・第一〇代の王の事績と、金銀に飾られた王宮や帝都、太陽の大祭等についての記述を収録。（全四巻）

〔青四八九-三〕 定価八四〇円

今月の重版再開

E・M・フォースター／高橋和久訳
果てしなき旅（上）（下）

定価各六九三円 〔赤二八二-一・二〕

吉田健一
英国の文学

定価六九三円 〔青一九四-一〕

トルストイ／藤沼貴訳
幼年時代

定価五八八円 〔赤六一七-八〕

定価は消費税5%込です　2006. 10.